Q&A 医療訴訟

大島眞一 著

株式会社判例タイムズ社

はしがき

　本書は，民事医療訴訟について，最高裁判例を踏まえて，分かりやすく解説したものである。読者として，主として医療訴訟の経験の浅い弁護士や判事補を想定しているが，法律家ではない医師等の医療関係者や医療訴訟に関心のある方をも念頭に置いて記述した。

　医療訴訟は多くある種類の法律紛争の一部にすぎない。医師等の医療従事者にとっては，医療訴訟は自分には関係がないという意識が強いであろう。しかし，弁護士は医療訴訟の相談を受けることがあるし，裁判官は医療訴訟が配点されてくると避けることはできない。医師等の医療従事者にとっても医療訴訟を提起されると否応なくその中に巻き込まれる。患者が医師等の医療行為に疑問を持つこともあるだろう。

　本書は，Q＆A方式の記述とし，医療訴訟につき関心のある項目を早期に知ることができ，かつ，医療訴訟に初めて関与する方が理解できる解説を心がけた。それとともに，医療訴訟の主要な争点は網羅したので，全体的に医療訴訟を知りたいという方は，通読してもらえると，医療訴訟の現状が分かるのではないかと思う。

　最高裁判例についてはすべて検討し，それを踏まえて医療機関側の責任の有無や損害等の実体法上の解説をしている。解説は，患者側と医療機関側のどちらかに偏ることなく，あくまでも最高裁判例を基礎とした客観的なものとなるように心掛けた。最高裁判例がない項目については，私見を述べている部分があるが，まず最高裁判例がないことを明示している。

　実体法上の解説のほか，手続上の解説を加えた。診療経過一覧表など医療訴訟特有のものがあるので，その説明を簡略にしている。

　内容としては，Ⅰ総論，Ⅱ実体編（①医療訴訟の基本的構造，②医療行為上の過失，③転医義務，④説明義務，⑤因果関係，⑥損害，⑦特色ある医療類型，Ⅲ手続編（①訴え提起前，②訴え提起後）に分かれている。中心となるのは，実体編であり，最高裁で争われた論点はすべて取り上げ，判例の到達点を明らかにするとともに，残されている課題についても比較的よく問題となるものについては取り上げた。

　本書は，拙稿「医療訴訟の現状と将来―最高裁判例の到達点」（判タ1401

号5頁）を基にしている。筆者は，大阪地方裁判所医事部に在籍した経験から，医療訴訟に関心を持ち，本書を刊行することにしたものであるが，非力のために思わぬ過誤があることを心配している。読者からのご指摘をいただいて更に検討していきたい。

　本書が医療訴訟に関与する法曹や医療訴訟に関心のある方々にいくらかでも参考になることがあれば幸いである。

　本書の出版について判例タイムズ社の谷口美和さんに大変お世話になった。厚くお礼を申し上げたい。

平成27年11月
大島眞一

（参考文献）

　各Q＆Aの末尾に参考文献を掲げたが，主として，実務的な観点からまとまって記述されている比較的最近の文献に限った。

（文献略語表）

秋吉	秋吉仁美編著『リーガル・プログレッシブ・シリーズ8　医療訴訟』（青林書院，2009）
浦川ほか	浦川道太郎ほか編『専門訴訟講座4　医療訴訟』（民事法研究会，2010）
髙橋	髙橋譲編著『裁判実務シリーズ5　医療訴訟の実務』（商事法務，2013）
福田ほか	福田剛久ほか編『最新裁判実務大系2　医療訴訟』（青林書院，2014）

目次

はしがき(I)

総論　　　　　　　　　　　　　　　　　　　　　　　　　　1

I 医療訴訟の現状 …………………………………………………… 1
- **Q 1** 医療訴訟の事件数や審理期間，患者側の勝訴率は，どのような状況にあるか。 …………………………………………………… 1

II 最高裁判決の位置づけ ……………………………………………… 3
- **Q 2** 医療訴訟における最高裁判決は，どのような状況にあるか。 …… 3

III 医療訴訟の特徴 ………………………………………………… 7
- **Q 3** 医療訴訟は，他の民事紛争と比べて，どのような特徴があるか。 …………………………………………………………… 7

実体編　　　　　　　　　　　　　　　　　　　　　　　　　11

I 医療訴訟の基本的構造 ………………………………………… 11
- **Q 4** 医師(医療機関)と患者はいかなる契約関係にあるか。 ……… 11
- **Q 5** 患者側が医療機関等に対し損害賠償を請求する場合の訴訟物は何にすべきか。 ……………………………………………… 12
- **Q 6** 医療訴訟の基本的枠組みはどうなっているか。 ……………… 14
- **Q 7** 患者側や医療機関側は何を主張立証する必要があるか。 …… 17

II 医療行為上の過失(注意義務違反) …………………………… 18
1 医療水準 ……………………………………………………… 18
- **Q 8** 医師等の過失(注意義務違反)は，どのように判断するか。 … 18
- **Q 9** 過失判断の基準時はいつか。 ………………………………… 22
- **Q10** 医療水準と予見可能性・結果回避義務は，どのような関係にあるか。 ………………………………………………………… 23
- **Q11** 医療水準と医療慣行は，どのような関係にあるか。 ………… 25

III

- **Q12** 医療水準と医薬品の添付文書は，どのような関係にあるか。… 25
- **Q13** 診療ガイドラインとは何か。医療訴訟にいかに役立つのか。… 28

2　過失の主張立証 … 32
- **Q14** 過失の主張立証責任は，いずれの当事者が負っているか。… 32
- **Q15** 不作為による過失については，どのように過失を主張するのか。… 32
- **Q16** 患者側は，医師等の過失を選択的に主張することは可能か。また，裁判所は，選択的な過失を認定することは可能か。… 33
- **Q17** 患者側は，過失としてどの程度具体的に主張しなければならないか。… 34
- **Q18** 過失は医学的に立証しなければならないか。… 35
- **Q19** 患者側としては，過失者を特定しなければならないか。… 40

3　各医療行為における過失 … 40
- **Q20** 問診に関し医師に過失が認められるのは，どのような場合か。… 41
- **Q21** 検査に関し医師に過失が認められるのは，どのような場合か。… 44
- **Q22** 集団検診での検査における医療水準は，どのように考えるべきか。… 46
- **Q23** 検査を外注に出したところ，その検査機関に過失があった場合，外注を依頼した医療機関も責任を負うか。… 48
- **Q24** 診断に関し医師に過失が認められるのは，どのような場合か。… 49
- **Q25** 治療に関し医師に過失が認められるのは，どのような場合か。… 49
- **Q26** 投薬に関し医師に過失が認められるのは，どのような場合か。… 52
- **Q27** 手術に関し医師に過失が認められるのは，どのような場合か。… 57

	Q28	療養方法の指導に関し医師に過失が認められるのは，どのような場合か。	61
	Q29	病院内で院内感染があった場合，医療機関は責任を負うか。	63
	Q30	病院内で患者が転倒して負傷した場合，医療機関は責任を負うか。	65
	Q31	不穏な状態にある患者をベッドに拘束することは違法か。	66

Ⅲ 転医義務 …… 69

1 転医義務 …… 69
- **Q32** 転医義務はなぜ認められるのか。 …… 69
- **Q33** どのような場合に転医義務が生じるのか。 …… 70

2 開業医の義務 …… 72
- **Q34** 開業医の転医義務違反が認められるのは，どのような場合か。 …… 72
- **Q35** 開業医は，いかなる疾患かが診断できない場合でも，転医義務を負うか。 …… 74

Ⅳ 説明義務 …… 75

1 説明義務の根拠と種類 …… 75
- **Q36** 説明義務とは何か。どのような根拠規定に基づいているのか。 …… 75
- **Q37** 説明義務にはどのような種類があるか。 …… 77
- **Q38** 説明義務違反についての主張立証責任は，いずれの当事者が負っているか。 …… 78

2 自己決定権の前提となる説明義務 …… 78
- **Q39** 自己決定権とは何か。 …… 78
- **Q40** 医師は患者の自己決定に従わなければならないのか。 …… 79
- **Q41** 医師は，誰に対して説明し，医療行為の同意を取得すべきか。 …… 80

	Q42 医師は，どのような内容の説明をすべきか。	82
	Q43 医師は，合併症や副作用については，どの程度説明すべきか。	84
	Q44 患者に対してどのような方法で説明すべきか。	86
	Q45 説明義務は，どのような場合に免除されるか。	86
	Q46 いかなる療法を選択するかの場面で，どのような説明をする義務があるか（未確立の療法や経過観察も考えられる場合の説明義務）。	87
	Q47 臨床試験である場合には，どのような説明をすべきか。	97
	Q48 説明義務違反と医療行為上の義務違反は，どのような関係にあるか。	98
3	ライフスタイルに関する説明義務	99
	Q49 ライフスタイルに関する説明義務とは何か。	99
	Q50 患者に対し必ず真実の病名を告知すべきか。	100
	Q51 医師において患者の家族に対して説明するのが相当であると考えた場合，誰に対して説明すべきか。	104
4	宗教的人格権	105
	Q52 輸血を拒む意思を表示している患者に対し，手術するにあたりどのような説明をすべきか。	105
	Q53 病院に救急搬送されて来た患者が輸血を拒否した場合，医師はその意思を尊重すべきか。	108
	Q54 医師が無輸血手術の見込みで手術に臨んだが，予想外の出血に直面して輸血をした場合，医師に責任はあるか。	109
5	顛末報告義務	110
	Q55 顛末報告義務とは何か。	110
	Q56 医療機関は死因を解明すべき義務を負うか。	111
6	まとめ	111
	Q57 説明義務の範囲と医療水準は，どのような関係にあるか。	111

V　因果関係 ……………………………………………………… 113
1　高度の蓋然性 ……………………………………………… 113
- **Q58**　医療訴訟における因果関係は，どのように判断するか。 …… 113
- **Q59**　因果関係の判断はどの時点の資料に基づいて判断するか。 ………………………………………………………………… 114
- **Q60**　因果関係の証明度は，どの程度のものを要するか。 ……… 114
- **Q61**　因果関係の立証はどのようにして行うか。どの程度立証できると，高度の蓋然性があるといえるのか。 ……………………… 115
- **Q62**　過失行為が不作為の場合，因果関係はどのようにして判断するのか。 ………………………………………………………… 120
- **Q63**　医師が適切な医療行為を行っていたとしても，どの程度延命できたかが分からない場合でも，因果関係は認められるか。 … 123

2　相当程度の可能性 …………………………………………… 124
- **Q64**　相当程度の可能性理論とは何か。 ……………………… 124
- **Q65**　相当程度の可能性理論は重大な後遺症にも適用されるのか。 ………………………………………………………………… 127
- **Q66**　相当程度の可能性理論は，なぜ認められるのか。 ……… 128
- **Q67**　相当程度の可能性理論について，どの程度の可能性が認められると適用されるのか。 …………………………………… 129
- **Q68**　相当程度の可能性は，いかなる程度に立証しなければならないのか。 ………………………………………………………… 133
- **Q69**　相当程度の可能性理論は，重大でない後遺症や説明義務違反にも適用されるか，医療事故以外についてはどうか。 ………… 133
- **Q70**　相当程度の可能性につき患者側が主張していない場合，相当程度の可能性を侵害したと認定することはできるか。 ………… 135

3　期待権侵害 …………………………………………………… 136
- **Q71**　相当程度の可能性も認められない場合，適切な治療を受ける期待を侵害したことによる損害賠償は認められるか。 ………… 136

4　まとめ ………………………………………………………… 139

Q72 結局，因果関係について，最高裁判決の枠組みはどのように理解するとよいか。 ……………………………………………………… 139

VI 損害 …………………………………………………………………… 140

1 概説 ……………………………………………………………… 140
Q73 医療訴訟の損害はどのように算定されるのか。 ……………… 140

2 医療行為又は転送義務違反による損害 ……………………… 141
Q74 医療行為又は転送義務違反による損害として，何が認められるか。 ……………………………………………………………… 141

3 説明義務違反による損害 ……………………………………… 144
Q75 説明義務違反による損害としては，どのような場合があり，いかなる損害が認められるか。 …………………………………… 144
Q76 適切な説明がされていれば当該医療行為を受けなかった場合とは，どのような場合か。 ……………………………………… 146
Q77 自己決定権侵害による損害は，どのように算定されるか。 … 147
Q78 宗教的人格権侵害による損害は，どのように算定されるか。 ……………………………………………………………… 148
Q79 顛末報告義務違反による損害は，どのように算定されるか。 ……………………………………………………………… 148

4 相当程度の可能性侵害による損害 …………………………… 149
Q80 相当程度の可能性侵害による損害は，どのように算定されるか。 ……………………………………………………………… 149

5 過失相殺 ………………………………………………………… 151
Q81 医療訴訟において過失相殺は，どのような場合に適用されるか。 ……………………………………………………………… 151
Q82 医療訴訟において素因減額される場合はあるか。 …………… 152

6 交通事故と医療過誤の競合 …………………………………… 154
Q83 交通事故と医療事故が競合した場合，交通事故の加害者と医師等の責任の関係はどうなるか。 ……………………………… 154

Ⅶ 特色ある医療類型 ……………………………………… 157

1 チーム医療 ……………………………………………… 157
- **Q84** チーム医療においては，誰がいかなる責任を負うか。 ………… 157

2 救急医療 ………………………………………………… 162
- **Q85** 救急医療における医療水準は，どのように考えるか。 ………… 162
- **Q86** 医療機関が救急患者の受入れを拒んだ場合，医療機関は責任を負うか。 …………………………………………………………… 166

3 先駆的医療(試行的医療) …………………………………… 168
- **Q87** 先駆的医療はどのような場合に認められるか。また，先駆的医療を説明すべき義務はあるか。 ………………………………… 168

4 予防接種 ………………………………………………… 172
- **Q88** 予防接種禍による損害賠償は，どのような場合に認められるか。 …………………………………………………………………… 172
- **Q89** 損害賠償と予防接種法による損失補償とは，どのような関係にあるか。 ……………………………………………………………… 173

5 美容整形 ………………………………………………… 174
- **Q90** 美容整形は，通常の医療行為と比べて，どのような特質を有しているか。 ……………………………………………………………… 174

6 精神科医療 ……………………………………………… 177
- **Q91** 精神科医療は，どのような特質を有しているか。 ……………… 177

手続編　　　　　　　　　　　　　　　　　　　　　　183

1 訴え提起前 ……………………………………………… 183
- **Q92** 患者側弁護士としては，医療事件を受任した場合，まず何をすべきか。 ……………………………………………………………… 183
- **Q93** 患者側弁護士はどのようにしてカルテを入手するか。 ……… 184
- **Q94** 医学的知見の調査は，どのようにして行うか。 ………………… 185
- **Q95** 医学用語を理解する上での留意点は何か。 …………………… 187

- Q96　調査の結果, 医療機関側の法的責任について一定の心証を持った場合, その後どうすべきか。 …… 188
- Q97　医療機関側から相談を受けた弁護士は, どう対応すべきか。 …… 189
- Q98　医師に過失があったとして損害賠償を請求する場合, 患者側として, 誰を相手に訴えるとよいか。 …… 191

2　訴え提起後 …… 191
- Q99　医療訴訟において訴状, 準備書面等は, どのように記載すべきか。 …… 191
- Q100　証拠の提出方法の留意点は何か。 …… 199
- Q101　適切な医学文献がない場合は, どうすべきか。 …… 200
- Q102　争点整理手続はどのように行われるか。 …… 201
- Q103　診療経過一覧表とは何か。 …… 201
- Q104　争点整理案とは何か。 …… 203
- Q105　専門委員制度はどのような場合に活用されるか。 …… 204
- Q106　人証調べはどのように行われるか。 …… 205
- Q107　鑑定はどのような場合に行われるか。鑑定の方法はどのようなものか。 …… 206
- Q108　鑑定書や私的意見書の評価は, どのようにして行うか。 …… 208
- Q109　医療訴訟における和解の留意点は何か。 …… 211

3　まとめ …… 212
- Q110　今後の医療訴訟は, どのような方向に進んでいくのか。 …… 212

事項索引(215)

判例索引(222)

総論

I 医療訴訟の現状

Q1 医療訴訟の事件数や審理期間，患者側の勝訴率は，どのような状況にあるか。

A 医療事件の新受件数等は，次のとおりである（最高裁判所ホームページによる）。

表1　全国の医事事件の新受件数

平11	平12	平13	平14	平15	平16	平17	平18	平19	平20	平21	平22	平23	平24	平25	平26
678	795	824	906	1,003	1,110	999	913	944	876	732	791	769	786	809	877

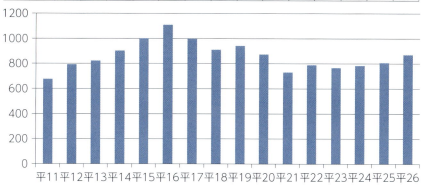

表2　医事事件の平均審理期間（月）

平11	平12	平13	平14	平15	平16	平17	平18	平19	平20	平21	平22	平23	平24	平25	平26
34.5	35.6	32.6	30.9	27.7	27.3	26.9	25.1	23.6	24.0	25.2	24.4	25.1	24.5	23.3	22.6

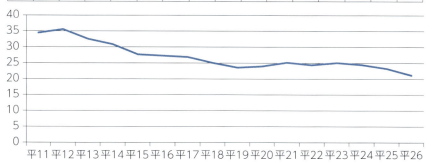

表3　終局区分別事件数（平成24〜26年合計）

終了事由	件数	割合
判決	904	37.0%
和解成立	1203	49.3%
取下げ	122	5.0%
その他	211	8.6%
合計	2440	100.0%

判決中の請求認容率　22.6％（一部認容を含む）

　第1審の裁判所が新しく受けた医療訴訟事件数（新受件数）は，一貫して増え続けていたが，平成16年の1110件をピークとして減少に向かい，最近は，年間800件前後で安定していたが，平成26年は877件に増えている。

　医療訴訟の第1審の平均審理期間は，平成10年以前は3年以上かかっていたが，減少に向かい，最近は2年前後で安定している。他の訴訟と比べると，まだかなり長期であるが，争点整理に時間を要するし，鑑定を実施する事件もあるので，平均して2年程度は要するといえよう。

　訴訟が終了するときの終結区分は，判決が約40％，和解が約50％，その他約10％であり，これは長く変わっていない。他の訴訟と比べて和解による解決が多いのが特徴といえる。

　判決のうち原告（患者側）の請求が認められた割合は，最近3年では約23％である。一時は40％を超えている年もあったが，最近10年は25％前後で推移している。医療訴訟以外の民事事件で人証調べがされた事件の認容率は約62％であるので，それと比べると，原告の勝訴率はかなり低いといえる。そして，判決になるのは，約40％であり，原告の請求が認容されているのは，その中の約25％であるから，訴えを提起した中で，最終的に原告勝訴の判決になる割合は約10％である（被告［医療機関側］勝訴の割合は約30％になる）。

　もっとも，医療機関側に責任があることが明らかな事件については，訴え提起前に裁判外で和解（示談）していることが多いと思われるし，医療訴訟で多い和解は，医療機関側から患者側にいくらかでも金銭の支払がされているのが大半であろうから，こうした点も考慮すると，認容率が低いというわけではないように思われる。

　なお，訴訟での和解は，証拠調べを終えて裁判所が心証を抱いた後に行われ

ることが多く，大別すると，①医療機関側が責任を認めて患者側に対し認容額に近い金額の和解金を支払うものと，②医療機関側の過失が認められないことを前提として解決金等の名目で医療機関が患者側に対し数十万円から100万円程度を支払うものがある（和解については**Q109**参照）。

（参考文献）

浦川ほか「医療訴訟の審理の現状と課題」538頁〔金井康雄〕。

II 最高裁判決の位置づけ

Q2 医療訴訟における最高裁判決は，どのような状況にあるか。

A 医師等の医療従事者に過失（注意義務違反）があったとして，損害賠償を請求する場合，根拠規定は民法415条又は709条であるが，いずれも簡単な条文であり，その条文を見たところで，どのような要件の下で損害賠償請求が認めれるかは明らかではない。医療訴訟において，いかなる要件の下で損害賠償請求が認められるかの判断基準を示してきたのは，最高裁判決であり，最高裁判決を分析することが必須である（不法行為の分野においては，立法よりも最高裁判決の果たす役割が大きい）。

医療訴訟における最高裁判決は次のとおりである（民事事件に限った。なお，最判平11・10・22民集53巻7号1211頁は，医師に過失があるために医療機関が責任を負うことに争いはなく，損害論で年金の逸失利益性等が争点となったものであり，医療特有の問題点はないので，取り上げなかった）。

	判決日	掲載誌	判示事項	医療機関の責任	結果
1	昭和32年5月10日	民集11巻5号715頁	過失の特定（注射液と注射器）	肯定	棄却
2	昭和36年2月16日	民集15巻2号244頁	輸血における問診義務（東大輸血梅毒事件）	肯定	棄却

Ⅱ 最高裁判決の位置づけ

3	昭和39年7月28日	民集18巻6号1241頁	過失の特定（消毒の不完全）	肯定	棄却
4	昭和39年11月24日	民集18巻9号1927頁	狂犬病予防接種	肯定	棄却
5	昭和43年6月18日	判時521号50頁	ラジウム照射による醜状痕	肯定	棄却
6	昭和43年7月16日	判時527号51頁	手術の手技の過失	肯定	棄却
7	昭和44年2月6日	民集23巻2号195頁	水虫治療のレントゲン照射	肯定	棄却
8	昭和50年10月24日	民集29巻9号1417頁	ルンバール事件	肯定	破棄差戻し
9	昭和51年9月30日	民集30巻8号816頁	予防接種の問診義務	肯定	破棄差戻し
10	昭和54年11月13日	判タ403号78頁	未熟児網膜症・長崎市民病院	否定	棄却
11	昭和56年6月19日	判タ447号78頁	緊急手術と説明義務	否定	棄却
12	昭和57年3月30日	判タ468号78頁	未熟児網膜症・高山赤十字病院	否定	棄却
13	昭和57年4月1日	民集36巻4号519頁	集団検診，医師の公務員性	判断せず	破棄差戻し
14	昭和57年7月20日	判タ478号65頁	未熟児網膜症・新小倉病院	否定	棄却
15	昭和60年3月26日	民集39巻2号124頁	未熟児網膜症・景岳会南大阪病院	肯定	棄却
16	昭和60年4月9日	裁判集民事144号433頁	アレルギー体質の問診義務	肯定	棄却
17	昭和60年12月13日	判タ582号68頁	重症な核黄疸の罹患の有無	否定	破棄差戻し
18	昭和61年5月30日	判タ606号37頁	未熟児網膜症・坂出市立病院	否定	破棄自判
19	昭和61年10月16日	判タ624号117頁	注射により大腿四頭筋拘縮症	否定	棄却
20	昭和63年1月19日	判タ661号141頁	未熟児網膜症・北九州市八幡病院	否定	棄却
21	昭和63年3月31日	判タ686号144頁	未熟児網膜症・名古屋掖済会病院	否定	破棄自判
22	平成3年4月19日	民集45巻4号367頁	予防接種の問診義務と因果関係	肯定	破棄差戻し
23	平成4年6月8日	判タ812号177頁	未熟児網膜症・山田赤十字病院	否定	破棄自判

24	平成7年4月25日	民集49巻4号1163頁	胆のう癌告知訴訟	否定	棄却
25	平成7年5月30日	判タ897号64頁	核黄疸と退院時の説明	肯定	破棄差戻し
26	平成7年6月9日	民集49巻6号1499頁	未熟児網膜症・姫路赤十字病院	肯定	破棄差戻し
27	平成8年1月23日	民集50巻1号1頁	医療慣行との関係，医薬品の添付文書と注意義務	肯定	破棄差戻し
28	平成8年9月3日	判タ931号170頁	総合失調症の入院患者による強盗殺人	肯定	棄却
29	平成9年2月25日	民集51巻2号502頁	顆粒球減少症と投薬	肯定	破棄差戻し
30	平成11年2月25日	民集53巻2号235頁	不作為の因果関係	肯定	破棄差戻し
31	平成11年3月23日	判タ1003号158頁	脳内血腫の原因	肯定	破棄差戻し
32	平成12年2月29日	民集54巻2号582頁	輸血拒否と人格権	肯定	棄却
33	平成12年9月22日	民集54巻7号2574頁	相当程度の可能性の立証	肯定	棄却
34	平成13年3月13日	民集55巻2号328頁	交通事故と医療事故の競合	肯定	破棄自判
35	平成13年6月8日	判タ1073号145頁	外傷後の細菌感染予防と医学的知見	肯定	破棄差戻し
36	平成13年11月27日	民集55巻6号1154頁	乳房温存療法と説明義務	肯定	破棄差戻し
37	平成14年9月24日	判タ1106号87頁	がんの診断についての家族への説明	肯定	棄却
38	平成14年11月8日	判タ1111号135頁	医薬品の添付文書とその読み方	肯定	破棄差戻し
39	平成15年11月11日	民集57巻10号1466頁	開業医の転送義務と相当程度の可能性	肯定	破棄差戻し
40	平成15年11月14日	判タ1141号143頁	気管内挿管と気道確保	肯定	破棄差戻し
41	平成16年1月15日	判タ1147号152頁	スキルス胃がんと相当程度の可能性	肯定	破棄差戻し
42	平成16年9月7日	判タ1169号158頁	アナフィラキシーショックと注意義務	肯定	破棄差戻し
43	平成17年9月8日	判タ1192号249頁	分娩方法と説明義務	肯定	破棄差戻し
44	平成17年12月8日	判タ1202号249頁	拘置所の脳梗塞患者と相当程度の可能性	否定	棄却

45	平成18年1月27日	判タ1205号146頁	MRSAと薬剤不投与の過失	肯定	破棄差戻し
46	平成18年4月18日	判タ1210号67頁	冠状静脈バイパス手術後の死亡と手術時期	肯定	破棄差戻し
47	平成18年6月16日	民集60巻5号1997頁	集団予防接種とB型肝炎	肯定	破棄自判
48	平成18年10月27日	判タ1225号220頁	予防的な手術と説明義務	肯定	破棄差戻し
49	平成18年11月14日	判タ1230号88頁	手術後の出血性ショック死における過失	肯定	破棄差戻し
50	平成19年4月3日	判タ1240号176頁	吐しゃ物の誤嚥，転送義務違反	否定	破棄差戻し
51	平成20年4月24日	民集62巻5号1178頁	チーム医療と説明義務の主体	否定	破棄差戻し
52	平成21年3月27日	判タ1294号70頁	麻酔医の過失	肯定	破棄差戻し
53	平成22年1月26日	民集64巻1号219頁	ベッドへの拘束の違法性	否定	破棄自判
54	平成23年2月25日	判タ1344号110頁	期待権侵害の不法行為	否定	破棄自判
55	平成23年4月26日	判タ1348号92頁	精神科医師の患者に対する言動	否定	破棄自判

「医療機関の責任」は，破棄事案については，原審が責任を認めたものを破棄した場合は「否定」と，責任を否定したものを破棄した場合は「肯定」と分類した。

　戦後の医療訴訟は，東大輸血梅毒事件（最判昭36・2・16民集15巻2号244頁）に始まるといわれる。東大輸血梅毒事件は，過失論や因果関係論についてかなり斬新な判断をしているが（詳しくは**Q20**参照），その後は，ルンバール事件（最判昭50・10・24民集29巻9号1417頁。**Q61**参照）で因果関係について重要な判示をしたこと以外には，未熟児網膜症の相次ぐ判決が目につく程度であり，低調であった。

　ところが，平成7年頃から，未熟児網膜症事件で医療水準論を確立してから，積極的に判断を示す事件が増え出した。提起される医療訴訟の数が増えたという背景もあろうが，平成20年頃まで多くの判例が出されている。しかも，破棄事案がかなりの数を占め，積極的に判断の枠組みを示している。

　平成20年代に入ると，医療判例が出される数が大幅に減った。最近，医療判例が出されないのは，既に主要な論点は出尽くしているためであると考えら

れる。すなわち，医療行為上の過失（転送義務違反と説明義務違反を除く医療上の様々な過失を総称として「医療行為上の過失」ということとする）や説明義務，因果関係論については，平成7年頃から始まる一連の判例によって，大枠は固まり，後は各事案によってそれが認められるかが争われるという構造になっている。

したがって，医療訴訟においては，最高裁判決によって示された判断枠組みを踏まえて，具体的な事件につき，主張・立証し，判断を示すことが必須であるといえる。

Ⅲ 医療訴訟の特徴

Q3 医療訴訟は，他の民事紛争と比べて，どのような特徴があるか。

A 医療訴訟は，民事紛争の中でも審理や判断が最も困難な事件類型の一つであるといわれている。その理由としては，次の点が挙げられる。

① **専門性**
医療訴訟は極めて専門性が高い。医療訴訟では，医師等の医療従事者の過失が争点となることが多いが，医師は，医学部で6年間学び医師国家試験に合格して，その後も研修を受けて専門的な分野についての診療等の医療行為に当たっているのであり，その医師について過失の有無が争われるのであるから，専門家でない者にとっては，理解することも容易なことではない。患者側の弁護士は，いわゆる協力医と呼ばれている医師の助言を得て，訴えを提起し，訴訟を追行するのが多いことも，そのことを示しているといえる。

② **医療の不確実性と判断の困難性**
医療においては，2人の患者が同じような症状であり，同じ処方をしていても，1人は回復し，1人はより重篤になることはなんら不思議なことではない。個人により生体反応は異なり，ある治療行為が奏効しなければ，次の治療行為

を考えるというように，ある程度思考錯誤は避けられないといえる。医療行為は一定程度の危険性をはらんでおり，医療行為の結果についても，事前にすべて予測できるわけではない。医療は，日進月歩で発展しているとはいえ，まだまだ十分に解明されていない領域も少なくない。

　また，ある時点では，相当な治療法と考えられたものでも，その後の研究で別の新しい治療法が確立し，かつての治療法が相当ではなかったということも珍しいことではない。

　医療訴訟においては，医師等の過失が問われるが，医療の不確実性を踏まえつつ，医療行為当時の状況に照らして，不適切であったかといえるかを判断する必要があり，事故と自然な疾患の進行との区別は難しく，判断が困難なことが多い。ほかの訴訟類型とは異なって鑑定や専門委員がかなり多く利用されていることも，判断の困難性を物語っているといえる。

③　個別性

　上記のとおり，2人の患者が同じ疾患を有し同じような症状であり，同じ投薬をしても同じ結果が生じるとは限らない。同じ疾患で死亡したとしても，死亡に至る経過は個人により千差万別である。このため，医療訴訟において，どの行為をもって医師の過失と捉えるかも，個々の事案によって異なり，同種事案において，同じ判断がされるとは限らない。交通事故訴訟においては，事故態様によって，過失割合はほぼ決められており，個別の事情によってそれを修正して過失の有無や割合が決められるが，医療訴訟についてはそのようなことは不可能であって，医療事件は定型的な判断に馴染まないといえる。

④　証拠の偏在

　医療訴訟においては，カルテ（診療録）が極めて重要な証拠であるが，カルテは，医療機関が所持しており，証拠の偏在が顕著である。通常，各種の契約においては，最も重要な資料である契約書は2通作成して双方が所持するのとは大きく異なる。このため，患者側としては，まずカルテを入手し，その検討を始めることが出発点となる。

⑤　医師と患者の緊張関係
　医事紛争においては心理的な対立状況にあることが挙げられる。もともと患者は疾患が良くなると思って，治療や手術等の医療行為を受けているのに，良くならず，あるいは逆に悪化した場合，医師等の医療関係者に対する不信を抱きやすいといえる。他方，医師は，医療に対する過剰な期待が常に存在し，過労な中を精一杯行っているのに，患者が不信を抱くことに不満を持つ。このように，医師と患者は，本来信頼関係の上に医療行為が行われるべきものであるが，それが崩れた場合，対立構造になりやすいといえる。

　以上は，医療訴訟の難しさを示すものであるが，他方，検討すべき証拠や審理方法等はかなり定型化されており，その意味では，通常の民事事件よりもやりやすいという面もある。すなわち，通常の民事事件では，どこにどのような証拠があるのかがよく分からない事件が相当数あり，証拠の収集に手間取ることも多いと思われるが，医療訴訟では，主要な証拠はカルテであり，カルテの所在ははっきりしており，それを基に審理は進行していき，審理方法も実務上ほぼ確立している。

実体編

I 医療訴訟の基本的構造

Q4 医師（医療機関）と患者はいかなる契約関係にあるか。

A 医師と患者とは「診療契約」を締結しているといわれる。診療契約については，民法その他の法令において明文の規定はなく，法的性質は，民法656条の準委任契約であると解されている。つまり，診療契約は，一方当事者である医師が診察や治療等の医療行為という法律行為でない事務を行う義務を負い，他方当事者である患者がそれに対して報酬を支払うことを基本とする契約である。

これに対し，医師と患者の非対等性を前提として，医師がもっぱら患者の利益のために行動する義務を負うとする信任関係で説明する見解があるほか，無名契約と解する見解などもある。

この点は，医師と患者がいかなる契約ないし関係にあるかということから，当然に演繹的に一定の結論を導くのは相当ではなく，実益のある議論ではない。準委任契約と性質決定しつつ，医療の特殊性に応じて適宜修正するなどして，具体的な権利義務関係を検討するのが相当である。

意思表示ができない未成年者や意識のない救急患者の場合の契約関係については争われているが，前者については，同伴者による第三者（未成年者）のためにする契約（民537条）と解することができ，後者については，意思表示ができないのであるから事務管理（民697, 698条）と解することになろう。

診療契約は，準委任契約であるから，医師等は善管注意義務を負っている（民644条）といえるが，いかなる義務を負っているかは委任に関する条文からは明らかではなく，多くは解釈に委ねられ，実務的には，最高裁判例によって医師等の義務が明らかにされてきたといえる。また，診療契約は，契約の成立時点では，内容が未確定であり，医師等の義務は，問診，検査等を経て，治療内容等が決まっていくという性質を有している。

> **Q5** 患者側が医療機関等に対し損害賠償を請求する場合の訴訟物は何にすべきか。

A 患者やその遺族が医師や医療機関を相手として，民事上の損害賠償請求をする場合，法律構成としては，債務不履行（診療契約上の義務違反）による損害賠償請求（民法415条）と，不法行為による損害賠償請求（民法709条・715条）が考えられる。これらの請求権は，請求権競合の関係にあるとするのが判例（最判昭38・11・5民集17巻11号1510頁）であるので，患者側は，いずれの請求権を行使することもできる。

(1) **債務不履行に基づく請求**

医師と患者との診療契約は準委任契約と解されており（**Q4**参照），医師等によりその義務に反する医療行為が行われた場合には，患者は，民法415条に基づき，損害賠償を請求することができる。

(2) **不法行為に基づく請求**

医師（に限らず，一般人）は，他人の生命，身体，健康を損なわないようにすべき義務を負っており，それを故意または過失により侵害した場合には不法行為責任を負う（民709条）。医師においても，その義務に反して他人の生命，身体，健康を侵害した場合には，不法行為責任を負う。

(3) **診療契約と不法行為に基づく各請求の関係**

不法行為法では，医師に課された注意義務の内容は，当事者間での合意とは無関係に設定され，医療水準（**Q8**参照）が注意義務の内容となる。これに対し，医師と患者の関係を契約関係で捉えると，医師と患者との間で，医療内容について交渉をして，例えば不法行為法で定められた注意義務とは異なる注意義務を決めたり，損害賠償額の上限を定めることなどができる。しかし，現実には，そのような合意をすることは皆無であると考えられ，不法行為法上の注意義務違反と診療契約上の義務違反とでは注意義務の内容や損害の範囲について差はないものと考えられる。したがって，債務不履行（診療契約上の義務違

反）による損害賠償請求と，不法行為による損害賠償請求のいずれで請求しても，主張立証すべき内容は同じである。

　また，主張立証責任の観点からしても差異は生じない。医療行為は，手段債務と考えられている。手段債務は，結果を請け負うものではなく，合理的な注意義務をもって債務を遂行することが義務となるものであり，医療行為でいえば，医師は，疾病の治癒という特定の結果を請け負っているわけではなく，合理的な注意義務をもって医療行為を遂行することを請け負っているのである。したがって，例えば，手術により患者が死亡したとしても，直ちに医師に注意義務違反があったと認められるものではない。このため，手段債務については，債権者（患者側）において，債務者（医師等）がいかなる義務を負い，どのような不履行があったかを主張立証しなければならず，医師に義務違反がないという医師側の主張は，抗弁ではなく，義務違反があったという事実を否認しているものと考えられる。したがって，主張立証責任の点では，債務不履行請求のほうが不法行為による請求よりも有利になるという関係にはない。

　以上のように医療訴訟における債務不履行による損害賠償請求事件については，手段債務として要件事実が組み立てられており，不法行為による損害賠償請求をした場合と要件事実の内容は異ならないと考えられる。

　最高裁も，債務不履行構成と不法行為構成のいずれで請求しているかで区別をしていない。例えば，医師の注意義務の基準となるのは，債務不履行構成でも，不法行為構成でも，「医療水準」である（最判昭57・7・20判タ478号65頁［不法行為］，最判平7・6・9民集49巻6号1499頁［債務不履行］等）。いわゆる生存可能性の侵害に関する判例法理も，不法行為（最判平12・9・22民集54巻7号2574頁）と債務不履行（最判平16・1・15判タ1147号152頁）で同様に適用されることを明らかにしている。

　ただし，不法行為と債務不履行とでは，次の点で異なる。

① 消滅時効期間

　債務不履行構成では民法167条により10年であるのに対し，不法行為では同法724条により，被害者又はその法定代理人が損害及び加害者を知った時から3年である。（民法改正により，人の生命または身体の侵害による損害賠償請求権は，損害及び加害者を知った時から5年または権利を行使できる時か

ら20年に統一される予定である。）

② **近親者固有の慰謝料**

　近親者の固有の慰謝料は，民法711条に規定されており，不法行為の場合に認められるものである。債務不履行による損害賠償請求については，近親者の固有の慰謝料を認める根拠規定がなく，民法711条の類推適用も否定されている（最判昭55・12・18民集34巻7号888頁参照）。

③ **遅延損害金の起算日**

　遅延損害金は，債務不履行では請求日の翌日から起算される（前掲最判昭55・12・18）のに対し，不法行為では損害の発生の日から起算される（最判昭37・9・4民集16巻9号1834頁等）。

④ **相殺禁止**

　不法行為による損害賠償請求権を受働債権とする相殺は禁止されている（民509条）が，債務不履行に損害賠償請求権にはそのような制限はない（民法改正により，人の生命または身体の侵害による損害賠償請求権を受働債権とする相殺は，債務不履行を理由とする場合も禁止される予定である）。

　なお，弁護士費用については，安全配慮義務違反による損害について弁護士費用を認めた最判平24・2・24判タ1368号63頁と同様に考えることができ，債務不履行構成でも認められるので，いずれの構成でも違いはない。

（参考文献・訴訟物と要件事実全般）

関根規夫「医療事故の責任，その主張立証責任」秋吉199頁，浦川ほか「医療訴訟における訴訟物と要件事実」552頁〔加藤幸雄〕。

> **Q6** 医療訴訟の基本的枠組みはどうなっているか。

A　医療訴訟の基本的な枠組みについて，不法行為による損害賠償を例とし

て考えると，損害賠償請求が成立する要件は，次のとおりとなる。
① Ｘ（患者）が権利又は法律上保護される利益を有していること
② Ｙ（医師等）の①の権利又は利益に対する加害行為及びそれにつきＹの故意又は過失
③ 損害の発生及び額
④ ②の行為と③の損害との因果関係

故意・過失 による 権利（保護法益）侵害 → 悪い結果の発生 ＋ 損害額
                                         ↑
                                       因果関係

① 権利又は保護法益

　まず，保護されるべき法益があることが前提となり，その保護法益が害されることが要件である。

　医療訴訟において，通常，患者の生命，身体，健康が保護されるべき法益であり，民法709条にいう「権利」であることは疑う余地がない。

　患者の生命，身体，健康以外について，保護されるべき法益としては，説明義務違反で問題となる「自己決定権」のほか，「生命を維持する又は重大な後遺障害が残らなかった相当程度の可能性」などがあることは判例が認めており，ほかにも法益として認められる可能性はある。

　他方，例えば，医師の診察時の態度が悪く，患者が感情を害したとしても，患者において，「医師の真面目な態度で診察を受けるべき利益」が法的に保護されるべき利益とはいえず，感情を害されたことによって損害賠償が請求できるわけではない（もちろん，医師が患者の人格を否定するような態度であった場合など違法と評価できる場合もないわけではなく，たとえば，大阪地判平8・4・22判時1585号66頁は，医師が，がん患者に対し，回診の際に「瓜破に行くか」〔瓜破は地域名で，斎場や墓地がある〕と声をかけたり，明確な根拠もなく半年の余命であると告げたことなどが違法と評価されている）。

　何が保護法益であるかは，法律で明示されている必要があるわけではないので，保護法益の捉え方は見解が分かれることもある（最判平17・12・8判タ1202号249頁等参照）。

② 過失（注意義務違反）

「故意又は過失」による権利侵害については，医療訴訟で医師等の故意が問題となることはないので，医師等に「過失」があったかが争いとなり，訴訟においては，「因果関係」と並んで主要な争点になることが多い。

通常，患者の診療にあたっていた医療機関の医師等の過失が争点となるが，当該医療機関では対応できない場合には，より高次の医療機関への転医が問題となることがある。また，患者に対する説明義務違反が争点となる事件も多い。

過失については，次の3点にまとめることができる。

a　医療行為上の過失（注意義務違反）　当該医療機関で医療行為を実施した場合
b　転医義務違反　別の医療機関に転医させた場合
c　説明義務違反　患者に対する説明義務が争われる場合

③ 因果関係

医師等の過失行為と結果発生との間に相当因果関係があることを要する。因果関係については，過失行為と結果発生との間に高度の蓋然性があることを立証する必要がある（最判昭50・10・24民集29巻9号1417頁参照）。

ただし，結果が死亡又は高度の後遺症の場合には，因果関係について高度の蓋然性があると認めることができない場合においても，生命を維持できた又は重大な後遺症が残らなかった相当程度の可能性が認められると，損害賠償請求が認められる（相当程度の可能性については **Q64〜70**参照）。

④ 損害

損害が発生することが損害賠償請求が認められるための要件であるが，損害については，医療訴訟特有のものがあるわけではない。もっとも，交通事故等とは異なり，患者はもともと何らかの疾患を有しているのが通常であり，それをいかに考慮するかという点が問題になる事案は多い。

> **Q7** 患者側や医療機関側は何を主張立証する必要があるか。

A 法の適用は，「法規範（大前提），事実（小前提），結論（小前提である事実を大前提である法規範に当てはめる）」の法的三段論法であるといわれる。

医療訴訟において，これを当てはめると，たとえば，冠状動脈バイパス手術を受けた患者が術後に腸管壊死となって死亡したという事案で，術後直ちに開腹手術を実施しなかった点に過失があったとして争われている場合，大前提の法規範は，民法415条または709条で定められている「過失（注意義務違反）」であるが，小前提となる事実を「冠状動脈バイパス手術を受けた患者が術後に腸管壊死となって死亡したこと」ととらえ，この事実を法規範に当てはめたところで，過失（注意義務違反）があるかの判断は全く分からない。医療訴訟においては，法規範である「過失（注意義務違反）」の内容を具体化する必要があるいえる。この点で，例えば，「XはYに自動車を代金100万円で売った」という事実が認定できると，この事実を民法555条に当てはめれば，XはYに対し100万円の売買代金請求権を有していることが分かるが，医療訴訟はそのような単純なものではない。

「過失（注意義務違反）」の内容を具体化すると，「診療当時の臨床医学の実践における医療水準に適合しないこと」とされている（**Q8**参照）。そうすると，「過失（注意義務違反）」の内容は，医療水準に適合しないことということになり，医療水準に相当する医学的知見を示す必要がある。小前提となる事実も，患者が死亡したというものでは足りず，当時の患者の状態について具体的な事実を示さなければならない。

前記の例でいえば，「患者は，術後，腹痛を訴え続け，鎮痛剤を投与してもその腹痛が強くなるとともに，高度のアシドーシスを示し，腸管のぜん動亢進薬を投与しても腸管閉塞の症状は改善しなかった」という事実（小前提）を「患者がこのような状況にあるときには，直ちに開腹手術を実施し，壊死部分を切除しなければならない」という医学的知見（医療水準）である法規範（大前提）に当てはめることが必要になる（上記事実関係の下では直ちに開腹手術をしなかったことが医学的知見に反しているので，過失があったという結論になる）。

つまり，医療訴訟においては，患者の症状等の具体的な事実を医学的知見（医療水準）に当てはめて判断するという構造である。医学的知見は，法律と違って，裁判所が知っているわけではないので，それも主張立証する必要がある。

まとめると，医療訴訟は，次のような構造になっている。

> 大前提－医療水準を示す医学的知見
> 小前提－患者の当時の状態等の具体的事実
> 結論－具体的事実を医学的知見に当てはめて過失等があったかを判断する。

Ⅱ 医療行為上の過失（注意義務違反）

1 医療水準

Q8 医師等の過失（注意義務違反）は，どのように判断するか。

A 過失（注意義務違反）の基準は「医療水準」であることで判例上確立している。

(1) 医療水準論

診療契約については，診察，検査，治療等の医療行為を行うことを目的とする準委任契約と解されているので（**Q4**参照），医師の負う義務の内容は，「善良な管理者の注意」（民644条）ということになる。不法行為構成でも，不法行為の成立要件である過失も内容は同じである。

「善良な管理者の注意」といっても，それだけでは基準にならないので，医療訴訟において，それがいかなる内容のものであるかについては，一連の最高裁判決により，「医療水準」であると解することで確立した。

(2) 最高裁判決の流れ

最高裁判決の流れを概観すると，医師に要求される注意義務の内容として

は，我が国の医療事故に関する最高裁判例の出発点となった最判昭36・2・16民集15巻2号244頁（東大輸血梅毒事件）が，「いやしくも人の生命及び健康を管理すべき業務（医業）に従事する者は，その業務の性質に照し，危険防止のために実験上必要とされる最善の注意を要求される」と判示したことに始まる。「最善の注意義務」といっても，そのままでは基準となるものではなく，最判昭57・3・30判タ468号78頁（高山日赤事件）は，「注意義務の基準となるべきものは，診療当時のいわゆる臨床医学の実践における医療水準である」とし，以後も，主として未熟児網膜症に関する事件において同様の判断が示され，医師の注意義務の基準となるべきものが「診療当時のいわゆる臨床医学の実践における医療水準である」ことが確定した判例の立場となった。もっとも，医療水準について，全国一律のものであるのかについてはなお争いがあったが，最判平7・6・9民集49巻6号1499頁が医療機関の性格等によって異なる旨判示して，医療水準の内容が確立した。

最判平7・6・9

事案
　未熟児網膜症に罹患したXが，出生後の保育診療に当たったY（姫路日赤病院）に対し，診療契約上の義務違反があったとして，損害賠償を請求した。

判断
　ある疾病について新規の治療法が開発され，それが各種の医療機関に浸透するまでの過程は，次のとおりである。すなわち，まず，当該疾病の専門的研究者の理論的考案ないし試行錯誤の中から新規の治療法の仮説ともいうべきものが生まれ，その裏付けの理論的研究や動物実験等を経た上で臨床実験がされ，他の研究者による追試，比較対照実験等による有効性（治療効果）と安全性（副作用等）の確認などが行われ，この間，その成果が各種の文献に発表され，学会や研究会での議論を経てその有効性と安全性が是認され，教育や研修を通じて，その治療法が各種の医療機関に知見（情報）として又は実施のための技術・設備等を伴うものとして普及していく。また，有効性と安全性が是認された治療法は，通常，先進的研究機関を有する大学病院や専門病院，地域の基幹となる総合病院，そのほかの総合病院，小規模病院，一般開業医の診療所といった順序で普及していく。そして，知見の普及は，医学雑誌への論文の登載，学会や研究会での発表，一般のマスコミによる報道

等によってされ，まず，当該疾病を専門分野とする医師に伝達され，次第に関連分野を専門とする医師に伝達されるものであって，その伝達に要する時間は比較的短いが，実施のための技術・設備等の普及は，当該治療法の手技としての難易度，必要とされる施設や器具の性質，財政上の制約等によりこれに要する時間に差異が生じ，通常は知見の普及に遅れ，その条件次第では，限られた医療機関のみで実施され，一般開業医において広く実施されるということにならないこともある。

　以上のとおり，当該疾病の専門的研究者の間でその有効性と安全性が是認された新規の治療法が普及するには一定の時間を要し，医療機関の性格，その所在する地域の医療環境の特性，医師の専門分野等によってその普及に要する時間に差異があり，その知見の普及に要する時間と実施のための技術・設備等の普及に要する時間との間にも差異があるのが通例である。したがって，ある新規の治療法の存在を前提にして検査・診断・治療等に当たることが診療契約に基づき医療機関に要求される医療水準であるかどうかを決するについては，当該医療機関の性格，所在地域の医療環境の特性等の諸般の事情を考慮すべきであり，これらの事情を捨象して，すべての医療機関について診療契約に基づき要求される医療水準を一律に解するのは相当でない。

　そして，新規の治療法に関する知見が当該医療機関と類似の特性を備えた医療機関に相当程度普及しており，当該医療機関においてその知見を有することを期待することが相当と認められる場合には，特段の事情が存しない限り，その知見は当該医療機関にとっての医療水準であるというべきである。

　これを本件についてみると，光凝固法については，天理よろず相談所病院の眼科医による施術の報告後，昭和46年ころから各地の研究者によって追試が行われ，その治療法が未熟児網膜症の進行を阻止する効果があるとの報告が相次いでいたところ，厚生省は，昭和49年度厚生省研究班を組織し，研究班は，昭和50年3月，進行性の本症活動期病変に対して適切な時期に行われた光凝固法が治療法として有効であることが経験上認められるとし，一応の診断治療基準を示した研究成果を発表した。Yにおいては，昭和48年10月ころから，光凝固法の存在を知っていた小児科医が中心になって，未熟児網膜症の発見と治療を意識して小児科と眼科とが連携する体制をとっており，既に昭和49年には，他の医療機関で出生した新生児を引き受けてその診療をする「新生児センター」を小児科に開設しており，現に，X

> も昭和49年12月11日に別の病院で生まれたが，Yの診療を受けるために転医をしたというのである。そうすると，Yの医療機関としての性格，XがYの診療を受けた昭和49年12月中旬ないし昭和50年4月上旬の兵庫県及びその周辺の各種医療機関における光凝固法に関する知見の普及の程度等の諸般の事情について十分に検討することなくしては，本件診療契約に基づきYに要求される医療水準を判断することができない筋合いであるのに，光凝固法の治療基準について一応の統一的な指針が得られたのが厚生省研究班の報告が医学雑誌に掲載された昭和50年8月以降であるというだけで，XがYの診療を受けた当時において光凝固法は有効な治療法として確立されておらず，Yには当時の医療水準を前提とした注意義務違反があるとはいえないとした原審の判断には，診療契約に基づき医療機関に要求される医療水準についての解釈適用を誤った違法がある。

(3) 医療水準の要約

　前掲最判平7・6・9によって確立した医療水準は，次のとおりまとめることができる。

　医師の注意義務の内容は，診療当時のいわゆる臨床医学の実践における医療水準であり，当該医療機関の性格，所在地域の医療環境の特性等の諸般の事情を考慮して，当該医療機関においてその知見を有することを期待することが相当と認められる場合には，その知見は当該医療機関にとっての医療水準となり，それに反すると，過失（注意義務違反）が認められる。

　「医療水準」というのは，治療に関していえば，安全性（副作用等）・有効性（治療効果）が確立している治療法を意味する。

　「臨床医学の実践における医療水準」というのは，「学問としての医学水準」と区別するものであり，「学問としての医学水準」は，学会に提出された学術的問題が基礎医学的に又は臨床医学的に学者，学会間で研究討議され，学会レベルで一応認容されて形成されるものをいい，「臨床医学の実践としての医療水準」は，このようにして形成された医学水準を医療の実践として普遍化するために研究がされ，専門家レベルでその実際適用の水準としてほぼ定着したものをいう。このため，研究者の間ではある治療法が確立していても，各医療機関に普及していなければ医師の注意義務を問う医療水準とはいえないし，普及

する過程も，通常，先進的研究機関を有する大学病院，地域の基幹となる総合病院，その他の総合病院，小規模病院，一般開業医の診療所というように普及していくので，大学病院の医師としては医療水準となっていても，開業医では医療水準となっていないこともありうる。

　分かりやすく述べると，当該医療機関の医師と同じ立場の医師にとって通常求められるレベルのものが医療水準ということになる。当該医師がたまたまその分野に詳しかったとしても高い医療水準が求められるわけではないし，逆に，当該医師がその分野に不得手であったとしても，当該医療機関の医師として一般的に求められるものであれば，その注意義務が医療水準となる。

　もっとも，当該治療法を行うためには，当該治療法の手技としての難易性，必要とされる施設や器具の性質，財政上の制約等により，限られた医療機関のみで実施され，一般開業医において広く実施されるということにはならないこともある。また，当該医療機関に要求される医療水準にかなった医療行為を行うために，その医療水準というべき知見を有した医師と設備を備えておくべきであるが，医師の都合で，あるいは病院の設備的な理由で医療水準にかなった医療行為を行うことができない場合には，他の医療機関に転医すれば足り，転医の遅れがなければ，過失を問われることはない。

（参考文献・過失全般につき）
金光秀明「医療水準と医療慣行」秋吉211頁，浦川ほか「医療訴訟の過失論」297頁〔宮澤潤・木下正一郎〕，榮岳夫「注意義務（総論，医療水準）」髙橋274頁，廣谷章雄「注意義務違反」福田ほか273頁，安田仁美「医療水準と医療慣行」福田ほか284頁。

Q9 過失判断の基準時はいつか。

A 医療水準に基づく過失（注意義務違反）の判断は，医療行為当時の医学的知見による。すなわち，医師等に過失があったかについては，医療行為当時の医療水準に照らして不適切なものであったかが問われるのであり，医療の進歩により現時点では医療水準にかなわないものであっても，医療行為当時には不適切なものでなければ，医師等に過失があったということはできない。

この点を明示したのは，最判昭61・10・16判タ624号117頁である。この判決は，注射により大腿四頭筋拘縮症が生じた事故につき，「昭和37年当時の医療水準に照らし必要かつ相当な治療行為であるとして医師の不法行為ないし債務不履行責任は認められないとした原審の判断を是認することができる」としている。大腿四頭筋拘縮症は，昭和30年代から40年代に頻発したものであり，当時の厚生省等の調査によると，筋拘縮症の患者数は8000人に達するようである。筋拘縮症は，注射部位の神経を直接損傷するものではないが，薬剤の種類と注射の頻度，患者の状態によって，重度の障害を残すものであり，その行為の危険性が認識されるようになったのは昭和40年代後半であって，それより前の段階では，当時の医療水準に照らして，医師の責任を問うことはできないとしたものである。

Q10 医療水準と予見可能性・結果回避義務は，どのような関係にあるか。

A 過失は，一般的に「結果発生の予見可能性がありながら，結果の発生を回避するために必要な措置（行為）を講じなかったこと」と定義されている。

医療に関する最高裁判決においても，過失の判断にあたって，「医療水準」ではなく，医学上の知見を基礎として，予見可能性と結果回避義務によって判断しているものも多い。最判平13・6・8判タ1073号145頁，最判平14・11・8判タ1111号135頁，最判平15・11・14判タ1141号143頁，最判平16・9・7判タ1169号158頁，最判平18・4・18判タ1210号67頁，最判平18・11・14判タ1230号88頁，最判平21・3・27判タ1294号70頁などがある。例えば，最判平15・11・14は，食道がんの手術後に気管内チューブを抜管後に患者が喉頭浮腫により呼吸停止・心停止に至った場合における再挿管等の処置における過失について，当時の患者の状態からすると，喉頭浮腫が相当程度進行しており，既に呼吸が相当困難な状態にあることを認識することが可能であり，これが更に進行すれば，呼吸停止に至ることも十分予見できたのであるから，再挿管等の気道確保のための適切な措置を講じるべきであったと判示しており，予見可能性を前提とした結果回避義務に基づいて医師の過失の有無を

判断している。

　「医療水準」と「予見可能性・結果回避義務」との関係については，もともと「医療水準」は，未熟児網膜症において新しい治療法である光凝固法を実施しなかったこと，あるいは実施している医療機関に転医させなかったことが過失といえるかという議論から発展したように，新たな治療法をすべき義務があったかが問題となる場面での理論であり，いかなる医療行為をすべきかということについての基準となるものである。既にそうした議論をするまでもなく，一定の義務が確立しており，その義務からの逸脱の有無・程度を問えば足りる場合には「医療水準」という概念を援用する必要はなく，医療水準は過失を判断する前提となっているものと考えられる。したがって，「医療水準」と「予見可能性・結果回避義務」という二つの判断枠組みがあるわけではない。前掲最判平15・11・14の事案でいえば，呼吸停止に至ることを予見できた場合には，挿管等の気道確保のための適切な措置を講じるべきであるというのが医療水準といえるものであり，その医療水準に適合しない医療行為であったために，過失が認められたものと考えられる。

　さらにいえば，「予見可能性・結果回避義務」は，過失の判断基準としては一般的な理論であるが，医療においては必ずしも適合しない面がある。例えば，重大な副作用が生じる可能性のある薬剤を投与する場合，重大な副作用が生じる可能性を予見することはでき，その薬剤を使用しないことで副作用が生じることを回避することができる。しかし，患者の状態によっては，重大な副作用が生じる可能性があることを覚悟の上で薬剤を投与することが必要な場合もある。この場合の過失の判断基準としては，予見可能性・結果回避義務理論ではなく，当該患者に対し当該薬剤を投与したことが医療水準に適合しているかということを問うのが相当である。

　以上のとおり，医療訴訟においては，過失の判断基準としては，医療水準が用いられているということができ，医療水準が明らかであって，医療水準で確立している義務からの逸脱の有無・程度を問えば足りる場合には医療水準という概念を援用せずに，過失判断をしていると考えられる。

> **Q11** 医療水準と医療慣行は、どのような関係にあるか。

A 医療慣行とは、医師の間で一般的に行われている診療行為等をいう。医師が医療慣行に従った場合に、過失がないといえるかが問題となる。

最判平8・1・23民集50巻1号1頁（**Q12**参照）は、「平均的医師が現に行っていた医療慣行に従った医療行為を行ったというだけでは、医療機関に要求される医療水準に基づいた注意義務を尽くしたことにはならない」と判示した。

一般に医療慣行は、本来合理的な根拠を有するがゆえに多くの医師の支持を得て慣行となるものであろうが、中には医学の進歩に伴う新しい知見の下で合理性を失うものもあれば、主に医療側の事情（例えば医療スタッフの不足や経費の節減など）を考慮して慣行となったものもあり得るものと思われる。上記最判はこれらのことを考慮して医療慣行が直ちに注意義務の基準とはならないことを示したと考えられる。

つまり、医師の間で一般的に行われている診療行為等は、医療慣行となっていることからそれに従っていたから過失はない、ということにはならない。医療慣行が合理的根拠に基づいており、医療水準といえるかが問題であると考えられる。

（参考文献）

金光秀明「医療水準と医療慣行」秋吉211頁。

> **Q12** 医療水準と医薬品の添付文書は、どのような関係にあるか。

A 医薬品は、これに添付する文書等に、用法、用量その他使用及び取扱い上の必要な注意などを記載しなければならない（医薬品医療機器等法52条）。この規定に基づいて記載されたものを一般に添付文書（能書）と呼んでいる。添付文書に従わなかったことが医療水準に適合しないかが争われたのが、最判平8・1・23民集50巻1号1頁である。

> **最判平8・1・23**
>
> **事案**
> 　虫垂炎に罹患した少年Ｘ（当時7歳5か月）がＹ病院で虫垂切除手術を受けたところ，手術中に心停止に陥り，蘇生はしたものの重大な脳機能低下症の後遺症が残った。Ｘに対し使用された麻酔剤（0.3％のペルカミンＳ）の副作用として，麻酔剤注入後に血圧低下があることはかなり古くから知られており，昭和30年代にはこれによる医療事故も多発したため，腰椎麻酔中は「頻回」に血圧の測定をする必要があるということ自体は臨床医の間に広く認識されていたが，「頻回」とはどの位の間隔をいうのかは一致した認識があったとはいえず，昭和47年から，ペルカミンＳの添付文書に麻酔剤注入後10分ないし15分までの間，2分間隔で血圧の測定をすることが注意事項として記載されるようになった。もっとも，本件で問題となった昭和49年当時の医療現場では，必ずしも2分間隔での血圧測定は行われておらず，5分間隔で測定すればよいと考える医師もかなりいたようである。
>
> **判断**
> 　仮に当時の一般開業医が添付文書に記載された注意事項を守らず，血圧の測定は5分間隔で行うのを常識とし，そのように実践していたとしても，それは平均的医師が現に行っていた医療慣行であるというにすぎず，これに従った医療行為を行ったというだけでは，医療機関に要求される医療水準に基づいた注意義務を尽くしたことにはならない。医師が医薬品を使用するにあたって添付文書に記載された使用上の注意義務に従わず，それによって医療事故が発生した場合には，これに従わなかったことにつき特段の合理的な理由がない限り，当該医師の過失が推定される。

　医療用医薬品の場合には，医薬品の投与を受ける患者の安全を確保するため，これを使用する医師等に対して必要な情報を提供する目的で，当該医薬品の効能や危険性につき最も高度な情報を有している製造業者又は輸入販売業者に使用上の注意についての記載を義務付けている。そうであれば，医薬品を使用する医師としては，特段のことがない限り，添付文書に記載された注意事項に従って医薬品を使用すべき注意義務があるといえる。
　もっとも，この点については，医師の批判が強い。その批判を簡単に述べると，「添付文書は，製造業者又は輸入販売業者が責任を問われないようにする

ために，わずかでも危険性があれば使用上の注意事項に記載しており，それに従っていると，重症患者や緊急を要する患者等に処方する薬がなくなってしまう」，「併用禁止や併用注意という記載がされていても，いろいろな病気を併せ持っている患者には併用せざるを得ないことがある」，「当該患者の病態や体質等に応じて，当該医薬品の効用と副作用を踏まえて処方するのは医師である。添付文書が当該患者に対する医師の判断に優先するのは不当である」などというものである（峯川浩子「製造物責任訴訟・医療過誤訴訟における医薬品添付文書の役割」賠償科学36号（2009）24頁等参照）。

　臨床の現場においては，特に緊急性を要する場合には，ある程度の危険を覚悟で，添付文書に反して即効性のある処方をすることも行われているようである。上記最判は，「医師が医薬品を使用するに当たって添付文書に記載された使用上の注意事項に従わず，それによって医療事故が発生した場合には，これに従わなかったことにつき特段の合理的な理由がない限り，当該医師の過失が推定される」とまとめているが，当該事案は，血圧測定を2分間隔ですべきであったのに，5分間隔でしていたというものであり，容易に使用上の注意義務に従うことができ，それで不都合がなかった事案である。

　この判決は，医薬品の添付文書について一般論を展開しているが，添付文書の内容も様々であり，添付文書に反しているとして過失を推定するにしても，その推定の程度は事案によって異なると解すべきであろう。例えば，薬剤の投与ついて，「慎重投与」というのは，投与の可否の判断や用量の決定，投与後の患者に対する細かな観察等が必要な場合に記載することになっており（旧厚生省薬務局長平成9年4月25日付け通知「医薬用医薬品添付文書の記載要領について」薬発606号），投与後の経過観察を十分に行い，患者に異常が生じた場合には直ちに適切な措置を講じたかという観点も考慮されるので，投与後の経過観察や治療経過等といった事実認定によって「慎重に投与した」といえるかが決まってくるので，過失の推定というのは意味がないし，医薬品によっては医師に一定の裁量を認めるものもある（投与量について一定の基準を設けながらも，患者の症状に応じて「適宜増減」を認めている場合等）。したがって，警告や禁忌の場合，あるいは，この最判の事例のように，内容が一義的で明確な場合（用法違反や注射速度等の数値で規定されているもの）に限って，過失の推定が問題になると思われる。

また，使用上の注意に反していたとしても，反している内容が「警告」，「禁忌」等によってレベルが異なるのであるから，過失の推定の程度も異なると考えられるし，副作用にしても，重大なもので頻度も多いものから軽微で頻度も少ないものまであるので，患者の状態と添付文書に記載されているいかなる内容に反したのかを抜きにして過失を論じても意味がない。

　また，医薬品に対する評価は変わることがありうるし，投与を受ける患者の個体差，病態の内容，程度は千差万別であるから，添付文書に記載された使用上の注意とは異なった取扱いをすることに十分な合理的な理由がある場合もあり，あるいは患者の生命を守るためにあえて危険を冒して治療行為をすることが是認される場合もある。したがって，医師が添付文書に反する医療行為をした理由を十分に検討する必要があるといえる。その判断要素としては，①当該疾患の重大性や他に有効な治療法がないなどといった当該医薬品の添付文書に反した使用による治療の必要性，②当該医薬品の使用に伴う副作用の内容，程度，頻度を総合的に考慮して判断することになると考えられる。

　まとめると，医師は添付文書に記載された注意義務を必ず遵守しなければならないものではないが，それに反する措置を採った場合には，その合理的な理由を明らかにする必要があるといえる。添付文書に記載された注意義務に反した場合には過失が推定されるが，この推定は事実上の推定であるから，事情によって覆ることを前提としている。つまり，過失の推定を覆すための合理的な理由という要件は，極めて例外的な場合にのみ認められるというものではなく，医療機関の主張する理由が当時の医療水準に照らして合理性を有していれば，過失の推定が覆ることになると考えられる。医療機関側において合理的な説明ができないのであれば，推定は覆らず，過失が認められることになる。

(参考文献)

住田知也「添付文書」髙橋205頁，菅野雅之＝樺山倫尚「添付文書」福田ほか323頁。

Q13 診療ガイドラインとは何か。医療訴訟にいかに役立つのか。

A (1) **診療ガイドラインとは**

医療水準を知る上で重要なものとして，診療ガイドラインがある。

診療ガイドラインとは，「特定の臨床状況において，適切な判断を行うために，医師と患者の決定を支援するために系統的に作成された文書である」という定義がされている。各医学会において専門家が多数の論文を検討し，各論文をEBM（Evidence based Medicine科学的根拠に基づいた医療）に基づいて評価して，作成されるものであり，医療水準を知る上で重要な資料になる。近年，さまざまな診療ガイドラインが策定されており，公益財団法人日本医療機能評価機構により，「Minds」のホームページに各診療ガイドラインが掲載されている。個人や学会の一部によって作成されたにすぎないものでも，「診療ガイドライン」という名称が付されることがあるが，重要なものは，上記のとおり，学会が一定の手続を経て策定したものである。

(2) **診療ガイドラインの役割**

診療ガイドラインの内容は，各診療ガイドラインで異なるが，一般的には，専門家による委員会を組織し，多数の論文のエビデンスレベルを検討して，一定の基準をまとめたものであり，信用性は高いといえる。推奨度をランクで示してその解説をしているものが多い。

例えば，「肝癌診療ガイドライン2013年版」（日本肝臓学会）では，推奨の強さの分類は，次のようになっている。

A 　行うよう強く勧められる
B 　行うよう勧められる。
C1　行うことを考慮してもよいが，十分な科学的根拠がない
C2　科学的根拠がないので，勧められない。
D 　行わないよう勧められる。

例えば，「肝細胞癌の高危険群において，典型的肝細胞癌の診断に診断能が高い検査は何か？」との問に対し，「典型的肝細胞癌の診断のためにはdynamic CT，dynamic MRI，造影超音波検査のいずれか1つが勧められる。（グレードA）」という答となっている。肝硬変患者で1～2 cmの結節が超音波検査で検出された場合，これらの3つのうちいずれかの検査をしていると，検査義務違反は認められないが，非造影超音波検査は推奨されていないので，非造影超音波検査しか実施しなかったとすると，検査義務違反が問われる可能

性が高いといえる。
　つまり，診療ガイドラインが，ある疾患についてある検査法や治療法を推奨している場合，それと異なる検査法や治療法を採用したときには，医師側においてその理由を説明する必要があり，合理的な理由もなく診療ガイドラインとは異なる検査・治療を行っていた場合には過失が事実上推定されるということができるし，逆に，医師がその検査・治療法を採用した場合には，過失がなかったと事実上推定されるので，患者側において当該患者にはその治療法等が相当でなかったことを主張立証する必要が生じよう。例えば，大阪地判平21・11・25判タ1320号198頁は，診療ガイドラインに反するような医療行為については，医師側に対しそれが合理性があることの立証を求めており，診療ガイドラインに反することで過失が推定されるという見解を採っている。
　もっとも，診療ガイドラインには，いろいろな種類があるようであり，各医師が行うべき統一的な基準を定めたもののほか，理想的な基準を定めたものもあり，各診療ガイドラインがいかなる目的で定めれているかを踏まえて検討することが必要である。また，上記の診療ガイドラインで，Cレベルのものについては，事実上の推定というほど強い効力は認められないと考えられるので，具体的に検討することが必要になるし，訴訟で問題となることが多いのはCレベルのものである。
　さらに，診療ガイドラインは，典型的な場合を想定していることが多いので，患者の症状がかなり異なっていれば，診療ガイドラインに従わなかったとしても過失が推定されることにはならないと考えられる。個々の患者の具体的な症状が，ガイドラインが前提とする症状と異なる場合には，個々の患者の状態に応じた医療行為がされる必要がある。
　さらにいえば，医師としては，とにかく診療ガイドラインに従っていれば責任を負わないということで医療行為が行われると，本来，個々の患者によって医療行為が異なることも少なくないと思われるのに，望ましい医療とは違う方向に向かうおそれがある。
　「Minds」のホームページには，診療ガイドラインについて，次のとおり説明されている。
　「診療ガイドラインは、科学的根拠に基づき、系統的な手法により作成された推奨を含む文書です。患者と医療者を支援する目的で作成されており、臨床

現場における意思決定の際に、判断材料の一つとして利用することができます。
　診療ガイドラインは、医療者の経験を否定するものではありません。またガイドラインに示されるのは一般的な診療方法であるため、必ずしも個々の患者の状況に当てはまるとは限りません。使用にあたっては、上記の点を十分に注意してください。臨床現場においての最終的な判断は、主治医が患者と協働して行わなければならないことをご理解ください。」

(3)　**裁判例**

　診療ガイドラインについては，直接判示した最高裁判決はないが，下級審判決では，近年，かなり重視されている。
　診療ガイドラインを有力な医学的知見と捉えるなど診療ガイドラインを積極的に評価する裁判例として，大津地判平15・9・8判タ1187号292頁，東京地判平16・2・2判タ1176号243頁，東京地判平16・2・23判タ1149号95頁，長崎地佐世保支判平18・2・20判タ1243号235頁，札幌高判平19・1・31判タ1272号210頁，大阪地平21・9・29判タ1319号211頁，前掲大阪地判平21・11・25，東京地判平24・1・26判タ1376号177頁，さいたま地判平26・1・30判時2231号74頁など多数ある。また，説明義務違反について，診療ガイドラインに従った内容の説明をしなかった点に医師の過失を認めたものとして，大阪高判平14・9・26判タ1114号240頁，大阪地判平19・9・19判タ1262号299頁等がある。
　他方，診療ガイドラインどおりにしなければならないわけではないことを強調するものとして，東京高判平16・12・28判時1964号59頁（診療ガイドラインが，策定当時の医療水準を示すことを認定した上で，当該分野における医学の進歩速度や患者の症状等を考慮して，診療ガイドラインとは異なる治療法の適応があるとして，医師の過失を否定したもの），大阪地判平23・1・31判タ1344号180頁（診療ガイドラインの記載は，医学水準として確立した治療方法であったとまではいえないとして，他の治療方法を是認），東京地判平24・12・27判タ1390号289頁（統合失調症治療ガイドライン［第1版］は，「推奨」にすぎず，個々の患者に処方する際の参照とすべきものと位置づけられていること，鑑定人3人のうち2人が医師の処方が裁量の範囲内であるとし，

1人が不適切であるとはしていないことなどから，診療ガイドラインとは異なる処方を是認）がある。

　医療訴訟における診療ガイドラインの位置づけを一言でいえば，医療水準を知るための有力な証拠であるといえる。

(参考文献)
西澤健太郎「診療ガイドライン」髙橋183頁，森冨義明＝西澤健太郎「診療ガイドライン」福田ほか301頁。

2　過失の主張立証

Q14　過失の主張立証責任は，いずれの当事者が負っているか。

A　医療訴訟における過失の主張立証責任は，不法行為あるいは債務不履行があったと主張する原告（患者側）が負っている。債務不履行構成を採ったとしても，医師等の義務は手段債務であり，原告（患者側）において医師等に義務違反があったことを主張立証しなければならない（**Q5**参照）。

　過失の主張立証は困難であるとして，主張立証責任の転換や証明度を軽減すべきであるとする見解もあるが，**Q18**で述べるとおり，最高裁判決を分析すると，原告（患者側）に高度の立証を求めているとは解されず，特に軽減を考慮する必要はないであろう。

Q15　不作為による過失については，どのように過失を主張するのか。

A　過失行為には，例えば手術中に腸管を損傷したことが過失に当たるというような作為と，検査結果からがんであることが判明し早期に必要な治療をすべきであったのに，何の措置も講じなかったというような不作為がある。作為であれば，過失行為は明確であることが多いが，不作為の場合は，ある時点で，本来こうすべきであったという作為義務を設定し，その作為義務を講じな

かったことが過失に当たるという主張をすることになる。

> **Q16** 患者側は，医師等の過失を選択的に主張することは可能か。また，裁判所は，選択的な過失を認定することは可能か。

A 損害賠償を請求する患者側（原告）において，医師等の過失を主張しなければならないが，患者側は，一つの過失に限定して主張する必要はなく，裁判所も一つの過失に限定せず，A又はB（あるいはそれ以上）のいずれかの過失が認められるという判断も可能である。

最判昭32・5・10民集11巻5号715頁，最判昭39・7・28民集18巻6号1241頁は，いずれも，注射の際の感染が問題となったものであり，前者は，注射液が不良であったのか注射器の消毒が不完全であったのかのいずれかであるとした認定で足りるとし，後者は，消毒の不完全が注射器具，施術者の手指，患者の注射部位のいずれかであったとする認定で足りるとしている。

裁判例としては，前方固定術による頸椎手術により患者が四肢不全まひとなった事案について，その原因が，①手術機器であるエアトームの振動による脊髄損傷，②エアトームによる脊髄の直接損傷，③骨片の挿入による脊髄の圧迫損傷のいずれかであるという認定に基づいて，医師の過失を概括的に認めたものとして福岡高判平20・2・15判タ1284号267頁がある。

また，最判平9・2・25民集51巻2号502頁（**Q34** 参照）は，原審が，疾病の原因となった薬剤を具体的に特定し，それを前提として医師の注意義務を判断したのに対し，「開業医が顆粒球減少症の副作用を有する多種の薬剤を患者に長期間投与してきたという本件においては，薬剤のうちの一つ又はその複数の相互作用が顆粒球減少症発症の原因であったという程度の事実を前提として開業医の注意義務違反の有無を判断することも，通常は可能であり，常に起因剤を厳密に特定する必要があるものではない」として，顆粒球減少症の原因となった薬剤を具体的に特定する必要はない旨判示している。つまり，顆粒球減少症の副作用を有する多種の薬剤が長期間投与されていた場合，原因となった薬剤の特定が非常に困難であるが，何が原因であろうと，医師は，顆粒球減少症の副作用を有する各種薬剤の投与期間の全体を通じて発症を見逃さないよう

に注意すべき義務を負っているのであるから，これらの薬剤のうちの一つ又はその複数の相互作用が発症原因であったという程度の事実を前提として医師の注意義務の有無を判断すれば足りるという考え方である。

このように，過失の内容や前提となる原因が一つに特定できないのであれば，それを前提として過失の判断をすることが可能であり，それで足りる場合があることに留意する必要がある。もっとも，逆に言うと，過失の前提となる原因によって過失の内容が異なるのであれば，原因を特定する必要があるといえる。

> **Q17** 患者側は，過失としてどの程度具体的に主張しなければならないか。

A 患者側が過失の内容としてどの程度具体的に主張しなければならないかは，事案による。たとえば，レントゲン画像による肺がんの見落としが争点であるとすると，レントゲン画像に基づいて，肺がんの陰影があることを指摘することは可能であって，〇年〇月〇日撮影のレントゲン写真のどこに肺がんの陰影があるのにそれを見落としたのが過失であると具体的に主張する必要がある。

他方，手術中の手技については，患者はその現場を見ているわけではなく，過失を具体的に主張することは相当困難であって，たとえば「手術中の何らかの手術器具の操作の誤り」というようなものでも足りることが多いであろう。最判平11・3・23判タ1003号158頁（**Q18**参照）は，「手術中の何らかの手術器具の操作の誤り」という程度の過失の主張で足りることを前提として，当該事案では，脳内血腫という結果が手術中の何らかの操作上の誤りに起因するのではないかとの疑いを強く抱かせるとして，手術器具操作の誤りがあったことを積極的に認めるに足りる証拠がないとした原審を破棄差し戻している。また，最判平21・3・27判タ1294号70頁（**Q18**参照）は，麻酔中に血圧が急激に低下し，引き続き生じた心停止が原因となって死亡した事案について，「麻酔薬の投与量を適正に調整しなかった過失」という程度の主張で足りることを示している。

過失をどの程度具体的に主張しなければならないかは，具体的であればあるほどその争点に絞って審理をすることができ，迅速な審理にもかなうといえるが，他方，患者側に無理を強いることはできず，過失の特定が困難なものについては，ある程度概括的な主張で足りるといえる。結局，患者側としては，当該事案において可能な範囲で具体的に主張することを要するというべきである（刑事事件の訴因の特定と同じように考えることができる〔刑訴法256条2項〕）。

　また，過失を具体的に特定する時期としては，訴え提起前に医療機関と交渉していると，医療機関の主張内容が分かり，訴状段階から具体的に記載することは可能であるが，そのような事案でない場合には，訴状段階では，ある程度概括的な主張をしたうえで，医療機関側の主張が出た後に，具体的に主張することも許される。もともとカルテ等の証拠を所持しているのは，医療機関であり，医療機関において，いかなる診療経過をたどって悪い結果が生じたのかを説明すべき義務があると考えられるからである（主張立証責任を負わない当事者に，不合理な点がないことを主張立証すべきとしたものとして最判平4・10・29民集46巻7号1174頁参照）。

> **Q18** 過失は医学的に立証しなければならないか。

A　過失（医師等の行為が当時の医療水準に照らして不適切であったこと）の立証については，必ずしも医学的に直接証拠によって立証しなければならないわけではなく，間接事実から過失を推認するという方法も可能である。

　過失の間接事実としては（因果関係の間接事実と共通するが），悪い結果が生じていることを前提として，①患者側が主張している医師等の過失行為によって一般的に当該結果が生じるか，当該事案において，当該結果が生じるような原因があったか，②他の原因によって当該結果が生じる可能性はどの程度あるかを検討することになる。このような手法で，医師の過失を判断したものとして，以下の最高裁判決がある。

最判平11・3・23判タ1003号158頁

事案

　Aは，顔面，けいれんの根治手術である脳神経減圧手術を受けてまもなく脳内血腫等が発生し，これによって死亡した。Aの遺族であるXらが，Y手術担当医らに対し，損害賠償請求をした。

　脳神経減圧手術は，脳動脈が顔面神経に接触してこれを圧迫することによって生ずる顔面けいれんを根治するため，脳動脈を神経から剥離して症状を消失させるという手術であり，耳の後ろから切開して硬膜に達し，硬膜内において小脳に脳ベラをかけるなどして手術部位の視野を確保し，顕微鏡下でその神経と動脈の接触部分を剥離するという操作をするものである。本件手術は6時間を要したが，Aは手術後まもなく，血圧上昇，意識レベルの低下，呼吸状態の悪化がみられ，手術終了から約8時間後のCT撮影で小脳部に血腫ができヘルニアが生じていることが確認され，危篤状態になった。翌日未明，頭蓋内圧を減圧する開頭手術が行われ，夜には再度の手術が行われたが，その後一度も意識を回復することなく2か月後に死亡した。

　Xらは，手術時間が通常より長く，出血量も多かったこと等を指摘し，医師の過失としては，①脳ベラによる小脳の牽引を誤り，小脳を圧迫するなどして小脳から出血させた，②手術器具で脳動脈を損傷して出血させたことを主張し，Yらは高血圧性脳内出血の可能性を指摘した。

1，2審は，Yらの手術操作中の手術器具操作の誤りがあったことを積極的に認めるに足りる証拠がないとして，Xらの請求を棄却した。

判断

　最高裁は次のような構造（過失と因果関係を区別せずに論じているように見受けられる）で，小脳内出血等は本件手術中の何らかの操作上の誤りに起因するのではないかとの疑いを強く抱かせるものであるという判断をした。

　①神経減圧手術中の操作によっては小脳内血腫等を引き起こす可能性がある，②本件手術における手術操作がされた部位と血腫が生じた部位が近接している，③血腫は本件手術後まもなく発生している，④術前に本件手術中に高血圧性脳内出血を起こす素因があることが確認されていない，⑤高血圧性脳内出血のうちそれが小脳に発生する確率は約1割程度にすぎない，⑥遺体の病理解剖によっても，Aの小脳

> に生じた血腫の原因となる明らかな動脈りゅうや動静脈奇形の所見は認められていない。以上によれば，本件手術の施行とその後のAの脳内血腫の発生との関連性を疑うべき事情が認められるのであり，他の原因による血腫発生も考えられないではないという極めて低い可能性があることをもって，本件手術の操作上に誤りがあったものと推認することはできないとした原審の認定判断には，経験則ないし採証法則違背がある。

　上記判断の①～③は過失や因果関係を推認させる事実であり，④～⑥は他の原因（高血圧性脳内出血）の可能性が低いことを示す事実であり，最高裁は，これらを総合すると，本件の脳内出血等は本件手術中の何らかの操作上の誤りに起因するのではないかとの疑いを強く抱かせるものであると考えられるとし，再鑑定等が必要であるとして，原審に差し戻した（差戻審である大阪高判平13・7・26判タ1095号206頁は，再鑑定を行った上，Aの死因となった脳内血腫が本件手術中の操作に起因したものであるが，手術操作に過誤があったとは認められないとして過失を否定し，説明義務違反を認めている）。

　つまり，原審が，手術中の手術器具操作の誤りがあったことを積極的に認めるに足りる証拠はないとしたのに対し，最高裁は，手術と血腫発生が時間的，場所的に近接していることなどから，血腫が本件手術中の何らかの操作上の誤りに起因するのではないかとの疑いを強く抱かせるとしたものであり，過失を認める直接の証拠はなくとも，間接事実から過失を推認できることを示したものである。

最判平21・3・27判タ1294号70頁

事案

　全身麻酔と局所麻酔を併用して大腿骨の人工骨頭置換術を受けた患者Aが術中に心停止となり，死亡した。担当麻酔医には患者Aの年齢や全身状態に即して麻酔薬の投与量を調整すべき注意義務を怠った過失があるかが争われた。

　原審は，担当麻酔医には，全身麻酔と局所麻酔を併用するという事情やAの年齢等の個別事情に即した薬量を配慮しなかった過失があるとしつつ，仮に担当麻酔医

において薬量の加減を検討して塩酸メピバカインの投与量を減らしたとしても，その程度は担当麻酔医の裁量に属するものであり，その減量により本件心停止及び死亡の結果を回避することができたといえる資料等もないから，Aの死亡を回避するに足る具体的注意義務の内容，すなわち死亡と因果関係を有する過失の具体的内容を確定することができないとして，Aの死亡について麻酔医の不法行為責任を否定した。

判断
　全身麻酔と局所麻酔の併用による手術を受けた65歳のAが術中に麻酔の影響により血圧が急激に低下し，引き続き生じた心停止が原因となって死亡した場合において，次の①，②などの事実関係の下では，各麻酔薬の投与量をどの程度減らすかについて麻酔医の裁量にゆだねられる部分があり，いかなる程度減量すれば死亡の結果を回避することができたといえるかが確定できないとしても，その投与量を適切に調整しても患者の死亡という結果を避けられなかったというような事情がうかがわれない以上，麻酔医には患者の年齢や全身状態に即して各麻酔薬の投与量を調整すべき注意義務を怠った過失があり，この過失と患者の死亡との間に相当因果関係がある。

①　全身麻酔薬プロポフォールについては，局所麻酔薬と併用投与する場合及び高齢者に投与する場合には血圧低下等の副作用が現れやすいので投与速度を減ずるなど慎重に投与すべきことが，局所麻酔薬塩酸メピバカインについては，重大な副作用として心停止等があり，高齢者には投与量の減量等を考慮して慎重に投与すべきことが，各能書に記載されていた。

②　麻酔医は，全身麻酔により就眠を得た患者に対し，能書に記載された成人に対する通常の用量の最高限度量の塩酸メピバカインを投与し，その効果が高まるに伴って低下した患者の血圧が少量の昇圧剤では回復しない状態となっていたにもかかわらず，プロポフォールを成人において通常適切な麻酔深度が得られるとされる速度のまま持続投与した。

　この判決については評価がかなり分かれている。麻酔については，現在もその機序が明確ではなく，論理的に麻酔作用の説明がつかないのであり，臨床における対処療法的な方法に頼らざるを得ず，死亡という結果から，薬物の過量

ではないかと推理することは正当とはいえないとして批判的に捉える見解（平沼髙明「判批」民事法情報278号（2009）86頁），逆に，医師側が当該過失がなかったとしても死亡という結果は不可避であったという事情を具体的に立証しない限り，因果関係が認められるとした画期的な判決とする見解（宮本幸裕「判批」法時82巻4号（2010）121頁）がある。

　前者の見解については，純粋に医学的なことでありコメントできる立場にないが，後者の見解については，最高裁は，麻酔薬の投与量を調整していたとしてもなお患者の死亡を避けることができなかったというような事情が「うかがわれない以上」と述べており，医師側に，麻酔薬の投与量を調整していたとしてもなお患者の死亡を避けることができなかったことにつき高度の蓋然性の立証まで求めているものではなく（医師側としては真偽不明にすれば足りる），立証責任を転換させているわけではないので，最高裁の従来からの見解に変更はないと解される。

　とはいえ，この最高裁判決は，どのように調整すれば患者の死亡を回避することができたといえるかが確定できなくとも，過失の認定ができるとしたものであり，患者側としては，「麻酔薬の投与量を調整すべき注意義務に反した」という程度の主張で足り，麻酔薬の量をいくらにすべきであったという具体的な主張を要しないことになる。また，最高裁は，投与量を調整して患者の年齢や全身状態に即した量を投与していれば，通常であれば患者に心停止が生じて死亡するほどの重大な副作用が発生することはないという見解に立っており，死亡の原因が麻酔によることが認められると，過失は事実上推定されるという考え方に立っていると考えられ，患者側において，具体的な過失を立証する必要はない構造になっている。

　また，最判昭39・7・28民集18巻6号1241頁は，結果発生の原因について，A（消毒の不完全が注射器具，施術者の手指，患者の注射部位のいずれか），B（注射薬の不良ないし汚染），C（空気中のブドウ状球菌が注射に際し，付着侵入），D（保菌者である患者自身の抵抗力の低下により血行によって注射部位に病菌が運ばれた）の4つが考えられるが，そのうちB〜Dを否定して，Aが最も可能性として高いという認定を是認しており，消去法による認定を認めている（さらに，Aについて概括的な認定で足りるとしている）。

　以上のようにみてくると，最高裁は，過失の立証について，患者側に高度に

専門的なものを求めているわけではないことがわかる。現在の実務において，過失の立証責任を患者側に負わせているが，事実上の推定や一般的な経験則を用いることによって，公平性を保つような運用がされているといってよいと思われる。

（参考文献）

園尾隆司「医療過誤訴訟における主張・立証責任の転換と外形理論」青山善充ほか編『民事訴訟法理論の新たな構築　下』（有斐閣，2001）231頁，萩原孝基「因果関係の認定と考え方」ジュリ1330号（2007）102頁。

> **Q19** 患者側としては，過失者を特定しなければならないか。

A 医療機関に対して債務不履行又は不法行為（使用者責任）による損害賠償を請求する場合，誰に過失があったかを特定しなくとも，例えば，A医師又はB医師の過失ということが認められると，医療機関の責任は認められる。

　最判昭57・4・1民集36巻4号519頁は，国賠法1条1項に関し，その旨判示している。裁判例としては，水戸地土浦支判平20・10・20判時2026号87頁は，術者A医師と助手B医師のいずれか一方が，腸管把持鉗子等の医療器具を用いる際に誤って腸管を損傷したことは推認できるが，いずれであったかは分からないという事案について，「A医師とB医師のいずれか一方の過失行為によって生じたということまでは推認することができるのであり，そのいずれの場合であっても，医療機関には民法上の賠償責任を負うべき使用者・被用者の関係が存在するのであるから，医療機関は，民法715条1項の使用者責任を負うことになる」として，A医師とB医師の責任については否定したが，医療機関（法人）の責任を認めている。

3　各医療行為における過失

　医療行為としては，問診，検査，診断，治療（投薬，手術等）があり，各医療行為を通じての病院の管理体制も問題となり得るので，以下，こうした各医

療行為について，最高裁判決を中心に検討する。

> **Q20** 問診に関し医師に過失が認められるのは，どのような場合か。

A 医学的な診断は，①患者に対する問診により得られた患者の主訴，病歴，②医師の診察によって得られた所見，③血液検査，細菌学的検査，生理学的検査（心電図検査，呼吸機能検査，超音波検査等），画像診断のための検査（X線，MRI，シンチグラム等）などの各検査結果等を総合して，患者の疾病に対して診断を行い，治療法等の検討がされる。

まず，出発点となるのが問診である。問診は，医学的な知識に乏しい患者の説明によるものであって，その正確性に疑問な点もあるが，問診によらなければ得られない重要な情報もあり，医師には，患者の疾病を検討するにあたり，必要な問診をすべき義務があるといえる。

医師に問診義務があることについては，最判昭36・2・16民集15巻2号244頁（献血），最判昭51・9・30民集30巻8号816頁（予防接種），最判昭60・4・9裁判集民事144号433頁（アレルギー体質）が判示している。

(1) **献血にあたっての問診**

> **最判昭36・2・16**
>
> **事案**
> Xは，大学病院に入院中，昭和23年2月，医師から給血者Aの輸血を受けたところ，Aが梅毒に感染していたため，視力減退等の身体障害が生じた。医師が職業的給血者から採血を受けるあたり，問診義務を尽くしたかが争点となった（日本赤十字社による献血体制がとられる前のことである）。
>
> 病院側（国）は，問診をしたところで，職業的給血者は給血を断られて報酬を失うような供述をするはずはなく，まして羞恥を伴う事項であるから，到底真実の告白を得ることは期待し得ず，問診は無価値であり，問診すべき義務はないと主張した。

> **判断**
> 　血液検査が献血時点での梅毒感染の有無を完全に判別できるものではなく，法令上問診すべきことが規定されており，問診によって，梅毒等に感染しているおそれを推知し得るような供述をえられる可能性はあったのであるから，医師としては，問診をすることが危険防止のために必要とされる最善の注意義務にあたり，本件では問診義務が尽くされていない。

　本件では，売血により収入を得ているAに対し，例えば「女性と遊んだことないか」というような質問をしたとしても，Aが正直に返答するはずがなく，問診義務は意味をなさないのではないかという点が問題となったが，潜伏期にある感染症患者の血液を輸血から排除するためには，問診が唯一の手段であること，医師が問診の技法を適切に行使すれば，感染症の潜在的リスクのある供血者を排除できる可能性を否定できないことから，医師に問診義務を認めたものと考えられる。

(2) 予防接種にあたっての問診

> **最判昭51・9・30民集30巻8号816頁**
>
> **事案**
> 　A（1歳）は，昭和42年11月，Y（東京都）の保健所で，医師からインフルエンザ予防接種を受けたところ，翌日死亡した。Aは，1週間位前から間質性肺炎及び腸炎に罹患していた。予防接種により上記疾病を急に亢進させ，死亡するに至らしめたためであり，予防接種を実施する際の問診義務が争点となった。
> 　原審は，Aを帯同していた母に対し，身体の具合について問診したと推認できるし，仮に，問診義務が尽くされていなかったとしても，母において，予防接種当時Aの健康状態に異常がないと考えていたのであるから，医師の問診に対し異常があると答える余地がなく，医師の問診義務違反とAの死亡との間に因果関係がないと判断し，請求を棄却した。

判断
　予防接種を実施する医師としては、問診するにあたって、接種対象者又はその保護者に対し、単に概括的、抽象的に接種対象者の接種直前における身体の健康状態についてその異常の有無を質問するだけでは足りず、禁忌者を識別するに足りるだけの具体的質問、すなわち予防接種実施規則4条所定の症状、疾病、体質的素因の有無及びそれらを外部的に徴表する諸事由の有無を具体的に、かつ被質問者に的確な応答を可能ならしめるような適切な質問をする義務がある。もとより集団接種の場合には時間的、経済的制約があるから、その質問の方法は、すべて医師の口頭質問による必要はなく、質問事項を書面に記載し、接種対象者又はその保護者に事前にその回答を記入せしめておく方法（いわゆる問診票）等を併用することは許容され、医師の口頭による問診の適否は、質問内容、表現、用語及び併用された補助方法の手段の種類、内容、表現、用語を総合考慮して判断すべきである。
　本件では、単に異常の有無を質問すれば足りるものではなく、問診義務が尽くされたかについて更に審理すべきである。

(3) 投薬にあたっての問診

　問診、検査等を総合して一定の診断をしたうえで投薬をすることになるが、投薬にあたり問診をどの程度実施すべきかについては、診療当時の医療水準に照らし、確実に情報を収集できる方法が他にどの程度あるかということによって異なってくる。すなわち、理論的には、検査結果によって必要な情報を得ることができる場合には、問診は不要ということになるし、他方、検査結果ではほとんど情報を得られない場合には、問診が十分にされることが必要になり、それだけ慎重に問診をする義務があるといえる。

　最判昭60・4・9裁判集民事144号433頁は、薬剤を投与するに際して、当該薬剤がアレルギー体質を有する場合には慎重に投与すべき旨が記載されていた場合に、問診しなかったことが過失にあたるとされた事例であり、過敏性試験の結果が陰性であっても、問診義務は免除されないことを示している。

II 医療行為上の過失（注意義務違反）

> **最判昭60・4・9**
>
> **判断**
> 　チトクロームCの注射については，それがショック症状を起こしやすい薬剤であり，その症状の発現の危険のある者を識別するには，皮膚反応による過敏性試験は不確実，不十分なものであって更に医師による本人及び近親者のアレルギー体質に関する適切な問診が必要不可欠であるということが，当時の臨床医の間で一般的に認められていた。したがって，上記薬剤の能書等に使用上の注意事項として，本人又は近親者がアレルギー体質を有する場合には慎重に投与すべき旨が記載されていたにすぎないとしても，医師としては，ショック症状発現の危険のある者に対しては上記薬剤の注射を中止すべきであり，また，かかる問診をしないで，前記過敏性試験の陰性の結果が出たことから直ちに患者に対してチトクロームCの注射をしたことは医師の過失である。

（参考文献）

浦川道太郎「判批」『医事法判例百選』（有斐閣，2006）179頁，井出正弘「問診・検査義務をめぐる問題」秋吉271頁，関根規夫「問診・検査義務違反」福田ほか341頁。

Q21 検査に関し医師に過失が認められるのは，どのような場合か。

A 　医師は，問診等から何らかの疾患が疑われる場合，レントゲン検査，心電図検査，その他予想される疾患に対して必要な検査をすべき義務がある。

　検査義務に反したか否かは，①診察当時，当該疾患を疑う主訴や症状があったか，②①を前提として，当該検査が必要であるかという観点から検討することになる。検査については，簡単にできるものから患者の身体に対する侵襲が大きいものまであるので，当然ながら，侵襲が大きいものについては，それだけ疾患が疑われる場合に実施すべき義務があることになる。

　検査に関しては，訴訟において，どの時点で，いかなる検査を実施すべき義務があったかが争われることが多く，診療初期では，当該疾患を疑うことができず，経過観察としたことが相当であっても，定期的に受診して診察をしてい

る場合には，ある時点で，当該疾患を疑って必要な検査をすべき義務が生じることがある。

　検査を実施すべき義務があるが，当該医療機関ではその設備がない場合には，検査を実施することができる医療機関を紹介しなかった義務違反が問題となる。

　検査義務が問題となった最高裁判決として，最判平11・2・25民集53巻2号235頁がある。

> **最判平11・2・25**
>
> **事案及び判断**
> 　A（男性・当時53歳）は，昭和58年10月に肝硬変に罹患しているとの診断を受け，昭和61年7月19日までの間に，合計771回にわたり，肝臓病の専門医であるY医師の診療を受けた。Aは，その年齢等も考慮すると，肝細胞癌の発生する危険性の高い患者類型に属していたが，Y医師は，昭和61年7月5日に至るまで，Aに対し，肝細胞癌を早期に発見する上で有効とされていた定期兆候検査を実施せず，同日の検査の結果からも，Aに肝細胞癌は発生していないと判断した。Aは，同月17日夜，急性腹症を発し，同月19日以降他の病院で診療を受けた結果，進行した肝細胞癌が発見されたが，既に処置の施しようのない状況であり，Aは，同月27日，肝細胞癌及び肝不全により死亡した。1，2審とも，Y医師は，Aについて，当時の医療水準に従い，少なくとも6か月に一度は肝細胞癌の発生の有無につき兆候検査を実施すべき注意義務を負っていたというべきであり，検査義務違反が認められるとした。最高裁も，それを前提として因果関係についての判断を示している（因果関係の点については，**Q62**参照）。

（参考文献）
井出正弘「問診・検査義務をめぐる問題」秋吉271頁，関根規夫「問診・検査義務違反」福田ほか341頁。

Q22 集団検診での検査における医療水準は，どのように考えるべきか。

A 職場や学校等の集団検診において，検診担当医師の過失が争点となるが，集団検診での医療水準をどう考えるかという問題がある。

事業者は，年1回の健康診断を受けさせる義務，労働者は受ける義務がある（労働安全衛生規則44条）が，1年に1回定期的に健康診断を受けることは，病気の早期発見・早期治療に資するものとされている。血液検査等の数値よって判明する項目については，医療水準は通常の医療行為と同じであり，特に問題はない。

問題となることが多いのは，定期健康診断で必ず実施される胸部レントゲン検査である。職場や学校の定期健康診断における胸部レントゲン撮影は，鮮明度が低くロールフィルムに何百枚と巻かれたレントゲン写真をコマ送りにして短時間に読影しなければならないというのが実態であり，正確な読影は困難であるともいわれている。他方，受診者としては，「異常なし」との診断結果であれば，安心して精密検査などの診療を受ける機会を失い，何か異常があっても，すぐに病院を受診しないという問題があることが指摘されている。

集団検診に関する最高裁判例としては，最判昭57・4・1民集36巻4号519頁があるが，国家公務員の定期健康診断での胸部レントゲン検査の肺結核の見落としが争点となったものの，医師の診療行為は公権力の行使に当たらないとして，国賠法1条1項による責任を認めた原審を破棄して差し戻しており，定期健康診断での胸部レントゲン検査の見落としについての判断は示されていない。ただし，「多数者に対して集団的に行われるレントゲン検診における若干の過誤をもつて直ちに対象者に対する担当医師の不法行為の成立を認めるべきかどうかには問題があるが，この点は暫く措く」との判示がかっこ書きでされており，集団検診では，医師に求める医療水準が通常の診察よりも下がるかのような判断が示されている。この判例以外には集団検診について判示した最高裁判例はない。

この点については，まず，健康診断では，受診者に関する情報が全くない状態であるから，既に一定の情報を得たうえで画像診断を行う通常の診療とは異

なることは明らかである。問題となるのは、例えば、集団検診で慎重に読影すれば肺がんを見つけることができるのに、それを見落とした場合、過失があるといえるかというものである。具体的には、病院を受診したときには肺がんが末期で手遅れであったが、それ以前に実施していた健康診断ではレントゲン写真に異常はないとされたが、実はよく読影すると、既に肺がんがあることが発見できていたという場合に問題となる。

　集団検診では、担当医師は、短時間に大量の画像を見る必要があり、検査結果の精度には限界があるともいわれている。レントゲン検査の場合、ロール状になった10cm×10cmの大きさの間接X線写真を拡大レンズを通して、ロールを回しながら1人ずつの画像を読影し、気になる画像があれば直接読影の指示を出すというのが多いようである。名古屋地判平21・1・30判タ1304号262頁の事案は、最初からX線写真の直接読影をしていたが、2時間弱で700枚余りの写真を読影しており、通常1時間で200枚が限界とされているので、相当多い枚数であったという事案であり、集団検診の特殊性を考慮して医師の過失を否定している。胃がんは最初の年に見落としても、次の年で指摘できれば受検者は助かる可能性もあるが、肺がんの場合は単年で見落とした場合、来年指摘できても手遅れになっていることが多いようである（鷲崎誠「判批」医療判例解説23号30頁参照）。

　医師の話を聞くと、もともと集団検診は一定のスクーリング機能しかなく、安い費用で実施しているのであるから、ある程度見落としがあってもやむを得ないものであり、低コストのまま高い医療水準を求めることが無理な注文であるということを述べる人が多い。

　しかし、患者の立場からすると、異常がないかを知るために健康診断を受診しているのに、個別の検査であれば慎重に読影するので異常を発見できたが、集団検診であるので異常が発見できなくとも仕方がないということでは、なんのために健康診断を受けているのかということになる。

　私見を述べれば、集団検診は、精密検査をする必要があるかをスクーリングするためのものであり、通常の診察での最終的な読影の誤りとは異なることは確かであるが、集団検診であるために、受診者に関する情報が全くない状態であることを前提としても、一般の診断と同様の方法で画像を読影すれば異常所見を発見できた場合には、医師の過失を認めることができ、集団検診であるこ

とは，医療水準（医師の注意義務の程度）を下げるものではないと考えるのが相当なように思われる（米村滋人「医療法講義」法セ696号（2013）101頁は，健康診断の意義を没却しない程度の診断精度が維持されるよう義務の水準を設定することが望ましいとする）。もっとも，この点は，当該医師としては，与えられた範囲で最善を尽くしているということになるであろうし，健康診断制度の在り方やコストの問題とも関係するので，健康診断に上記のような医療水準を求めるのは現実には無理があるのかもしれない。

> **Q23** 検査を外注に出したところ，その検査機関に過失があった場合，外注を依頼した医療機関も責任を負うか。

A 小規模な医療機関では，検査を外部の検査機関に依頼することが多い。その場合，その検査結果に誤りがあった場合，それを信頼した医療機関が責任を負うかという問題がある（検査結果を誤った検査機関に過失があることが前提である）。この点についての最高裁判例はない。

外部検査機関は，独立した機関であり，医療機関の履行補助者とみるのは相当ではないと思われる。この問題は，チーム医療の一種と考えることができ，最判平20・4・24民集62巻5号1178頁（**Q84**参照）の趣旨からして，検査機関の検査結果は，特に疑問があるようなものでない限り，信頼してよく，医療機関の医師は，それを信頼したために誤った診断をしたとしても，責任を負わないものと考えられる。もともと検査を外部の検査機関に依頼するというのは，その医療機関では実施できないために行っているのであり，その結果を吟味することは無理であろうし，迅速な医療行為の妨げにもなる。もっとも，その検査結果に異常性が疑われる場合には，検査機関に問い合わせるなどの義務が生じると考えられ，この義務に違反した場合には，問い合わせなかった点に過失があり，損害賠償責任を負う。

Q24 診断に関し医師に過失が認められるのは，どのような場合か。

A 医師は，問診（**Q20**）や各種検査結果（**Q21**）によって，患者の病態を診断することになる。結果的に診断を誤っていたとしても，当時の問診や検査結果からして，的確な診断ができなかったことがやむを得ないといえる場合には，過失があったとはいえない。判断基準は，当時の医療水準に照らして，診断できなかったことが不適切であったといえるかである。

最判平12・9・22民集54巻7号2574頁は，狭心症発作で夜間救急外来を受診した患者に対し，医師が触診と聴診をしたのみで，胸部疾患の既往症を聞き出したり，血圧，脈拍，体温等の測定や心電図検査を行わなかったために，適切な診断ができなかった過失が認められた事案である（この判決については**Q64**参照）。

通常，診断の誤りは，**Q25**の治療と関係し，診断を誤ったために適切な治療をしなかったとして，診断と治療が一体となって過失の主張がされることが多い。

（参考文献）
徳岡由美子＝宮崎桃子「診断上の過誤」福田ほか381頁。

Q25 治療に関し医師に過失が認められるのは，どのような場合か。

A 治療行為が過失として問題となるのは，①ある治療をすべきであったのに，経過観察等として特に治療をしなかった場合（不作為），②ある治療をすべきであったのに，別の治療法を実施した場合，③実施した治療法の選択に問題はないが，手技に過失があった場合がある（③は主に手術で問題となるので，**Q27**で触れる）。

(1) 不作為の場合

医師の不作為が過失となるのは，医師に治療をすべき義務が生じている場合

である。
　問題となる場面としては，疾患の診断時期が争われることが多い。ある疾患であることが確定すると治療法が決まる場合，医師において，まだ診断が確定しないとして経過観察をしており，確定診断が下されて治療を開始したが，既に治療開始が遅すぎたとして争いになる。結果的には，ある疾患であったことが後に判明し，より早期に治療を開始していると，現状よりも良い結果になったと考えられる場合に問題となる。
　通常，日々の診察や各種検査結果により，ある疾患であることが徐々に分かってくると考えられる。そうすると，まだある疾患であることが全く診断できない段階から，確定的に診断できる段階まで連続性を有しており，一定の段階において，ある疾患であるとの診断をしてその治療法を採るべき義務が生じると考えられる。
　また，確定診断を下すことができない時点でも，一定の治療義務を負うことがある。未だ検査が十分にできておらず，確定診断を下すことができない場合であっても，急を要する場合には，最も可能性が高いと判断される疾患を念頭において治療を開始しながら，その経過を見つつ診断を検討しなければならないことも多いので，確定診断がされていないことから治療開始義務がないということにはならない。
　いずれにしても，診療当時の医療水準に照らして，当該医療機関が講じた措置に過失があったかといえるかを審理することになる。

(2)　別の治療法を選択した場合

　次に，特定の診断が確定したとして，患者側が，ある治療法（A治療法）を採るべきであったのに，医師は別の治療法（B治療法）を採ったことが過失であると主張して争いになることがある。
　A治療法が当該疾患に対する治療法として当時の医療水準に照らして不適切であった場合には，A治療法を採るべきであったとする患者の主張は失当である。逆に，B治療法が当該疾患に対する治療法として当時の医療水準として不適切であった場合には，その治療法を実施した医師の過失が認められる。
　当該疾患の治療法として，A治療法とB治療法があり，B治療法も，当該疾患に対する治療法として確立されたものである場合には，医師がB治療法を選

択したこと自体について過失を問われることはない。ただし、A、Bという複数の治療法があり、それぞれ利害得失がある場合には、それについて患者に対し説明をする必要があり、説明が不十分であった場合には、説明義務違反が問題となることはある。

　また、経過観察をすべきであるのに、治療法を実施したことに過失があるとして争われることがある。患者の当時の診察結果等からして、経過観察をすることも、B治療法を実施することも、当時の医療水準に照らしていずれも考えられる場合には、同様に、B治療法を採用したことが過失となるものではない。同様に、説明義務違反が問題となることはある。

　治療が問題となった最高裁判決としては、次のものがある。

　最判昭43・6・18判時521号50頁は、原審が「顔面の血管腫（赤あざ）の治療に当つた医師が、血管腫自体は治癒させたが、反面ラジウム照射による皮膚障害から、患者に醜状痕を生ぜしめたのは過失である」とした判断を正当なものとして是認している。

　最判昭44・2・6民集23巻2号195頁は、「水虫の治療に当った医師が、根治療法ではなく対症療法に過ぎないレントゲン線照射を患者の左右足蹠について行い、皮膚癌の発生の危険を伴わないとされていた線量をはるかにこえる合計5040レントゲン線量を照射し、しかも、他の医師によりレントゲン線照射による皮膚障害を発見されて、初めて中止した等の事実関係のもとでは、前記医師は、業務上の注意義務を怠った過失がある」と判示している。

最判平13・6・8判タ1073号145頁

事案

　金属プレス機によって両手の圧挫創を負ったAが加療入院中に敗血症で死亡した。高度の挫滅創を負った患者の感染症に対する治療に関して医師が負うべき注意義務の内容が争点となった。高度の挫滅創を負った患者の治療に当たる医師としては、一般的には、①細菌感染自体を防止する注意義務と②細菌感染による重篤な結果を回避すべく、検査等により細菌感染の有無を確認し感染細菌の特定を行い、感染症に対する適切な措置を講ずべき注意義務を負うものと考えられているが、本件では②が争点となった。

判断
　重い外傷の治療を行う医師としては，創の細菌感染から重篤な細菌感染症に至る可能性を考慮に入れつつ，慎重に患者の容態ないし創の状態の変化を観察し，細菌感染が疑われたならば，細菌感染に対する適切な措置を講じて，重篤な細菌感染症に至ることを予防すべき注意義務を負うものといわなければならない。本件では，高度の挫滅創という強く細菌感染が疑われる症例であったこと，1回目の形成手術の後から細菌感染が懸念されており，抗生剤が投与されている状態の下で手術後1週間経過してもなお37℃から38℃を超える発熱が継続しCRP検査が異常値を示すなど細菌感染を疑わせる症状が出現していたこと，手術後9日目の看護記録には「何の熱か，感染？」との細菌感染を懸念する趣旨の記載がうかがわれることなどからすると，本件病院の医師には，現実に細菌検査が行われた時点（手術後13日目）より前に，創の細菌感染を疑い，細菌感染の有無，感染細菌の特定及び抗生剤の感受性判定のための検査をし，その結果を踏まえて，感染細菌に対する感受性の強い抗生物質の投与などの細菌感染症に対する予防措置を講ずべき注意義務があった。

(参考文献)
渡邉隆浩「治療行為に関する注意義務をめぐる問題」秋吉287頁，髙橋譲「治療ないし手技上の過誤」福田ほか396頁。

> **Q26** 投薬に関し医師に過失が認められるのは，どのような場合か。

A　投薬に関して医師の過失が問題となる場合としては，①投薬を中止しなかった過失，②医薬品に関する情報収集義務を怠った過失，③医薬品の選択を誤った過失，④投薬後の経過観察を怠った過失等がある。

(1)　投薬を中止しなかった過失
　投薬については，重大な副作用が生じた場合に投薬をより早期に中止しなかった過失が争われることが多い。

投薬を中止した場合に生じる結果が重大であり，そのような結果が生じる可能性が高く，他方，投薬を継続した場合に発生する可能性のある副作用が比較的軽微であれば，投薬を継続すべきことになり，逆に，投薬にそれほどの緊急性がなく，投薬の継続により発生する可能性のある副作用が重大であれば，投薬を中止すべきであり，これに反すると，医師の過失が認められることになる。投薬継続の必要性と副作用回避のための投薬中止との軽重が明らかでない場合には，医師の裁量に委ねられており，医師の過失を認めることはできないと考えられる（医師の患者に対する説明義務があることはもちろんである）。

(2) **医薬品に関する情報収集義務**

医師の医薬品に関する情報収集義務については，最新の添付文書を確認し，必要に応じて文献を参照するなど，当該医師の置かれた状況の下で可能な限りの最新情報を収集する義務があると解されている。

これについて判示したのが最判平14・11・8判タ1111号135頁である。

> **最判平14・11・8**
>
> **事案**
> Y病院（精神病院）に入院中に治療のため複数の向精神薬の投与を受けたXが，Y病院医師の投与した薬剤のうちフェノバール（フェノバルビタール製剤。催眠・鎮静・抗けいれん剤）によってスティーブンス・ジョンソン症候群（皮膚粘膜眼症候群。以下「SJS」と略称）を発症し失明した。Xは，Y病院に入院中の昭和61年3月20日に全身の発赤，発疹，手掌の腫脹が認められ，4月15日までY病院で診察を受け，その後別の病院に転院したが，SJSを発症したのは同日以降のことであった。
>
> 本件当時のフェノバールの添付文書には，「使用上の注意」の「副作用」の項に「(1)過敏症　ときに猩紅熱様・麻疹様・中毒疹様発疹などの過敏症状があらわれることがあるので，このような場合には，投与を中止すること。(2)皮膚　まれにStevensJohnson症候群（皮膚粘膜眼症候群），Lyell症候群（中毒性表皮壊死症）があらわれることがあるので，観察を十分に行い，このような症状があらわれた場合には，投与を中止すること」と記載されていた。

> 添付文書の(1)からすると，フェノバールの投与を中止すべき注意義務を負っていたといえるが，(1)は(2)のSJSとは関係がないように読め，(2)によれば未だSJSは発症していなかったのであるから，フェノバールの投与を中止する義務はなかったといえるものであった。
> 　原審は，本件の薬剤の投与は医師の裁量の範囲内であり，医師に過失があったとはいえないとした。
>
> **判断**
> 　精神科医は，向精神薬を治療に用いる場合において，その使用する向精神薬の副作用については，常にこれを念頭において治療に当たるべきであり，向精神薬の副作用についての医療上の知見については，その最新の添付文書を確認し，必要に応じて文献を参照するなど，当該医師の置かれた状況の下で可能な限りの最新情報を収集する義務があるというべきである。当時の医療上の知見において過敏症状がSJSへ移行することが予測し得たとすれば，Y医師らは，SJSの発症を予見し回避の措置を講ずべき義務を負っていたというべきであり，当時の医療上の知見等をより審理すべきである。

　添付文書に従っているだけでは足りないとしたものであり，医師にやや重い注意義務を課しているようにも思えるが，薬剤を用いる医師には，最新の添付文書を確認するほか，同文書に記載された副作用については，必要に応じて文献を参照するなどして，当該医師の置かれた状況の下で可能な範囲で，その症状，原因等についての情報を収集すべき義務がある旨を判示したものであり，「当該医師の置かれた状況の下で可能な限り」で調査すべきとしており，特に重篤な副作用が生じる薬剤については注意する必要があることを示したものと考えられる。

(3) 医薬品の選択

　いかなる医薬品を選択するかは，当時の臨床医学の医療水準に照らして決められることになる。同じような効能を有する医薬品が複数あり，患者の状態に照らしていずれの医薬品を使用することもあり得るのであれば，いずれかを選択したことについて医師の過失が問われることはない。

医療慣行として，ある医薬品が用いられていたとしても，医療慣行と医療水準は異なるので，その医薬品の使用が医療水準に照らして相当であったかによって過失の有無が判断される。

最判平18・1・27判タ1205号146頁は，MRSAに感染するなどした後，全身状態が悪化して死亡した事案につき，抗生剤の投与の過失について判示している。

最判平18・1・27

事案
 80歳を超えた女性Aが，脳こうそくの発作でYの開設する病院に入院し，その後，安定期に移ったことから，一般病室へ移ったところ，同病室には，MRSAの保菌者が在室しており，AもMRSAに感染するなどした後，全身状態が悪化して死亡した。争点は，①広域の細菌に対して抗菌力を有する抗生剤（広域抗生剤）である第3世代セフェム系抗生剤を投与すべきでなかったのに，これを投与したことにより，AにMRSA感染症を発症させた過失，②早期に抗生剤バンコマイシンを投与すべきであったのに，これを投与しなかったことにより，MRSAの消失を遅らせた過失，③多種類の抗生剤を投与すべきでなかったのに，これをしたことなどにより，AにMRSA感染症や多臓器不全を発症させた過失が争われた。

判断
 ①当時の医療慣行はともかく，国立病院等のマニュアルや私的意見書においては，MRSA感染症を予防するためには，感染症の原因菌を正しく同定して，できるだけ狭域の抗生剤を投与すべきであり，広域の抗生剤である第3世代セフェム系抗生剤の投与は避けるべきであるとされていること，裁判所の鑑定においては，担当医師が第3世代セフェム系抗生剤を選択したことが当時の医療水準にかなうものではないという趣旨の指摘がなされていることなどに照らすと，原審の判断には，第3世代セフェム系抗生剤を投与したことが当時の医療水準にかなうものであるとの事実認定をした違法がある。②裁判所の鑑定においては，早期にバンコマイシンを投与しなかったことが，当時の医療水準にかなうものではないという趣旨の指摘がなされていること，私的意見書は，早期にバンコマイシンを投与しなかったことが当時の医療水準にかなうものであるという趣旨の指摘をするものであるか否か明ら

> かでないことなどに照らすと，早期にバンコマイシンを投与しなかったことについての担当医師の過失を否定した原審の判断には，早期にバンコマイシンを投与しなかったことが当時の医療水準にかなうものであるとの事実認定をした違法がある，③当時の医療慣行はともかく，国立病院等のマニュアルや私的意見書においては，MRSA感染症を予防するためには，適正な種類の抗生物質のみを使用すべきとされていること，医師側の私的意見書においてさえ，担当医師が必要のない抗生剤を投与したことなどが当時の医療水準にかなうものではないという趣旨の指摘がなされていることなどに照らすと，多種類の抗生剤を投与したことについての担当医師の過失を否定した原審の判断には，多種類の抗生剤を投与したことが当時の医療水準にかなうものであるとの事実認定をした違法がある。

(4) 投薬直後の注意義務

投薬によるショック発症についての医師の過失に関する判例としては，最判平16・9・7判タ1169号158頁がある。

> **最判平16・9・7**
>
> **事案**
> 　Yが開設する総合病院においてS状結腸がん除去手術（本件手術）を受けた男性患者A（当時57歳）が，手術後同病院において入院加療中，点滴により抗生剤の投与を受けた直後にアナフィラキシーショックを発症し，その後死亡した。投与後の経過観察の注意義務が争点となった。
>
> **判断**
> 　医学的知見として，①ミノマイシン，ペントシリンがいずれもアナフィラキシーショック発症の原因物質となり得るものであり，その添付文書（能書）には，使用上の注意事項として，そのことが明記されており，当該薬剤等に対し過敏症の既往歴のある患者や，気管支ぜん息，発しん，じんましん等のアレルギー反応を起こしやすい体質を有する患者には，特に慎重に投与すること，投与後の経過観察を十分に行い，一定の症状が現れた場合には投与を中止して，適切な処置を執るべきことなどが記載されていること，②薬剤が静注により投与された場合に起きるアナフィ

> ラキシーショックは，ほとんどの場合，投与後5分以内に発症するものとされており，その病変の進行が急速であることから，アナフィラキシーショック症状を引き起こす可能性のある薬剤を投与する場合には，投与後の経過観察を十分に行い，その初期症状をいち早く察知することが肝要であり，発症した場合には，薬剤の投与を直ちに中止するとともに，できるだけ早期に救急治療を行うことが重要であるとされていること，③特に，アレルギー性疾患を有する患者の場合には，抗生剤等の薬剤の投与によるアナフィラキシーショックの発症率の上昇が見られるところ，本件において，Aは薬物等にアレルギー反応を起こしやすい体質である旨の申告をしており，本件手術後，Aに対しては，抗生剤が継続的に投与されてはいたが，ミノマイシンは初めて投与されたものであり，ペントシリンは2度目の投与であったという状況において，医師は，これらの薬剤をAに投与するに当たり，アナフィラキシーショック発症の可能性があることを予見し，その発症に備えて，あらかじめ，担当の看護師に対し，投与後の経過観察を十分に行うこと等の指示をするなどの注意義務を負っていたということができる。しかるに，医師がこのような指示を何らしなかったために，これらの薬剤の点滴静注を行った看護師は，点滴静注開始後，Aの経過観察を行わないですぐに病室から退出してしまい，アナフィラキシーショック発症後，救急処置が執られるまでに時間を要する結果になったのであり，医師に過失がある。

　本件は，添付文書の記載（①）及び当時の医学的知見（②）に照らし，患者の具体的な状態（③）から，看護師に経過観察の指示をしなかった医師の過失を認めたものである。

（参考文献）
本吉弘行「薬の投与をめぐる問題」秋吉367頁．

Q27 手術に関し医師に過失が認められるのは，どのような場合か。

A　手術に関する医師の過失が問題となる場面としては，①手術の手技の過

失，②手術直後の経過観察を怠った過失，③手術後の管理と医療措置の過失等がある。

(1) 手術の手技の過失

　手術器具の操作ミスのように，現実に治療中に医師に注意義務違反があった場合，手技上の過失といわれる。

　手技上の過失は，手術中のミスが主張されることが多いが，患者側としては，いかなる時点でどのような措置が講じられたのか当然分からないわけであり，具体的な過失を主張することが困難な面があることは否定できない。このため，過失内容としては，ある程度概括的なものでもやむを得ないと考えられる（**Q17**参照）。

　手技上の過失が争点となる場合，「当該手技により損傷が生じたか」，「損傷を生じさせたとしてそれが過失といえるか」，という二つが争点となることが多い。

　前者のポイントとしては，①操作部位と損傷部位との時間的場所的な近接性，②手技と症状発生との時間的接着性，③当該手技が結果を生じさせる危険性の程度，④当該損傷に付随すべき事情の発生の有無，⑤他の原因による症状発生の可能性の有無などが挙げられる。

　後者については，典型的な判断ファクターは難しく，当該手技から当該損傷が生じることが不可避であったか否かを個別具体的に検討するほかないと思われる。当該手技から当該損傷がどの程度合併症として不可避的に生じるものであるかの統計的な資料を前提として，当該手技について具体的に検討することになると考えられる。より具体的に考えると，例えば，内視鏡を使用した手術中に穿孔が生じたことにより患者の状態が悪化した場合，施術者の手技上の過失が争われるが，内視鏡を使用した手術においては，穿孔が合併症であるとされており，穿孔が生じたことから，直ちに医師の過失が認められるわけではない。もっとも，通常であれば，穿孔が生じないのに，医師の手技上の過失によって穿孔が生じることもある。したがって，穿孔が生じたことから，医師の過失の有無を判断できるわけではなく，当該手術によって穿孔が生じる統計上の割合，医師の手術の方法，穿孔が生じた部位，大きさ，形状，壁に脆弱な部分が存在したかなどを検討して判断することになる。

判例としては，最判平11・3・23（**Q18**参照）のほか，最判昭43・7・16判時527号51頁がある。この判決は，気管支形成手術における肺動脈の損傷について，「医師が気管支形成手術における気管支と肺動脈との剥離に際し，肺動脈の最も脆弱化が予想される個所につき，介助の医師らと殊更に検討を加えることなく漫然と剥離を進めたため肺動脈に損傷を与え手術が失敗に終つたのであり，本件の場合は剥離はほとんど不可能だったと認めるほかないから，もし上記の点に留意していれば上記個所の剥離を思いとどまり肺動脈損傷という重大事態を避けられたのであって，医師には執刀者としての注意義務を尽くさなかった過失があった」とする原審の判断を正当なものとして是認している。

(2) **手術後の経過観察義務**

　手術後の経過観察が問題となったものとして，最判平15・11・14判タ1141号143頁がある。

> **最判平15・11・14**
>
> **事案**
> 　食道がんの手術後，手術の際に経鼻気管内挿管された管が抜かれた直後に，患者Ａが進行性の喉頭浮しゅにより上気道狭さくから閉そくを起こして呼吸停止及び心停止に至り，死亡した。担当医に再挿管等の気道確保の処置が遅れたことの過失が争われた。
>
> **判断**
> 　Ａには，呼吸状態が安定する前に胸くうドレーンの逆流が生ずるなど相当呼吸困難な状態にあったことを示す兆候が現れており，本件訴訟の鑑定意見も，この時点で喉頭浮しゅの進行を考慮すべきであったとし，担当医が再挿管等の気道確保の処置を採らなかったことに疑問を呈していること，本件患者の呼吸状態がいったん安定したことがあったとしても，それは本件の事実経過からすれば一過性のものにすぎないとみ得ることなどからすると，本件においては，上記胸くうドレーンの逆流が生じた時点において，担当医には，再挿管等の気道確保のための適切な処置を採るべき注意義務を怠った過失があるというべきである。

(3) 手術後の管理と医療行為

術後管理については，最判平 18・4・18 判タ 1210 号 67 頁及び最判平 18・11・14 判タ 1230 号 88 頁がある。

> **最判平 18・4・18**
>
> **事案**
> 　冠状動脈バイパス手術を受けた患者 A が術後に腸管壊死となって死亡した。担当医師には腸管壊死を疑って直ちに開腹手術を実施すべき注意義務を怠った過失があるかが争われた。
>
> **判断**
> 　冠状動脈バイパス手術を受けた A が術後に腸管壊死となって死亡した場合において，①A は，腹痛を訴え続け，鎮痛剤を投与されてもその腹痛が強くなるとともに，高度のアシドーシスを示し，腸管のぜん動亢進薬を投与されても腸管閉塞の症状が改善されない状況にあったこと，②当時の医学的知見では，患者が上記のような状況にあるときには，腸管壊死の発生が高い確率で考えられ，腸管壊死であるときには，直ちに開腹手術を実施し，壊死部分を切除しなければ，救命の余地はないとされていたこと，③A は，開腹手術の実施によってかえって生命の危険が高まるために同手術の実施を避けることが相当といえるような状況にはなかったこと，④A の症状は次第に悪化し，経過観察によって改善を見込める状態にはなかったことなど判示の事情の下では，担当医師には，A に腸管壊死が発生している可能性が高いと診断し，直ちに開腹手術を実施し，腸管に壊死部分があればこれを切除すべき注意義務を怠った過失がある。

　本判決は，術後管理について，医師による一定の裁量があることを認めつつ，本件においては，経過観察ではなく，開腹手術をすべき段階であったことを判示したものである。

> **最判平 18・11・14**
>
> **事案**
> 　上行結腸ポリープの摘出手術を受けた患者Ａが，術後９日目に急性胃潰瘍に起因する出血性ショックにより死亡した。担当医が追加輸血等を行わなかったことが過失といえるかが争われた。具体的には，術後６日目に800mlの輸血をしたにもかかわらず，ヘモグロビン値やヘマトクリット値の数値は改善しなかったところ，術後７日目の段階において800mlの輸血では不十分であり，更に800mlの輸血をする必要があったかが争われた。
>
> **判断**
> 　Ａの相当多量な血便や下血，ヘモグロビン値やヘマトクリット値の急激な下降，頻脈の出現，ショック指数の動向等からすれば，患者の循環血液量に顕著な不足を来す状態が継続し，輸血を追加する必要性があったことがうかがわれ，第１審で提出された医師Ｂの意見書中の意見が相当の合理性を有することを否定できず，むしろ，原審で提出された医師Ｃの意見書の追加輸血の必要性を否定する意見の方に疑問があると思われるにもかかわらず，両意見書の各内容を十分に比較検討する手続を執ることなく，原審の第１回口頭弁論期日において口頭弁論を終結した上，医師Ｃの意見書を主たる根拠として，担当医が追加輸血等を行わなかったことにつき過失を否定した原審の判断には，採証法則に反する違法がある（過失の有無や因果関係の審理をする必要があるとして，破棄差戻し）。

（参考文献）
渡邉隆浩「治療行為に関する注意義務をめぐる問題」秋吉287頁，髙橋譲「治療ないし手技上の過誤」福田ほか396頁。

Q28 療養方法の指導に関し医師に過失が認められるのは，どのような場合か。

A　療養方法の指導としての説明については，診療行為の一環をなすものであるから，いかなる指導をすべきかは，診療当時の医療水準によって決まると

いえる。

　療養についての説明としては，薬の服用方法，通院に関する説明などがあり，訴訟で争われることが多いのは，どのような症状が現れると病院を受診する必要があるかの説明である。

　最判平7・5・30判タ897号64頁は，退院時の療養指導に注意義務違反があるとしたものである。

> **最判平7・5・30**
>
> **事案**
> 　Xの母は，Yの経営する産婦人科医院で昭和48年9月21日に第3子を出産したが，未熟児であり，第1子，第2子とも出産時に黄だんが出ており，Xについても心配していた。Xの入院中の黄だんは軽度であったが，Yは，同月30日に退院させるに際し，「何か変わったことがあったらすぐにYあるいは近所の小児科医の診察を受けるように」との注意を与えたのみで黄だんについて特に言及しなかった。Xは，10月3日頃から黄だんが増強し，哺乳力が減退し，同月8日に病院に連れていったが，既に手遅れの状態であり，核黄だんの後遺症として脳性麻痺となった。
>
> **判断**
> 　Xが未熟児であったこと，生後10日目の退院時にも黄だんがなお残存していたこと，母親には黄だんが遷延しているのは未熟児のためであるから心配ない旨の説明をしていたことなどの事情がある本件では，Yは，Xを退院させるに当たっては，看護するXの両親らに，Xの黄だんが増強することがあり得ること，黄だんが増強して哺乳力の減退などの症状が現れたときは重篤な疾患に至る危険があることを説明し，黄だん症状を含む全身状態の観察に注意を払い，黄だんの増強や哺乳力の減退などの症状が現れたときには速やかに医師の診察を受けるよう指導すべき注意義務を負っていたというべきである。退院時にXの黄だんについて何ら言及せず，何か変わったことがあれば医師の診察を受けるようにとの一般的な注意を与えたのみでは，Yはこの注意義務を尽くしたとはいえない。

　核黄だんは，罹患すると死に至る危険性が大きく，救命されても脳性まひ等の後遺症を残す可能性が高い疾患である。そのため初期の症状である筋緊張の

低下，哺乳力の減退等の症状が現れた段階で交換輸血を実施する必要がある。

本件では，退院後に核黄だんに罹患したというものであるが，既に軽度とはいえ黄だんが残存している場合には，「何かあったら病院に行くように」というような一般的な説明ではなく，黄だんが増強して哺乳力の減退などの症状が現れたときは重篤な疾患に至る危険性があることを説明し，速やかに医師の診察を受けるように指導すべき注意義務があるとしたものである。

退院時や通院を終えた時には，一定の症状があれば，重大な疾患に至る可能性があったり，早急に医師の診察を受ける必要がある場合には，医師は，その旨具体的に説明する必要があるといえ，単に「何かあれば病院に行くように」というような一般的な説明にとどまった場合には，説明義務違反になる可能性が高いといえる。

以上のことは，救急受診した外傷患者で，経過等からして重大な疾患である可能性を否定できないが，軽症である可能性が高い場合，とりあえず患者を帰宅させるような場合にも当てはまる。この場合も，退院時と同様に，どのような症状が現れると病院を受診しなければならないかを説明しなければならない。

Q29 病院内で院内感染があった場合，医療機関は責任を負うか。

A 院内感染とは，医療施設内における入院患者が，原疾患とは別に，新たに感染症に罹患することである。

医療機関の過失が問題となる場面としては，①感染症を防止すべき注意義務違反，②感染症に罹患した後の発見遅滞や治療上の注意義務違反という二つがある。②については，他の疾患でも，発見の遅れや治療上の過失は問題となるのであり，医療機関の管理責任の問題ではないといえる（MRSAに罹患した患者に対する治療上の過失が問題となった最高裁判例として，最判平18・1・27〔**Q26**参照〕がある）。したがって，ここでは，①について検討する。

院内感染については，これまで数回にわたって厚生労働省から対策についての通達が発出されており，最近では，平成23年6月に医政局指導課長名で「医療機関等における院内感染対策について」との通達が出されている。医療

機関では，この通達を受けて適切な院内感染防止策を記載したマニュアル等を作成していることが多く，その場合には，それに沿った防止策が講じられていたかを具体的に検討することになる。マニュアル等がない医療機関においては，当該患者に対する措置が適切であったかを審理することになる。

　マスクや手袋等の使用の不適正，医療器具の消毒の不十分などの医療機関の対策が争点になっている場合には，医療機関において，院内感染防止上の適正な措置を講じていたかが審理されることになる。適切なマニュアル等に則った措置が講じられている場合には，医療機関の過失が否定される方向に傾くことになり，他方，マニュアル等に則った対策が現実にとられていなかったり，ずさんな状況であったことが明らかになれば，過失が肯定され，因果関係も認められる方向に傾くことになる。なお，マニュアル等は，最新の科学的根拠や院内態勢の実態に応じて適時見直す必要があり，当該マニュアル等が適時に見直されておらず，診療当時の医療水準と乖離しているような場合には，当該マニュアル等に従っていても，過失が認められることもある。

　院内感染で問題となることが多いのは，MRSA（メチシリン耐性黄色ブドウ球菌）であるが，これは，抗生物質であるメチシリンに対する薬剤耐性を獲得した黄色ブドウ球菌であり，多くの抗生物質に耐性を示すことが知られている。MRSAは，健康な人の鼻腔や皮膚などに存在する常在菌の一つであり，健康な人間でも保有している者が少なくなく，当該患者がMRSAに罹患した場合，院内での感染なのか他の原因であるかが明確にはできないことが多い。このため，院内感染があったかが争点となる事案では，医療機関の管理体制や他の感染症患者の有無などから推認するほかないように思われる（もっとも，最近では，起炎菌の菌株から遺伝子型を特定して，病院の院内感染による発症か，患者がたまたま市中から感染したのかを判断することができる場合もある）。

　MRSA感染について，感染の原因が明らかでないなどとして医療機関の責任を否定する裁判例が多い（東京高判平10・9・30判タ1042号210頁，横浜地小田原支平10・10・23判タ1044号171頁，名古屋地判平12・7・19判時1741号124頁，神戸地判平19・6・1判時1998号77頁，名古屋地判平19・2・14判タ1282号249頁，神戸地判平19・6・1判時1998号77頁等）が，医療機関の責任を認めるものもある（大阪地堺支判平13・12・19判タ1189

号298頁〔医師と看護師による持続注入器の用法が適正を欠いていた〕，新潟地判平18・3・27判時1961号106頁〔点滴用カテーテルからの感染防止義務に違反した〕，福岡高判平18・9・14判タ1285号234頁〔易感染患者である患者に対し，末梢静脈カテーテルの管理を十分に行わなかった過失があった〕等がある）。

(参考文献)
成田晋司「院内感染」福田ほか504頁。

> **Q30** 病院内で患者が転倒して負傷した場合，医療機関は責任を負うか。

A 病院の管理責任について，患者の病院内での転倒が問題となる事案が多い。例えば，夜間，患者がベッドから転落し，死亡あるいは傷害を負う事故が発生した場合，病院に責任はあるかが争点となる。
　ベッドからの転倒・事故の原因としては，次の二つが考えられる。
　①ベッド柵の構造や設置の不備，あるいは，ベッドの設置位置の不適切など，設備管理上の問題によって事故が発生した場合
　②患者がベッド上に立ち上がったり，移動しようとして転倒した場合
　①については，民法上の土地工作物の責任（民717条），公の営造物の設置管理の瑕疵（国賠法2条1項）に準じて考えることができる。裁判例としては，ベッドの柵の設置が不十分で医療機関の責任が認められたものとして，宇都宮地判平6・9・28判時1536号93頁，東京高判平11・9・16判タ1038号238頁等があり，ベッドの設置位置に問題があったとして医療機関の責任が認められたものとして，高知地判平7・3・28判タ881号183頁等がある。最高裁判例はない。
　②については，患者に対する看視義務が問題となり，主として，患者の観察・看視が適切であったか，患者をベッドに拘束すべきではなかったかが問題となる（後者については，ベッドに拘束した場合には，それが違法ではないかという点も争われるが，この点は**Q31**参照）。

看護師等が患者に対しマンツーマンで観察・看護をしていると事故を防ぐことができたということがいえようが，到底現実的ではなく，限られた人数の中で，観察・看視をする必要があることが前提である。

　判断としては，看護態勢と当該患者の状態との関係において，看護師等において注意義務を尽くしたといえるかという観点から検討することになる。すなわち，患者の年齢や健康状態，疾病の状況，薬剤の服用状況，日常生活における起居・移動の状況，これまでの転倒歴等に照らして，当該患者についてどの程度注意して観察・看視すべきであったかという点と，当該患者に対し現実にどの程度の頻度で観察に赴いていたかなど病院側の状況によって，病院側に過失があったかが判断されることになる。一般的には，患者の疾患，状態等からして，そのような事故が予想できなかったのであれば頻回に観察する必要はないといえるし，かなり不穏な状態がみられた場合には，頻回に観察しておく必要があるといえる。

　病院での転倒事故については，各病院において，患者の転倒の危険性を各項目ごとに評価し，点数化してアセスメントシートを作成するなどの安全対策が講じられていることが多く，適切にされていた場合には病院側の過失は否定される。病院での転倒事故に関する最高裁判例はない。

（参考文献）
大寄麻代「医療施設における患者の管理に関する注意義務違反」髙橋469頁，林潤「介護施設における介護者側の注意義務違反」福田ほか488頁。

> **Q31** 不穏な状態にある患者をベッドに拘束することは違法か。

A　病院において患者に対する身体の拘束が問題となった事例として，最判平22・1・26民集64巻1号219頁がある。

> **最判平22・1・26**
>
> **事案**
> 　亡患者Aの子らが，当直の看護師らが病院に入院中のAの両上肢をベッドに拘束したことが診療契約上の義務に違反する違法な行為であるなどと主張して，債務不履行又は不法行為に基づき損害賠償の支払を求めた。
>
> **判断**
> 　当直の看護師らが抑制具であるミトン（手先の丸まった長い手袋様のもので緊縛用のひもが付いているもの）を用いて入院中のAの両上肢をベッドに拘束した行為は，次の①～③など判示の事情の下では，Aが転倒，転落により重大な傷害を負う危険を避けるため緊急やむを得ず行われた行為であって，診療契約上の義務に違反するものではなく，不法行為法上違法ともいえない。
> ①　Aは，上記行為が行われた当日，せん妄の状態で，深夜頻繁にナースコールを繰り返し，車いすで詰所に行ってはオムツの交換を求め，大声を出すなどした上，興奮してベッドに起き上がろうとする行動を繰り返していたものであり，当時80歳という高齢で，4か月前に他病院で転倒して骨折したことがあったほか，10日ほど前にもせん妄の状態で上記と同様の行動を繰り返して転倒したことがあった。
> ②　看護師らは，約4時間にもわたって，Aの求めに応じて汚れていなくてもオムツを交換し，お茶を飲ませるなどして落ち着かせようと努めたが，Aの興奮状態は一向に収まらず，また，その勤務態勢からして，深夜，長時間にわたり，看護師がAに付きっきりで対応することは困難であった。
> ③　看護師がAの入眠を確認して速やかにミトンを外したため，上記行為による拘束時間は約2時間であった。

　精神科病院に入院中の患者については，その特性にかんがみ，一定の要件を満たす場合に指定医の判断を経たときに限り身体の拘束をすることができる旨の規定（精神保健及び精神障害者福祉に関する法律36条，昭和63年厚生省告示第129号）があるが，それ以外の医療機関における患者の身体拘束の可否，基準等について一般的に規定した法令等は存しない。
　かつては，不穏状態にあるあるいはベッドから転倒のおそれのある者に対してはベッドへの身体拘束がかなり行われていたが，拘束される者の人権に配慮

すべきであるとの観点もあり，平成10年頃から，身体拘束はできる限り避けるべきであるというのが一般的な傾向となった。

　介護老人保健施設の人員，施設及び設備並びに運営に関する基準（平成11年厚生省令40号）13条4項は，「介護老人保健施設は，介護保健施設サービスの提供に当たっては，当該入所者又は他の入所者等の生命又は身体を保護するため緊急やむを得ない場合を除き，身体的拘束その他入所者の行動を制限する行為を行ってはならない」と規定している。その後，厚生労働省は，「身体拘束ゼロ作成推進会議」を設け，同推進会議は，平成13年3月，「身体拘束ゼロへの手引き－高齢者ケアにかかわるすべての人に」を発表した。その中で，「緊急やむを得ない場合」とは，①切迫性（本人又は他の利用者等の生命又は身体が危険にさらされる可能性が著しく高いこと），②非代替性（身体拘束等を行う以外に代替する方法がなく，拘束の方法自体も，本人の状態等に応じて最も制限の少ない方法により行われるものであること），③一時性（身体拘束等が一時的なもの〔本人の状態等に応じて必要とされる最も短い拘束時間〕であること）の要件がすべて満たされる場合であるとの判断基準を示している。

　本判決は，入院患者の身体拘束が許容される一般的な基準について触れていないが，上記の3要件を順次検討するという構成をとっており，上記3要件が身体拘束の違法性の基準になるものと考えられる。したがって，3要件を検討した結果，拘束がやむを得ないといえる場合には，拘束することは正当な療養看護行為の一環であり，違法ではなく，他方，3要件を検討した結果，身体の拘束をする必要性がなかったという場合には，正当な療養看護行為とは認められず，身体拘束は違法なものとなる。この最高裁判決は，病院での身体拘束に関するものであるが，介護施設等においても，同様に考えることができる。

　なお，この問題は，いかなる看護を前提とするかという観点から考えると，看護水準というものを想定できるように思える。すなわち，本件では，理論的には1人の看護師がほぼ付きっ切りで当該患者を看護すれば，患者を拘束する必要はない。しかし，そのような看護態勢をとることができないのは，看護師の配置等の事情からすると明らかである。何人の看護師で何人の入院患者を看護するのかという看護水準ともいうべき事情を抜きにして検討することはできない問題であろう。医療資源の問題を医療水準の中にどう組み込んでいくのかの妥当性が問われているように思える。

Ⅲ 転医義務

1 転医義務

Q32 転医義務はなぜ認められるのか。

A 医師は、物的設備や人員の関係で、医療水準とされている医療行為を自ら行うことができない場合には、患者を適切な医療機関に転送して適切な医療行為を受けられるようにすべき義務がある。例えば、手術を要する場合、開業医1人の医院では対応できず、より高次の医療機関に転送するほかないことがあるが、当該医療機関で手術をしなかったことについて、過失を問われることはないが、他の医療機関に転送させるなどの適切な措置を採るべき義務があり、転送の遅れ等が過失として問われることがある。この義務は、「転医義務」あるいは「転送義務」と呼ばれている。

転医義務は、診療契約上の義務に含まれると考えられる。医療法1条の4第3項においても、「医療提供施設相互間の機能の分担及び業務の連携に資するため、必要に応じ、医療を受ける者を他の医療提供施設に紹介」することを規定している。最高裁は、医療機関に転医義務があることについて、未熟児網膜症判決などにおいてその判断を示している。

最判平7・6・9民集49巻6号1499頁

判断

医療機関としてはその履行補助者である医師等に医療水準にかなう知見を獲得させておくべきであって、仮に、履行補助者である医師等がその知見を有しなかったために、医療機関が適切な治療法を実施せず、又は実施可能な他の医療機関に転医をさせるなど適切な措置を採らなかったために患者に損害を与えた場合には、当該医療機関は、診療契約に基づく債務不履行責任を負うものというべきである。また、新規の治療法実施のための技術・設備等についても同様であって、医療機関が予算上の制約等の事情によりその実施のための技術・設備等を有しない場合には、

> 医療機関は，これを有する他の医療機関に転医をさせるなど適切な措置を採るべき義務がある。

　転医義務は，患者が最初に診療を求めた医療機関を通じて，最終的に高次の医療機関においてその医療水準に応じた医療行為を受けることを法的に保障するものであり，その機能は非常に重要なものであるといえる。
　各医師が転医義務を十分に果たすためには，医療機関における連携や，救急医療体制の整備・充実などの医療システムの充実が不可欠である。

（参考文献・転医義務全般につき）
小津亮太「転医・相談義務をめぐる問題」秋吉318頁，西岡繁靖「転医義務違反」髙橋303頁，濵本章子「転医義務違反」福田ほか414頁。

> **Q33** どのような場合に転医義務が生じるのか。

A 次のいずれの要件も満たす場合には，転医義務が生じると解される。
① 重大なあるいは緊急性の高い疾患が疑われること（具体的な疾患が確定される必要はない）
② その疾患が当該医療機関の医師の専門外である，あるいは，人的態勢・物的設備の関係で，医療水準にかなった治療等をすることが困難であること
③ 搬送可能な転医先が存在し，その承諾が得られたこと

　訴訟においては，転送の時期について，患者側は遅すぎて転送された時には既に手遅れであったと主張し，病院側は，患者の症状等からして転送が遅すぎたことはないと主張し，転送の時期が相当であったが争点になることが多い。
　早期に高次医療機関に転送すれば，悪い結果を回避することができ，それだけ安心であるということはできるが，もともと，医療機関によって人的態勢・物的設備は異なり，有効に利用するために，1次救急から3次救急までの救急医療体制が採られており，3次救急の高度医療機関に患者が集中することは避ける必要があるため，早期に高次の医療機関に転送すれば足りるというもので

はない。この観点から、たとえば、東京地判平23・4・27判タ1372号161頁は、急性心筋梗塞の患者について、患者の臨床症状及び心電図検査の結果が心筋梗塞の典型的な症状ではなく、適切な振り分けの観点から、専門医療機関に転送することは適切ではなく、受入れが拒否される場合もあるとし、このような観点も加味して転医義務を否定している。他方、確定診断をつけようとして各種検査を行っていると、患者の状態が急速に悪化し、転送されても既に遅すぎたということにもなる。

抽象的にいえば、患者の状態からして、当時の医療水準に照らし、より高次の医療機関に転送させるべき必要が生じた時点において、医療機関に患者を転送すべき義務が生じることになる。具体的には、①患者の疾患の種類、程度、現在の容体等の患者側の事情と、②当該医療機関の性質、設備内容、担当医師の経験等の医療機関側の事情を総合的に考慮して、転医義務が生じたかが決められることになると考えられる。

控訴審が転医義務違反があるとしたのに対し、最高裁がそれを否定して破棄したものとして最判平19・4・3判タ1240号176頁がある。

最判平19・4・3

事案

統合失調症によりYの開設する精神科病院である甲療養園に入院していたAが、消化管出血による吐血等の際に吐物を誤嚥して窒息死したことについて、適切な時期に転院させなかった過失があったか（ほかに気道確保義務違反があったか）が争われた。

Aが死亡した日の経過は次のとおりである。早朝、看護師が巡回したところ、Aの衣類が吐物で汚染され、少量の吐血が認められたため、担当医師は、消化管出血を疑い、内服薬を投与して様子を見た上で胃腸科の専門病院に内視鏡検査を依頼することとした。Aは、朝食及び昼食を摂取した後の午後3時30分頃、体温上昇、脈微弱、唇色不良等の症状を呈したため、担当医師の指示により、強心剤の注射、酸素吸入及び点滴が行われた。Aは、午後4時50分になって、多量に吐血、嘔吐し、脈が触れず、意識もなくなり、吐物吸引等の措置が執られたが、午後5時14分、吐物誤嚥による呼吸不能（窒息）のため死亡した。

> **判断**
> 　原審が転医義務違反又は気道確保義務違反があるとした午後3時30分の時点では，Aは，発熱等の症状を呈していたというだけであり，Aの意識レベルを含む全身状態等について審理判断することなく，この時点でAがショックに陥り自ら気道を確保することができない状態にあったことを前提に，医師に転医義務又は気道確保義務に違反した過失があるとした原審の判断を是認することはできない。

　転医のためには，転医先の医療機関を選定する必要がある。転医先としてどの医療機関を選定するかは，患者の状態や受入医療機関の人的態勢，物的設備，患者を搬送する時間などを考慮し，必要に応じて患者の意向を聴取したうで，医師が決めることになる。救急医療の場合には，当該地域の医療機関において，一定のルールを決めていることがあるので，それに則って処理することになる。

　仮に，緊急に搬送する必要が生じ，医療機関において適時に転医先の選定を行ったが，依頼先の医療機関がたまたま専門医の不在，満床等のために見つからず，そのために転送が遅れた場合には，当該医療機関としては，できるだけの努力をしているのであり，過失を問うことはできないであろう。他方，受入れを拒んだ病院についても受入れが不可能な状況であった場合には，責任を問うことはできない。

　では，転送が遅れたのに誰も責任を負わないでよいのかという問題がある。この点については **Q85, 86** 参照。

2　開業医の義務

> **Q34**　開業医の転医義務違反が認められるのは，どのような場合か。

A　開業医の役割は，風邪などの比較的軽度の病気の治療に当たるとともに，患者に重大な病気の可能性がある場合には高度な医療を施すことのできる医療機関に転医させることにある。つまり，開業医は，治療としては，風邪などの

比較的軽度の病気の治療をすることで足りるが，患者に重大な病気の可能性がないかを絶えず検討することが求められており，症状等からして，転医させるべき症候を見落としていた場合には，注意義務違反が問われる。どの程度の注意義務が要求されるかは，開業医としての医療水準が基準となる。例えば，開業医が，長期間にわたり毎日のように通院してきているのに病状が回復せずかえって悪化さえみられるような患者について，転医させるべき疑いのある症候を見落としていた場合には，転医義務違反となる。転医義務の具体的内容は，一刻を争う緊急性があるか，付近にどのような診療機関があるか等の諸事情による個々の事案により異なると考えられる。

　開業医の転医義務を認めた判例として，最判平9・2・25民集51巻2号502頁がある。

最判平9・2・25

事案
　患者Aが風邪で昭和51年3月17日から4月14日まで約4週間毎日のように開業医にかかり，顆粒球減少症の副作用を有する多種類の風邪薬を投与された結果，副作用で顆粒球減少症にかかって4月23日に死亡した。Aの相続人が転医義務違反等を主張して開業医に対し損害賠償を求めた。

判断
　開業医が，長期間にわたり毎日のように通院してきているのに病状が回復せずかえって悪化さえみられるような患者について，他の診療機関に転医させるべき疑いのある症候を見落とすということは，その職務上の使命の遂行に著しく欠けるところがあるものというべきである。開業医としては，顆粒球減少症の副作用を有する多種類の薬剤を長期間投与する場合は，問診，血液検査等により顆粒球減少症の兆候（発疹・好中球の減少）を見逃さないように注意する必要があり，薬疹の可能性のある発疹を認めた場合においては，自院又は他の診療機関において患者が必要な検査，治療を速やかに受けることができるように相応の配慮をすべき義務がある。本件では，Aの発疹が薬疹によるものである可能性を否定できず，顆粒球減少症の副作用を有する多種の薬剤を長期間継続的に投与されたものである以上はネオマイゾンによる中毒性機序のみを注意義務の判断の前提とすることも適当でないから，

> 原審の確定した事実関係によっても，医師に顆粒球減少症発症を予見し，投薬を中止し，血液検査をすべき注意義務がないと速断した原審の判断には，診療契約上の注意義務に関する法令の解釈適用を誤った違法がある。

Q35 開業医は，いかなる疾患かが診断できない場合でも，転医義務を負うか。

A 開業医は，患者について自ら診療をすることができない特定の重大な疾患である疑いがあると判断した場合には，その診療をすることができるより高度の医療機関に転送する義務があることはもちろんであるが，特定の重大な疾患の疑いがあるとまでは判断できない場合であっても，自ら検査や診療をすることができない何らかの重大な疾患の可能性があることを認識することができた場合には，その検査や診療をすることができる高度医療機関に転送すべき義務がある。

この点について判断したものとして，最判平15・11・11民集57巻10号1466頁がある。

最判平15・11・11

事案
　急性脳症により重い脳障害の後遺症を残したXが，最初にXを診察したかかりつけの開業医であるYに対し，①Yが適時に総合医療機関に転送すべき義務（転医義務）を怠ったため，Xに重い脳障害を残した，②仮に，Yの転医義務違反とXの重い脳障害との間に因果関係が認められないとしても，重い脳障害を残さない相当程度の可能性が侵害された旨を主張して損害賠償を求めた（後者の点は**Q65**参照）。

判断
　初診から5日目の時点で，初診時の診断に基づく投薬により何らの症状の改善がみられず，輸液を実施しても，前日の夜からのおう吐の症状が全く治まらないこと，同日の点滴中も，おう吐の症状が治まらず，軽度の意識障害等を疑わせる言動

> があったことなどからすると，Yとしては，その時点で，Xが，その病名は特定できないまでも，Yの医院では検査及び治療の面で適切に対処することができない，急性脳症等を含む何らかの重大で緊急性のある病気にかかっている可能性が高いことをも認識することができた。この重大で緊急性のある病気のうちには，その予後が一般に重篤で極めて不良であって，予後の良否が早期治療に左右される急性脳症等が含まれること等にかんがみると，Yは，診療中，点滴を開始したものの，Xのおう吐の症状が治まらず，Xに軽度の意識障害等を疑わせる言動があり，これに不安を覚えた母親から診察を求められた時点で，直ちにXを診断した上で，Xの上記一連の症状からうかがわれる急性脳症等を含む重大で緊急性のある病気に対しても適切に対処し得る，高度な医療機器による精密検査及び入院加療等が可能な医療機関へXを転送し，適切な治療を受けさせるべき義務があったものというべきであり，Yには，これを怠った過失がある。

IV 説明義務

1 説明義務の根拠と種類

Q36 説明義務とは何か。どのような根拠規定に基づいているのか。

A 医師の患者に対する説明義務については，従前，医療行為が患者の身体に対する侵襲行為であり，患者の同意があることによって違法性が阻却されることから，違法性阻却事由として患者の同意が必要であり，その前提として説明義務があると捉えられていた。これに対し，最近は，患者は，自らの生命・身体・健康については自ら決めることができるという自己決定権を権利（法益）として認め，この患者の自己決定権の実現を保障するために，医師に説明義務があると解されている。この患者の自己決定権は，患者の人格権から派生するものである。

今日，インターネット等の普及によって，患者も調べようと思うと，自己の疾病等についてある程度調べることは可能であるが，調べてもあくまでも一般

論にとどまり，自己の疾病等が具体的にどのようなものであるのかは医師から聞くほかない。つまり，患者に自己決定権があるといっても，医学に素人の患者として，医師から適切な情報の提供を受けなければ，自己決定権を適切に行使することはできないのであり，説明義務と自己決定権はいわば表裏の関係にあるといえる。

したがって，医師の説明義務は，患者の自己決定権を保障する観点から検討する必要がある。つまり，医師の説明義務は，患者が自らの意思で当該医療行為を受けるか否かを決定するという人格権の一内容としての自己決定権と直結したものであり，医師は，患者が自らの意思でいかなる医療行為を受けるかを決定することができるように，当該疾患の診断，実施予定の療法の内容，危険性など必要な情報を説明すべき義務がある。

もっとも，**Q37**で述べるとおり，説明義務の範囲は，自己決定権の前提としての説明に止まらないので，それらも含めて医師の説明義務を根拠づけるものとしては，診療契約に基づく義務ということになる。診療契約は，準委任契約（民656条）と解されているので，受任者である医師に報告義務がある（民645条）。つまり，患者が説明義務違反を理由として債務不履行に基づく損害賠償を請求する場合には，診療契約上の義務（最判平18・10・27判タ1225号220頁等）に違反していることを根拠とすることになる。患者が不法行為に基づく損害賠償を請求する場合には，患者の人格的利益の侵害が根拠になると解され，それを侵害しないようにすることは，診療を実施する者として負担する信義則上又は条理上の義務であるといえる（最判平20・4・24民集62巻4号24頁参照）。

医療訴訟において，説明義務違反は，医療行為上の過失と並ぶ責任成立要件として大きな地位を占めている。

（参考文献・説明義務全般につき）

手嶋豊「医療と説明義務」判タ1178号（2005）185頁，熊代雅音「医療訴訟における説明義務について」ジュリ1315号（2006）138頁，藤山雅行編著『判例にみる医師の説明義務』（新日本法規，2006），甲斐克則『ブリッジブック医事法』（2008，信山社）29頁，土井文美「医師の説明義務」判タ1260号（2008）18頁，藤山雅行「説明義務をめぐる問題」秋吉334頁，浦川ほか「説明義務と責任」20頁〔浦川道太郎・村山淳子〕，森冨義明「説明義務違反」髙橋288頁，尾島明「説明義務違

反」福田ほか432頁，太田幸夫「医師の説明義務－最高裁判決に見る－」駿河台法学27巻2号 (2014) 149頁。

> **Q37** 説明義務にはどのような種類があるか。

A 説明義務としては，①患者が自己決定するための説明義務，②療養方法の指導としての説明義務，③治療等が終了した時点における説明義務（顛末報告義務），④末期がんの患者のように，自己決定を前提とせずに状況を報告する説明義務に分けることができる（④は①に含まれると考えることもできる。**Q49**参照）。

①は，説明義務の中核をなすものである（**Q36**参照）。

②について，例えば，退院時にどのような症状が生じると病院を受診すべきかというような患者に対する指示であるが，これは，診療行為の一環としてすべき義務であり，その注意義務に違反した場合は，医療行為上の過失と同じ範疇に属するものであるといえる。すなわち，療養方法の指導としての説明が不十分であったために患者が適切な行動をとらなかった場合には，医師が自ら不適切な行為をしたり，観察を怠ったと評価できるものであり，侵害の対象は，患者の自己決定権ではなく，患者の生命・身体・健康であり，医療行為上の過失ということができる（**Q28**参照）。

③は，治療等が終了した場合に，その結果を報告するものである。診療契約は準委任契約と解されているため，医師は顛末報告義務を負う（民645条）。

④は，治療等が終了したわけではないが，かといって，何らかの治療を必要とするという場面でもないという，顛末報告義務でもなく，自己決定権の前提でもない場面での説明義務の問題である。末期がん患者について既に治療方法がないという場合に，末期がんであることを告知するかという場面で問題となる。

上記説明義務のうち，中心となるのは，①の自己決定権の前提としての説明義務であり，もっぱら説明義務というのは，この説明義務を指すことが多い。

> **Q38** 説明義務違反についての主張立証責任は、いずれの当事者が負っているか。

A 説明義務違反については、不法行為による損害賠償請求でも、債務不履行による損害賠償請求でも、医療行為上の過失（注意義務違反）の主張立証責任と同様に、患者側が説明義務違反があったことについて、主張立証責任を負っていると解される（不法行為に基づく請求では患者側が立証責任を負うが、債務不履行による請求では医師側が立証責任を負うとして、法的構成によって立証責任を分ける見解として、藤山雅行編著『判例にみる医師の説明義務』（新日本法規、2006）15頁、藤山雅行「説明義務をめぐる問題」秋吉334頁346頁がある）。

説明義務については、それに違反することが損害賠償請求権の発生要件であり、個々の患者に応じた具体的個別的な説明内容が問題となるのであって、医療行為上の過失と同様に、説明すべき義務内容の特定とそれに違反したことは、患者側が主張立証すべきであると考えられる。

2 自己決定権の前提となる説明義務

> **Q39** 自己決定権とは何か。

A 患者はいかなる医療行為を受けるかを自分で決めることができる。患者には「自己決定権」があるといわれる。その自己決定権を行使する前提としての説明義務は、アメリカにおける医療事故をめぐる裁判において強調され、昭和56年（1981年）に開催された世界医師会総会において採択された「リスボン宣言」において「患者は、十分な説明を受けた後で、治療を受ける権利、あるいは治療を受けることを拒否する権利を持っている」旨宣言された。我が国では、平成7年6月、「インフォームド・コンセントの在り方に関する検討会」が報告書を発表し、医療従事者側からの十分な説明と患者側の理解、納得、同意、選択の重要性を述べる。平成9年の医療法改正により、医師等の医

療の担い手は，医療を提供するに当たり，適切な説明を行い，医療を受ける者の理解を得るよう努めなければならない旨の規定（医療法1条の4第2項）が設けられた。

　近時，自己決定権が重視されるようになった背景としては，インターネット等の普及により容易に医学知識を取得することができる環境になり，一定の医学知識を有する患者が多くなってきたこと，価値観の多様化により，決定を医師に任せずに，自己決定を望む患者が増えてきたこと，疾病構造が急性疾患主体の医療から慢性疾患主体に変化し，対処方法も複数の選択肢があり，選択に際しては患者の人生観が影響することもあること，患者が医療上の決定に参加することによって，治療に良い効果が現れるという面もあることなどが挙げられるように思われる。

　自己決定権の侵害は，治療の結果の当否が問われているのではない。医療行為の過程に患者が主体的に関与できなかったことを損害として捉えるものである。

　なお，最近においても，医療行為は医師が患者の希望を踏まえた上で責任をもって行うべきであるとする見解（近藤昌昭＝石川紘紹「医師の説明義務」判時2257号（2015）3頁）があるが，患者の身体についての決定は患者が医師のアドバイスを得て行うべきものであって，患者の主体性を軽視するものであり，賛成できない。

Q40　医師は患者の自己決定に従わなければならないのか。

A　患者の自己決定権を強調すると，医師は，患者の決定した内容に従って医療行為をすべき義務があり，医師について裁量はないということになる。しかし，元来，患者は，医学的な知識に乏しく，自己決定権があるといっても通常はどのような決定をしてよいかはわからず，医師に対しアドバイスを求めるものであり，専門的な知見を有する医師の適切なアドバイスは必要不可欠である。医師としては，患者の自己決定に必要な事項を説明した上で，自らの知識と経験に照らして，自ら最適と考える医療行為を勧めることに何ら問題はないし，単に考えられる医療行為を並列的に説明するだけでは，患者としてはどう

してよいか困ってしまうであろう。医師の適切なアドバイスは，どのような決断をしてよいか迷っている患者のためにもなると考えられる。医師としては，専門的な知識とそれまでの経験に照らして，自らが最善と考える治療法を選択するように説得することもできると考えられる。

患者としては，医師の助言に従うという決定をすることはあり得ることであるし，そのような患者が大半であると思われる。

ただし，あくまでその医師の意向とは異なる医療行為を希望する患者に対しては，医師としては，患者の希望する医療行為を実施するか（医師としてはそれを実施する義務を負うものではない），そのような治療法を実施している医療機関等の説明をして転医を勧める義務を負うと考えられる。

(参考文献)
片野正樹「患者の自己決定権と医師の義務，医師の裁量論」秋吉225頁。

Q41 医師は，誰に対して説明し，医療行為の同意を取得すべきか。

A 患者は，自己の身体についていかなる医療行為をするのかを決定する権利があるので，患者に対し説明し，同意は患者自身から取得することを要するのが原則であることは，疑う余地はない。

患者が未成年者，精神疾患者，意識不明の者など説明をしても十分にあるいは全く理解できない場合に問題となる。同意をすることについてどの程度の能力を要するかは法令上定めはなく，同意の効力が争われた最高裁判決はないが，これから行われる医療行為がどのようなものであるかについて理解するだけの能力を要するということができ，医療行為の危険性の内容と患者の意思能力との相関関係によって当該患者が同意をすることができるかが決められることになる。一般的にいえば，多くの者が大学に進学するあるいは就職する18歳程度が基準になると考えられる。

なお，未成年者については医療に関する各指針では3段階に分けるものが多い。宗教的輸血拒否に関するガイドライン（宗教的輸血拒否に関する合同委員会報告。平成20年2月28日）は，輸血拒否の意思を尊重するかについて，

15歳未満（親の意思を尊重しつつも，最終的には輸血をすることがある），15歳以上18歳未満（本人又は親のいずれかが輸血を希望すれば輸血を実施），18歳以上（本人の意思尊重）に分ける。人を対象とする医学系研究に関する倫理指針（文部科学省・厚生労働省，平成26年12月22日）は，対象者が中学生以下かつ16歳未満の場合（代諾者の同意），中学校等の課程を修了し又は16歳以上で十分な判断能力を有する場合については，研究の実施に侵襲を伴わないなどの要件を満たすとき（本人の同意），その要件を満たさないとき（本人と代諾者の双方の同意）に分ける。診療情報の提供等に関する指針（厚生労働省，平成15年9月12日，平成22年9月17日改正）は，未成年者の診療記録の開示は法定代理人に認めるが，15歳以上の未成年者については，本人のみの請求を認めることができるとする。

　医師としては，少しでも患者の同意能力に疑問がある場合には，他の者からも同意をとっておくのが無難である。

　患者に代わって同意を得る者としては，未成年者の場合には親権者，成年被後見人の場合には成年後見人ということになる。なお，成年後見人については，平成11年の成年後見制度改正の際に，成年後見人に医療行為等に関する同意権を置くことが見送られたという経緯はあるが，他に適当な者がいない場合には，医師が成年後見人に説明し同意を得た場合には，説明義務違反は問われないと解するが相当であろう。

　もっとも，厳密に法定代理人に限るとすると，法定代理人が遠方に居住している場合など，迅速に同意を得ることができないという状況が考えられるし，一般的には，同意する能力に欠ける患者には付き添って来ている者がいるので，患者とその者との間に一定の親族関係があれば，その者に説明をして同意を得れば足りよう。

　では，患者の意思能力が十分ではなく，かつ，付添人もおらず，容易に連絡がとれる者がいないという場合には，医療機関としてはどうすべきか。

　この場合には，説明すべき者が存在しないのであるから，医療行為が不可欠で放置すれば危険な場合には，医療行為を行っても，説明義務違反に問われることはないと考えられる。そして，当該疾患の場合に行われる通常の医療行為については，事務管理（民697，698条）として正当化される。したがって，後は医師のした医療行為が医療水準に照らして過失があったかが問題となるの

みである。緊急性を要しない医療行為については，説明し同意を得るべき者がいないので，医療行為を実施することはできないと解するほかないように思われる。

> **Q42** 医師は，どのような内容の説明をすべきか。

A (1) **説明義務の基準**

医師がどの程度の内容を説明すべきであるかについては，次の考え方があるとされている（新美育文「医師の説明義務と患者の同意」加藤一郎＝米倉明編『民法の争点Ⅱ』(有斐閣，1985) 231頁）。

合理的医師説　通常の医師であれば説明する内容の説明をすべきであるとする見解

合理的患者説　合理的な患者であるならば，説明を求める内容の説明をすべきであるとする見解

具体的患者説　当該患者が知ることを望む内容の説明をすべきであるとする見解

二重基準説　当該患者が重要視し，かつ，そのことを通常の医師であれば認識できたであろう内容の説明をすべきであるとする見解

説明義務が患者の自己決定権の前提となるものであることからすると，当該患者が自己決定をするにあって必要と考えられる内容の説明をすべきであるといえる。したがって，医師としては，通常の患者が必要とする情報のほか，特にその患者が関心を持っている情報については，その希望に相応の理由があり，医師においてそうした患者の関心を知った場合には，当該患者が自己決定をするうえで必要なものとして，その情報も提供すべきであるといえる。

最判平13・11・27民集55巻6号1154頁（乳房温存療法事件。**Q46** 参照）は，患者が未確立の術式に強い関心を持っていることを医師が知っていた場合には，当該術式について説明すべき義務を負う旨判示しており，最判平12・2・29民集54巻2号582頁（エホバの証人事件。**Q52** 参照）は，医師において，患者が宗教上の信念から輸血を受けることを拒否するという強い意思を有しており，輸血を伴わない手術を受けることができると期待して入院していること

を知っていた場合には，輸血することがありうることを説明すべき義務があることを判示している。このように，最高裁は，具体的な患者について，自己決定に必要な情報を提供する義務があると解しており，上記分類でいえば，二重基準説に近いといえる。

(2) **患者に対する説明内容**

医師の患者に対する説明内容としては，診断の内容，患者の現在の状態，予定している治療法の概要と目的・方法，治療の危険・副作用の可能性，代替できる治療法の有無・内容，放置した場合の転帰，治療期間などを医療水準に即して説明することになる。

なお，厚生労働省による「診療情報の提供等に関する指針の策定について」（平成15年9月12日，医政発第0912001号医政局長通知）においては，医療従事者は，原則として、診療中の患者に対して、次に掲げる七つの事項について丁寧に説明しなければならないと定めている。

①現在の症状及び診断病名，②予後，③処置及び治療の方針，④処方する薬剤について、薬剤名、服用方法、効能及び特に注意を要する副作用，⑤代替的治療法がある場合には、その内容及び利害得失（患者が負担すべき費用が大きく異なる場合には、それぞれの場合の費用を含む），⑥手術や侵襲的な検査を行う場合には、その概要（執刀者及び助手の氏名を含む）、危険性、実施しない場合の危険性及び合併症の有無，⑦治療目的以外に、臨床試験や研究などの他の目的も有する場合には、その旨及び目的の内容

どの程度説明するかは，患者の能力や実施する医療行為の内容によって決まると考えられる。理解力に劣る者や危険性の高い医療行為，あるいは医療行為を受けないという選択肢もある場合などには，丁寧に説明する必要があるといえる。

他方，患者に対する説明は，患者が当該医療行為を受けるか否かを判断することを助けるために行われるのであるから，患者の判断に関係しないような療法の違いを説明する必要はないと考えられるし，手術の手技に差異があっても，利害得失，予後などに違いがなければ，必ずしも他の手技について説明義務を負わないと考えられる。

最高裁が説明義務について初めて判示したのは，最判昭56・6・19判タ447

号78頁である。

> **最判昭56・6・19**
>
> **事案及び判断**
> 　頭蓋骨陥没骨折の傷害を受けた患者の開頭手術を行う医師には，手術の内容及びこれに伴う危険性を患者又はその法定代理人に対して説明する義務があるが，そのほかに，患者の現症状とその原因，手術による改善の程度，手術をしない場合の具体的予後内容，危険性について不確定要素がある場合にはその基礎となる症状把握の程度，その要素が発現した場合の対処の準備状況等についてまで説明する義務はない。

　現在からすると，説明義務に消極的な最高裁判決であるが，緊急手術であったことから，最小限の内容の説明で足りるとしたものと考えられる。
　なお，最判昭59・9・21（判例集未登載。原審は札幌高判昭56・5・27判タ446号140頁）は，医師が虫垂摘除手術をするに当たり，患者に対し，手術に伴う生命の危険について説明をする義務を負っていたものとはいえないとした原審の判断を正当として是認しているが，現在からすると，疑問な判決であると思われる。

Q43　医師は，合併症や副作用については，どの程度説明すべきか。

A　手術や薬品の投与について，まれにしか生じない合併症や副作用についてどこまで説明すべきかという問題がある。
　一般的にいえば，発生確率の高いものは説明義務を肯定する方向へ，低いものは否定する方向へ，発生する合併症や副作用が重大であれば説明義務を肯定する方向へ，軽微であれは否定する方向に傾く。
　発生確率の高いものについては，軽微な合併症や副作用であっても説明がされるであろうから，問題となるのは，まれにしか生じない重大な合併症や副作用が生じた場合である。

IV　説明義務

　説明義務は患者の自己決定権の前提となるものであるから，まれな合併症や副作用についても説明する必要はあるが，それを強調すると，患者が怖がって医師が必要と考える手術や投薬を拒むということもあるようである。このあたりは，例えば，可能性としてはゼロではないがごくまれにしか生じないというのであれば，ごくまれであってまず生じることはないということを強調した説明で足りると思われる。

　訴訟においては，現実にはそのような合併症や副作用が生じたために説明義務違反が問題となるが，全く説明していなかったのであれば説明義務違反が問われることもあると考えられるが，まれであることを強調した説明であったとしても，その説明内容に誤りがなければ，説明義務違反は認められないと解されよう。

　医師の立場から，説明すべきリスクの範囲の案として，①発生頻度が高いもの（発生確率が1.0％以上），②発生頻度が低いものの中でも，生命の危険があるもの，不可逆的なもので日常生活に支障をもたらす可能性のあるもの，美容等に関するものが挙げられている（小川陽子「医療と法の最先端を考える研究会からの現況報告－若手医師の立場から」ジュリ1323号（2006）137頁）。

　最高裁判決はなく，例えば，高松高判平8・2・27判タ908号232頁は，退院の際に，添付文書によると0.1％未満の確率で中毒性表皮融解壊死症が発症する危険性がある薬剤を処方した場合において，上記副作用の結果が重大であれば，発症の危険性が極めて少ない場合であっても，上記副作用の可能性を念頭に置いた具体的な情報を提供し，説明すべき義務があるとしている。発生確率は低いが，結果が重大であることから，説明義務を肯定したものである。他方，長崎地佐世保支判平18・2・20判タ1243号235頁は，内視鏡的逆行性膵胆管造影検査（ERCP）の実施につき，その合併症としての膵胆炎は多いとしながらも，その後悪化して死亡する頻度は0.0023％～0.0043％と著しく低い点を考慮し，急性膵胆炎による死亡の結果について説明しなかったことが説明義務違反には当たらないとしている。

　一般的に予測できない危険性については，当然ながら説明することはできず，説明義務はないことになるが，予測できなかったか否かは，医学文献や添付文書でその副作用は指摘されていないなど，医学的知見に基づいて判断する必要がある。

Q44 患者に対してどのような方法で説明すべきか。

A 患者に対する説明の方法としては，書面と口頭がある。訴訟においては，説明したとする医師側と説明を受けていないとする患者側で争われることが多い。手術や侵襲的な検査などでは，患者の同意書を徴求するが，それのみで十分な説明がされたと認められるものではないので，医師としては，患者に説明書を交付するとともに，要点を説明し，そうした措置を講じたことをカルテに記載する方法（患者に交付した説明書の写しの添付等）を採るのが相当ではないかと思われる。

Q45 説明義務は，どのような場合に免除されるか。

A 患者に対し説明を要しないあるいはごく簡単な説明で足りる場合としては，客観的に説明が不要な場合と主観的に説明が不要な場合がある。

客観的に説明が不要な場合としては，法令の規定に基づき強制的な医療行為が行われる場合（自傷他傷のおそれがある精神障害者（精神保健福祉法29条，29条の2），入院勧告に従わない1類感染症患者（感染症予防法19条），麻薬中毒者（麻薬及び向精神薬取締法58条の8）の措置入院等），緊急医療など説明をしている時間的余裕がない場合等がある（緊急医療では事後的に説明することを要する）。主観的に説明が不要な場合としては，患者が医師などで既に自分の症状やこれから予定されている治療法等について十分な知識を有している場合がある。

これらの場合には，説明を省略する，あるいはごく簡単な説明で足りると考えられる。また，説明の内容が医学の素人の患者にとっても常識に属するものについては，説明は不要であろう。

ほかに患者が説明を受けたくない旨述べて説明を受けることを放棄している場合には，説明は不要となるかという問題がある。手術の危険性など怖い話は聞きたくないという患者がいることは確かであり，理論的には，説明を受けることは患者のためであるから，それを放棄することも可能と考えられ，患者が

説明を受けたくない旨述べている場合には，説明をしなかったとしても説明義務違反にはならないと考えられよう。もっとも，その場合でも，悪い結果が生じた場合，そのことは聞いていないとして紛争になることも十分に考えられるので，説明を受けることを望まない患者に対しても，必要最小限の説明をするなり，患者の家族に対して十分に説明しておくのが相当である。特に，患者の家族など付添人がいる場合には，患者本人が説明を受けることを拒んだときには，付添人に説明しておく義務が生じるように思われる。

また，医師において真実の告知が患者の治療等に不都合が生じると判断した場合に，説明しないことは許されるかいう問題があるが，この点は**Q50**参照。

> **Q46** いかなる療法を選択するかの場面で，どのような説明をする義務があるか（未確立の療法や経過観察も考えられる場合の説明義務）。

A いかなる療法を選択するかの自己決定権の前提となる説明義務については，いくつかの類型に分類することができる。
　①　有効性・安全性が確立した療法が複数ある場合に，いずれの療法を選択するかを決定する場面での説明
　②　療法は複数あるが，一方は確立したものであるのに対し，他方は医療水準からみて未確立な療法である場合に，いずれを選択するかを決定する場面での説明
　③　緊急を要しない予防的治療について，安全性・有効性が確立した治療を実施するほかに，経過観察という方法もある場面での説明
　④　有効性・安全性の確立した療法はないが，確立していない療法が複数ある場面での説明

(1)　**確立した療法が複数ある場合**
　説明すべき内容は医療水準が基本となり，患者に対する治療として，医療水準として確立した療法が複数存在する場合には，患者がそのいずれを選択するかを判断することができるような仕方で，それぞれの療法の違いや利害得失を

分かりやすく説明することが求められる。

　医学的には，複数の療法があり，いずれの選択肢もありうる場合において，患者が療法に関する強い希望を有している場合には，それに配慮した説明が必要である。

> **最判平17・9・8判タ1192号249頁**
>
> **事案**
> 　Xら（夫婦）が，共同で，病院の設置者との間で，助産を委託する契約等を締結したが，Xらにおいて，胎児が骨盤位（いわゆる逆子）であることなどから帝王切開術による分娩を強く希望する旨をY医師に伝えていた。Y医師は経膣分娩を勧めて実施し，児が仮死状態で娩出されて4時間後に死亡した。Xらは，Y医師が骨盤位の場合の経膣分娩の危険性や帝王切開術との利害得失について十分説明しなかったため，Xらが分娩方法について十分に検討した上で意思決定をする権利が奪われた結果，帝王切開術による分娩の機会を失い，胎児が死亡したと主張して，Y医師や設置者に対し損害賠償を求めた。
>
> **判断**
> 　夫婦において，胎児が骨盤位であることなどから帝王切開術による分娩を強く希望する旨を担当医に伝えており，その申し出には相応の理由があったこと，担当医は，一般的な経膣分娩の危険性について一応説明したものの，胎児の最新の状態と経膣分娩が相当と考える理由を十分に説明しなかった上，分娩中に何か起こったらすぐにでも帝王切開術に移れるから心配はないなどと誤解を与えるような説明をしたという事情の下において，担当医の説明は，夫婦に対し，胎児の最新の状態を認識し，経膣分娩の場合の危険性を具体的に理解した上で，担当医の下で経膣分娩を受け入れるか否かについて判断する機会を与えるべき義務を尽くしたものとはいえない。

　本判決は，夫婦が医師に対し帝王切開術による分娩を強く希望する旨を担当医に伝えており，その申し出には相応の理由がある場合には，一般的な経膣分娩の危険性を説明しただけでは足りず，胎児の最新の状態に基づき，経膣分娩の場合の危険性を具体的に説明することを求めたものである。

医師と患者の治療方針が異なり，患者の希望する治療方針に医学的相当性がある場合には，医師は患者の状態に即した具体的な説明をする必要があるといえる。

　なお，本判決は，夫婦に対する自己決定権の侵害を認めている。これは，夫（父）も，親として，子が安全に生まれることに関し一定の利益を有するものと解し，夫についても分娩方法の選択について妻と共に協議し，判断する機会が与えられるべき場合があることを示したものといえる。胎児に対する不法行為があった場合には，父もその損害賠償請求権を行使し得ることからすると，胎児の分娩方式について父も固有の法的利益を有しているといえる。その理論的構成としては，出産に関する契約が妻だけでなく夫との間にも締結されていると解するのが相当であろう。

　確立した療法が複数ある場合であっても，医師がA療法が相当であると考えている場合，患者がB療法を希望したときには，医師はB療法を実施すべき義務を負うものではないが，その場合，B療法があることを説明し，両者の利害得失等を説明したうえで，患者がB療法を希望したときには，それを実施している医療機関を紹介すべき義務があると考えられる（次の(2)参照）。もっとも，B療法が広く行われているのであれば，患者としては，B療法を実施している医療機関を探すことは困難ではないのであるから，医療機関においてB療法を実施している医療機関をことさら紹介する義務はないと考えられる。

(2) **医療水準として未確立の療法がある場合**

　説明義務の基本となるのは医療水準であり，医療水準になっている療法（当該疾病の専門的研究者の間でその有効性と安全性が是認されているもの）については説明義務を負うが，医療水準として未確立の療法については，一般的に説明義務を負うものではない。医師の注意義務の基準が医療水準である以上，未だ医療水準となっていない療法についてまで，医師がその知見を獲得しておくべき義務があるわけではなく，したがって，説明義務を負うのも医療水準となっている療法に限られることになる。

　ただし，最判平13・11・27民集55巻6号1154頁は，乳がんの治療法として，平成3年当時，胸筋温存乳房切除術は医療水準として確立していたが，乳房温存療法は未確立であった場合にも，一定の要件の下で，乳房温存療法につ

いての説明義務を認めている。

> **最判平13・11・27**
>
> **事案**
> Yに乳がんと診断されてその執刀により，乳房の膨らみをすべて取る胸筋温存乳房切除術による手術を受けたXが，Xの乳がんは腫瘤とその周囲の乳房の一部のみを取る乳房温存療法に適しており，Xも乳房を残す手術を希望していたのに，YはXに対して十分説明を行わないまま，Xの意思に反して乳房切除術を行ったとして，Yに対し損害賠償を請求した。
>
> **判断**
> 一般的にいうならば，実施予定の療法（術式）は医療水準として確立したものであるが，他の療法（術式）が医療水準として未確立のものである場合には，医師は後者について常に説明義務を負うと解することはできない。とはいえ，このような未確立の療法（術式）ではあっても，医師が説明義務を負うと解される場合があることも否定できない。少なくとも，当該療法（術式）が少なからぬ医療機関において実施されており，相当数の実施例があり，これを実施した医師の間で積極的な評価もされているものについては，患者が当該療法（術式）の適応である可能性があり，かつ，患者が当該療法（術式）の自己への適応の有無，実施可能性について強い関心を有していることを医師が知った場合などにおいては，たとえ医師自身が当該療法（術式）について消極的な評価をしており，自らはそれを実施する意思を有していないときであっても，なお，患者に対して，医師の知っている範囲で，当該療法（術式）の内容，適応可能性やそれを受けた場合の利害得失，当該療法（術式）を実施している医療機関の名称や所在などを説明すべき義務があるというべきである。
>
> 本件においては，Yは，開業医であるものの乳癌研究会に参加する乳がんの専門医であり，自らも限界事例について1例ながら乳房温存療法を実施した経験もあったこと，乳房温存療法について，同療法を実施している医療機関も少なくなく，相当数の実施例があって，同療法を実施した医師の間では積極的な評価もされていること，Xの乳がんについて乳房温存療法の適応可能性があること，Xは，本件手術前に，乳房温存療法の存在を知り，Yに対し手紙を交付しており，その手紙には，

> Xが乳房を残すことに強い関心を有することが表明されていたことなどからすると、Yは，少なくとも，Xの乳がんについて乳房温存療法の適応可能性のあること及び乳房温存療法を実施している医療機関の名称や所在をYの知る範囲で明確に説明し，Yにより胸筋温存乳房切除術を受けるか，あるいは乳房温存療法を実施している他の医療機関において同療法を受ける可能性を探るか，そのいずれの道を選ぶかについて熟慮し判断する機会を与えるべき義務があったというべきである。もとより，この場合，Yは，自らは胸筋温存乳房切除術がXに対する最適応の術式であると考えている以上は，その考え方を変えて自ら乳房温存療法を実施する義務がないことはもちろんのこと，Xに対して，他の医療機関において同療法を受けることを勧める義務もないことは明らかである。

　本判決は，「少なくとも，①未確立の療法が少なからぬ医療機関において実施されており，②相当数の実施例があり，③これを実施した医師の間で積極的な評価もされているものについては，④患者が当該療法の適応である可能性があり，かつ，患者が当該療法の自己への適応の有無，実施可能性について強い関心を有していることを医師が知った場合などにおいては，たとえ医師自身が当該療法について消極的な評価をしており，自らはそれを実施する意思を有していないときであっても，なお，患者に対して，医師の知っている範囲で，当該療法の内容，適応可能性やそれを受けた場合の利害得失，当該療法を実施している医療機関の名称や所在などを説明すべき義務がある」と判示している。

　判示からすると，①〜③は，客観的に判断されるものであり，当該医師がそれを知っていたかは要件となっていないと解される。しかし，医師としては，医療水準となっていない未確立の療法については，研さん義務はないのであるから，未確立の療法が①〜③に該当することについて，医師の認識があることが説明義務を認める要件になると解するのが相当であろう（熊代雅音「医療訴訟における説明義務について」ジュリ1315号（2006）151頁参照）。

　④は，医師において患者が当該療法の適応可能性があることや，患者が未確立の当該療法について強い関心を有していることを「知った」場合を要件としている。もともと医療水準として確立していない療法については，患者に説明する義務は一般的にはないが，患者からその療法について質問を受けたりして

患者が強い関心を持っていることが分かった場合には，患者の自己決定権を尊重する見地から，「医師の知っている範囲で」説明義務を認めたものである。この結果，医療水準として確立していない療法について知見を有する医師が知見を有しない医師よりも高度の説明義務を負うことになるが，注意義務は当該医療機関に属する医師に求められる能力を基準として判断されることになるものの，注意義務の有無を判断するにあたっては，行為当時において行為者が特に認識していた事情も基礎として判断されるので（それを知るべき義務はないが，何らかの事情でそれを知っていた場合には，それも考慮されるという趣旨），既に知っていることを説明するだけであるから，過重な説明義務を認めたものではないと考えられる。

　なお，この最高裁判決は，「乳がん手術は，体幹表面にあって女性を象徴する乳房に対する手術であり，手術により乳房を失わせることは，患者に対し，身体的障害を来すものであるのみならず，外観上の変ぼうによる精神面・心理面への著しい影響ももたらすものであって，患者自身の生き方や人生の根幹に関係する生活の質にもかかわるものであるから，胸筋温存乳房切除術を行う場合には，選択可能な他の療法（術式）として乳房温存療法について説明すべき要請は，このような性質を有しない他の一般の手術を行う場合に比し，一層強まるものといわなければならない」と判示しているが，クオリティ・オブ・ライフにかかわることからより一層説明義務があることを述べたものであり，その判示の仕方からして，クオリティ・オブ・ライフに関わることに限定したものではないと考えられる。

　未確立の療法について説明義務を負う場合，医師としては，患者に対し，確立している療法と未確立の療法のいずれを受けるかの選択の機会を与えることが必要なのであるから，未確立の療法の適応可能性があること及びそれを実施している医療機関の名称や所在を説明すれば足りると考えられる。患者において，未確立の療法について詳細を知りたい場合には，消極的な評価をしている医師よりも，それを積極的に実施している医療機関において説明を聞くほうが相当であろう。

　この最高裁判決は，説明義務の対象を単に医療水準のみから捉えずに，患者の自己決定権を中核にすえ，患者が自己決定をするうえで必要な説明は何かという観点から説明義務を捉えたものであり，説明義務を医療水準よりも広げた

ものであるといえる。もっとも，上記のとおり，説明義務が生じる場合をかなり限定しており，説明義務もまた医療水準の枠組みから完全に自由ではないことを示していると評価できる（手嶋豊「判批」ジュリ1224号（2002）91頁参照）。

(3) 保存的経過観察も選択肢としてある場合

　医師が患者に予防的な療法を実施するにあたって，医療水準として確立した療法が複数存在する場合に，その中のある療法を受けるという選択肢とともに，いずれの療法も受けずに保存的に経過を観察するという選択肢も存在する場合には，医師は各療法の違いや経過観察も含めた各選択肢の利害得失について分かりやすく説明することが求められる。

　近年紛争になるケースとしては，未破裂脳動脈瘤の予防的手術がうまくいかなかった場合が挙げられる。脳ドックの普及により，未破裂の脳動脈瘤が発見される場合が増えている。未破裂脳動脈瘤は自覚症状がない場合が多く，未破裂脳動脈瘤が存在しても，生涯を通じて破裂しないこともちろん多い。他方，万一破裂すれば，生命・身体に重大な結果が生じる可能性が高い。

　未破裂脳動脈瘤については，「保存的に経過を見る」という選択肢と「治療をする」という選択肢があり，また，「治療をする」という場合には，開頭して動脈瘤の頸部を永久的にクリップして閉じ，瘤に血液が流入しないようにする「開頭手術」という選択肢と動脈瘤内にカテーテルでコイルを挿入して留置し，瘤内を塞栓するという「コイル塞栓術」という選択肢があり，いずれの選択肢も医療水準にかなうものであるとされている。未破裂脳動脈瘤の大きさや・部位，患者の年齢，状態等によって手術適応が異なるが，手術適応がある場合でも，経過観察とすることもあり得る。このため，医師としては，患者の状態に応じて，それぞれいかなる利害得失があるのかを分かりやすく説明する必要があるといえる。

最判平18・10・27判タ1225号220頁

事案
　担当医師は，未破裂脳動脈瘤について，「開頭手術」，「コイル塞栓術」，「経過観察」について利害得失を説明し，患者Aに1か月弱の熟慮期間を置いた。Aは「開頭手術」を希望した。ところが，手術日の前々日のカンファレンスにおいて，Aの動脈瘤の具体的な状況を再検討すると，動脈瘤体部の背部を確認できないので，「開頭手術」が困難であることが分かり，「コイル塞栓術」を試してみることになり，同日，急きょ，医師がAに説明し，約30分ほどで「コイル塞栓術」を実施することについてAの承諾を得た。その説明では，「コイル塞栓術」の術中を含め，脳梗塞等の合併症の危険性があり，それにより死にいたる頻度は2〜3％とされていることなどの説明をした。その翌日，「コイル塞栓術」が実施されたが，コイルの一部が瘤外に逸脱し，それを除去することができず，逸脱したコイルによって生じた脳梗塞によりAは死亡した。Aの相続人が，担当医師らに説明義務違反があったなどと主張して，損害賠償を請求した。

判断
　医師が患者に予防的な療法（術式）を実施するに当たって，医療水準として確立した療法（術式）が複数存在する場合には，その中のある療法（術式）を受けるという選択肢と共に，いずれの療法（術式）も受けずに保存的に経過を見るという選択肢も存在し，そのいずれを選択するかは，患者自身の生き方や生活の質にもかかわるものでもあるし，また，上記選択をするための時間的な余裕もあることから，患者がいずれの選択肢を選択するかにつき熟慮の上判断することができるように，医師は各療法（術式）の違いや経過観察も含めた各選択肢の利害得失について分かりやすく説明することが求められるものというべきである。
　担当医師らは，開頭手術では，治療中に神経等を損傷する可能性があるが，治療中に動脈瘤が破裂した場合にはコイル塞栓術の場合よりも対処がしやすいのに対して，コイル塞栓術では，身体に加わる侵襲が少なく，開頭手術のように治療中に神経等を損傷する可能性も少ないが，動脈の塞栓が生じて脳梗塞を発生させる場合があるほか，動脈瘤が破裂した場合には救命が困難であるという問題もあり，このような場合にはいずれにせよ開頭手術が必要になるという知見を有していたことがうかがわれ，また，そのような知見は，開頭手術やコイル塞栓術を実施していた本件

> 病院の担当医師らが当然に有すべき知見であったというべきであるから，同医師らは，Aに対して，少なくとも上記各知見について分かりやすく説明する義務があったというべきである。
>
> 　また，Aが平成8年2月23日に開頭手術を選択した後の同月27日の手術前のカンファレンスにおいて，内頸動脈そのものが立ち上がっており，動脈瘤体部が脳の中に埋没するように存在しているため，恐らく動脈瘤体部の背部は確認できないので，貫通動脈や前脈絡叢動脈をクリップにより閉塞してしまう可能性があり，開頭手術はかなり困難であることが新たに判明したというのであるから，本件病院の担当医師らは，Aがこの点をも踏まえて開頭手術の危険性とコイル塞栓術の危険性を比較検討できるように，Aに対して，上記のとおりカンファレンスで判明した開頭手術に伴う問題点について具体的に説明する義務があったというべきである。
>
> 　以上からすれば，本件病院の担当医師らは，Aに対し，上記の説明をした上で，開頭手術とコイル塞栓術のいずれを選択するのか，いずれの手術も受けずに保存的に経過を見ることとするのかを熟慮する機会を改めて与える必要があったというべきである。
>
> 　そうすると，本件病院の担当医師らは，Aに対し，「コイル塞栓術」による脳梗塞等の合併症の危険性等の説明をしているが，そのような説明をしたというだけでは説明義務を尽くしたということはできない。

　本件では，医師は「コイル塞栓術」による脳梗塞等の合併症の危険性の説明をしており，これだけをみると，説明義務違反はないようにも思える。しかし，当初，1か月弱の時間をかけて熟慮させた上で，「開頭手術」を受けることを選択させているにもかかわらず，手術の前々日に約30分ほどの説明だけで「コイル塞栓術」を受けるという選択に患者の方針を変更させ，その翌日に手術を実施しているが，重大な方針変更であるにもかかわらず，熟慮の機会が与えられていないということを重視し，その時の説明がいま一つ判然としないことも含めて，説明の具体的内容等について十分に審理を尽くさせるために破棄差戻しをしたものと考えられる。本判決では，患者が，医師の説明を理解し，それに納得し，同意したという一連のプロセスが重視されており，急きょ変更したことについて，患者が納得した上で手術に同意したとはいえないとい

う判断があったものと思われる。

　本件は，予防的療法であり，当面経過観察とするという選択肢もあるので，何ら急ぐ必要のない手術であった。患者が自己決定権を行使したといえるためには，十分に検討する機会を与えることが必要であり，単に説明して患者の同意を得ればよいというものではなく，危険性のある予防的療法を実施する場合には，説明してその場で同意を得るのではなく，ある程度の期間を置いて（少なくとも日を改めて）同意を得るべきであることを示しているといえる（平沼髙明「判批」民事法情報248号（2007）72頁，平沼髙明ほか「座談会・判批」賠償科学36号（2009）64頁参照）。

(4) 確立した療法はないが，確立していない療法が複数ある場合

　この場面での説明義務に関する最高裁判例はない。

　名古屋地判平17・6・30判タ1216号253頁は，突発性難聴について，①原因がウイルスであると考えてステロイド剤を投与する療法，②原因が循環障害にあると考えて循環改善薬を投与する療法があるが，いずれの原因かは未だ医学的に確定できず，治療法も確立していないという事実関係の下で，Y病院では，②の療法を採用しており，①の療法については患者Xに説明していなかったという事案について，「確立した治療法が存しない場合においては，医師の合理的な裁量に基づいて選択された治療法がなされることが診療契約の内容となるものであり，単に多くの医療機関において採用されている治療法であるということから，患者から説明を求められていない場合においても，その治療法について説明すべきであると解することはできない。Xは，最も普及している治療方法（①）を選択しないで，別の治療方法（②）を施行する場合には，当該患者に対して，最も普及している治療方法とその病院でこれから当該患者に対して実施しようとしている治療方法の各内容及び各治療方法の利害得失などについて分かりやすく説明した上で，患者の同意と承諾のもとに治療を施行すべき注意義務があると主張しているが，医師からかような説明をされた上で判断を求められた患者はいかなる基準に基づいてこれを判断すべきか悩むことになり，医療現場に混乱をもたらし，ひいては適正な医療が行われなくなる恐れがある」として，医師の説明義務違反を否定した。

　確立した治療法が存在しなくとも，当該疾患で通常施行されている治療法が

ある場合には，治療を希望する患者としては，その治療法を選択する以外にはないのであるから，その治療法が確立した治療法に代わるべきものであるといえる。そうすると，当該疾患で通常施行されている治療法が複数あり，それぞれ利害得失が異なるのであれば，医師としては，それらを説明すべき義務があると解するのが相当なように思われる。前記名古屋地判は，確立した治療法が存しない場合には医師が合理的な裁量に基づいて治療法を選択できるとするが，患者の自己決定権を軽視するものであって，やや疑問に思う。

(参考文献)

中村也寸志「判解」最判解民平13年度（下）714頁。

Q47　臨床試験である場合には，どのような説明をすべきか。

A　既に医療水準として確立した療法が複数ある場合，両者を比較するために，患者の同意を得ることなく，無作為でいずれかの療法を施すことができるか。

　医療において，新たな療法の確立や複数の療法がある場合の比較試験が重要であるとされている。医薬品の開発段階における新薬開発治験（医薬品医療機器等法14条3項）や市販後の医薬品について厚生労働大臣の再審査を受けるために行う市販後臨床試験（同法14条の4）というような比較臨床試験においては，有効性の確立していない医薬品又は再審査が必要な医薬品について行われるのであるから，その実施に際して，被験者に対し，その内容等について説明義務がある。医薬品の開発段階における新薬開発治験については，「医薬品の臨床試験の実施の基準に関する省令」（平成9年厚生省令第28号，最終改正平成26年厚生労働省令第87号）がインフォームド・コンセントについて詳細に定めている。

　では，既に医療水準として確立した療法が複数あり，その比較試験のために患者の同意を得ることなく，一方の療法を施すことができるか。この点が問題となった最高裁判例はない。

　金沢地判平15・2・17判タ1209号253頁は，卵巣がんに対する化学療法と

して，CAP療法（シスプラチン，アドリアマイシン，サイクロフォスファミドの併用療法）とCP療法（CAP療法からアドリアマイシンを除いた療法）があり，比較するために，無作為でいずれかを割り当てていたことについて，両療法には，それぞれ利点と欠点があり，無作為で割り当てることについて説明をしなかった点で説明義務違反を認めた（控訴審である名古屋高金沢支判平17・4・13（判例集未登載）も，治療以外の目的があることとそれにより生じる危険性についての説明義務違反を認めている）。

　医療水準として確立された療法が複数あり，それぞれ効用と副作用が異なる場合には，それを説明することが必要であるし，仮に，無作為でいずれかを割り当てるのであれば，そのことをも説明すべき義務があるといえる。

　上記金沢地判は，医療機関が臨床試験を実施していた場合であるが，製薬会社が臨床試験をするために医師や医療機関に治験を依頼する場合には，製薬会社と治験を実施する担当医師とで役割を決めて，被験者に対し，治験薬の服用により生じる危険性があると懸念されている副作用について，治験に参加するか否かを判断する上で十分な説明をすべきであるといえる（東京地判平24・8・9判タ1389号241頁等）。

> **Q48** 説明義務違反と医療行為上の義務違反は，どのような関係にあるか。

A　医療行為上の義務違反は患者の生命，身体，健康に対する侵害であり，説明義務違反は患者の自己決定権等の人格的利益に対する侵害であって，訴訟物は別と考えられ，当然に前者が主位的請求，後者が予備的請求という関係には立たない。したがって，患者側が双方を請求している場合には，双方について判断する必要があるといえる。もっとも，損害の内容が同じであり，いずれを認めても損害の内容に変わりはない場合には，一方について認めるときには，他方の判断は不要ということになる。

　例えば，手術の手技上の過失により患者が死亡した場合，死亡による逸失利益，慰謝料等を請求するとともに，説明義務違反があり，説明義務が尽くされていれば手術を受けなかったので死亡しなかったとして，死亡による逸失利

益，慰謝料等の損害をも請求する場合，いずれの義務違反が認められても，損害の内容は，患者が死亡したことによる損害であるから同じである。したがって，例えば，手技上の過失を認めて死亡による逸失利益等を認める場合には，説明義務違反について判断する必要はないといえる（もっとも，説明義務違反が加わることによって慰謝料額が異なると考えるのであれば，説明義務違反についても判断することが必要になる）。

3 ライフスタイルに関する説明義務

> **Q49** ライフスタイルに関する説明義務とは何か。

A 末期がんの患者で，もはや有効な治療法がない場合，患者に対するがんの告知は，患者が残された人生の在り方を自らの意思で選択することができるようにするためのものであり，自己決定権を前提とせずに病状を説明すべき義務というものが想定されている。もともと，自己決定権は，患者の病状や治療法を説明することによって患者が治療法を決めるというものであるが，末期がんで既に有効な治療法がないという場合には，告知をしたとしても，患者が何らかの決定をするわけではないので，自己決定権を前提した説明とはいえない。

末期がんの患者の場合，家族に対しても説明されることが多いと思われるが，物心両面において患者の治療を支え，患者の生活の配慮をできる家族へ説明することは，患者が家族の協力と配慮の下に，安らかで充実した余生を送ることを可能とする点で，患者自身に保護された利益であるといえる。そして，もともと医師は，診療契約上の義務として，患者に対し，診療結果等の説明義務を負っており，自己決定の前提とならない場合にも説明義務が認められるべきものである。

もっとも，自己決定権というものを，治療選択についての決定権と限定せずに，自己が日常生活を送る上でいかなる生活を送るかについての決定というように広く捉えると，がんの告知の問題も自己決定権についての前提としての説明義務ということができる。

> **Q50** 患者に対し必ず真実の病名を告知すべきか。

A 患者ががん等の非常に重篤な疾患にかかっている場合，本当の病名を告知すべきかという問題がある。

①原則として真実を告知をすべきであるとする見解，②患者が告知を希望するかで決めるべきであるとする見解，③医師の裁量に委ねられるとする見解などがある。

真実の病名を告知することによって，患者が治療意欲を消失したり，やけになったりすると，今後の治療に悪影響を与えることになり，相当でないが，他方，すべてを知りたいという患者もかなりいることも確かなところである。

最高裁判決としては，最判平7・4・25民集49巻4号1163頁と最判平14・9・24判タ1106号87頁の2件ある。

もっとも，がん告知をしたこと，あるいは，しなかったことが中心の争点ではなく，前者は，「胆のうがんの疑いがあったのに，がんの疑いがあると説明せずに，胆石がひどく胆のうも変形していて早期に手術が必要であると説明したこと」が説明義務に違反しないか，後者は，「末期がんであることを家族に知らせなかったこと」が説明義務に違反しないかが争点となったものである。前者は説明義務違反を否定し，後者は肯定している。

最判平7・4・25

事案

消化器内科の医師は，昭和58年3月2日に初めて患者A（女性）を診察し，それまでの検査結果等から胆のうの進行がんを強く疑ったが，Aの性格，家族関係，治療方針に対する家族の協力の見込み等が不明であり，その疑いをAに直接告げた場合には精神的打撃を与えて治療に悪影響を及ぼすおそれがあることから，A本人にはこれを説明せず，精密な検査を行った後にAの家族の中から適当な者を選んでその結果及び治療方針を説明することにし，「胆石がひどく胆のうも変形していて早急に手術する必要がある」と説明して入院を指示した。その後，Aは，一旦入院の予約手続をしたが，入院せず，同年6月病状が悪化して別の病院に入院し，胆の

うがんと診断されて治療を受けたが，同年12月22日死亡した。Aの相続人が胆のうがんの疑いがある旨の説明をしなかったことが診療契約上の債務不履行に当たると主張して損害賠償を請求した。

判断
　医師にとっては，Aは初診でその性格等も不明であり，本件当時医師の間ではがんについては真実と異なる病名を告げるのが一般的であったことからすると，Aにがんの疑いを告げず，まずは手術の必要な重度の胆石症であると説明して入院させ，その上で精密な検査をしようとしたことは，不合理であるということはできず，Aがその後に医師に相談せずに入院を中止したため，同医師がAの家族への説明の機会を失ったというのであるから，結果として家族に対する説明がなかったとしても医師の責めに帰せしめることは相当でない。およそ患者として医師の診断を受ける以上，十分な治療を受けるためには専門家である医師の意見を尊重し治療に協力する必要があるのは当然であって，そのことをも考慮するとき，上記の経緯の下においては，医師がAやその家族に対して胆のうがんの疑いがある旨の説明をしなかったことを診療契約上の債務不履行に当たるということはできない。

最判平14・9・24

事案
　患者Aは，平成2年11月，Y病院の診察において，肺の進行性末期がんに罹患していることが判明したが，その時点では治癒・延命可能性はなく，疼痛に対する対症療法を行うしかない状態であり，Y病院の担当医師は，A本人にその旨を告知することは相当ではないと判断し，家族への告知を考え，Aに家族の同行を求めたが，Aがこれを拒んだことから，医師もそれ以上家族関係について尋ねたりすることはなかった。その後も，平成3年3月の最終通院時まで，Y病院の医師は，疼痛療法を施すのみで，Aの家族への連絡を試みることはなかった。Aは，平成3年3月になって他の病院を受診したところ，その2週間後には，同病院の医師からAの長男に対し，Aが末期がんである旨の説明がされた。Y病院の担当医師に説明義務違反があったとして，損害賠償の請求がされた。

IV 説明義務

> **判断**
> 患者が末期的疾患に罹患し余命が限られている旨の診断をした医師が患者本人にはその旨を告知すべきではないと判断した場合には，患者本人やその家族にとってのその診断結果の重大性に照らすと，医師は，診療契約に付随する義務として，少なくとも，患者の家族等のうち連絡が容易な者に対しては接触し，同人又は同人を介して更に接触できた家族等に対する告知の適否を検討し，告知が適当であると判断できたときには，その診断結果等を説明すべき義務を負うものといわなければならない。なぜならば，このようにして告知を受けた家族等の側では，医師側の治療方針を理解した上で，物心両面において患者の治療を支え，また，患者の余命がより安らかで充実したものとなるように家族等としてのできる限りの手厚い配慮をすることができることになり，適時の告知によって行われるであろうこのような家族等の協力と配慮は，患者本人にとって法的保護に値する利益であるというべきであるからである。
> Aの診察をした医師は，一応はAの家族との接触を図るため，Aに対し，入院を一度勧め，家族を同伴しての来診を一度勧め，あるいはカルテに患者の家族に対する説明が必要である旨を記載したものの，カルテにおけるAの家族関係の記載を確認することや診察時に定期的に持参される保険証の内容を病院の受付担当者に確認させることなどによって判明するAの家族に容易に連絡を取ることができたにもかかわらず，その旨の措置を講ずることなどしなかった。そうすると，Y病院の医師らの上記のような対応は，余命が限られていると診断された末期がんに罹患している患者に対するものとして不十分なものであり，同医師らには，Aの家族等と連絡を取るなどして接触を図り，告知するに適した家族等に対してAの病状等を告知すべき義務の違反があったといわざるを得ない。

両判決の違いを検討する。

最判平7・4・25は，入院中に患者の家族に胆のうの進行性末期がんであることを説明する予定で，別の病名を告げて入院を勧めたが，患者においていったん入院手続をとりながら入院・来院をしなかったという事案で，患者の協力が得られなかったというものであるのに対し，最判平14・9・24は，余命が1年と診断された患者が通院しており，連絡が容易な家族が存在し，その家族が現

実に患者の終末のための配慮をなし得たという状況において，家族への連絡が容易であったのに連絡を試みなかったという点で，結論を異にしていると考えられる。

　医師としては，初診時にいきなりがん等の重大な病名を告知するのではなく，医師と患者との間にある程度信頼関係が構築されてから告知をするとの判断は，安易な告知が患者に与える精神的な影響を考慮すると，妥当なものであるといえる。ただし，その患者が，大した病気ではないと勘違いして病院に来なくなることは避ける必要があり，その点の配慮は必要である。

　患者としても，医師の診断を受ける以上，十分な治療を受けるためには専門家である医師の意見を尊重し治療に協力する必要があるのは当然であって，入院したり，診察を受ける必要がある旨告げられていながら，来院しない患者については，医療機関がフォロー・追跡することは，多数の患者を抱える医療機関においては，現実的に難しく，そのような義務はないと解するのが相当である。

　いずれの判決も，診療契約に付随する義務として，一定の限定の下で，患者の家族等に対する告知義務を肯定した。我が国では，これまで，患者本人に病名等の告知をすることが相当でないときには，患者の家族に告知することが行われてきたと考えられるが，患者本人への告知が相当でないとされるときには，家族に告知することによって，当該家族による協力が期待でき，患者が適切な治療（本件のような終末医療を含む）を受けることができるようになり，また，患者の意思に沿った余生を送ることの支援ができることにもなると考えられる。最判平14・9・24は，自己決定権の前提としての説明義務ではなく，患者に残された時間が長くないことを知った家族等により手厚いケア等を受ける機会を保障することを保護法益とするものであるが，それが患者本人の利益であるとしたものである。

　なお，上記の各判決は，昭和58年あるいは平成2，3年のことを述べたものであり，現在では，がんも不治の病ではなくなりつつあり，本人に告知するのが大半になっており（国立がんセンター『がん告知マニュアル』（http://pod.ncc.go.jp/documents/communication01.pdf），告知後どのようにがん患者を支援していくかということが重要であるとされている（厚生労働省・がん対策推進基本計画（http://www.mhlw.go.jp/bunya/kenkou/gan_

keikaku.html）参照）。

> **Q51** 医師において患者の家族に対して説明するのが相当であると考えた場合，誰に対して説明すべきか。

A 最判平14・9・24判タ1106号87頁（**Q50**参照）は，末期がんの告知について，本人に告知するのが相当でない場合，「少なくとも，患者の家族等のうち連絡が容易な者に対しては接触し，同人又は同人を介して更に接触できた家族等に対する告知の適否を検討し，告知が適当であると判断できたときには，その診断結果等を説明すべき義務を負う」と判示している。

　診療契約上の義務は患者に対する説明義務と考えられるが，それが相当でない場合には，診療契約に付随する義務として，患者の家族等に説明することを求めたものと解される。

　上記最判は，少なくとも「患者の家族等のうち連絡が容易な者」ということを掲げており，通院患者につき連絡の容易な家族等の典型といえば，患者に付き添っている者である。付添いで来ていれば，患者を心配して一緒に来院していると考えられるところであり，その者が患者と一定の身分関係にある場合には，その者に対して告知することになろう。

　患者に付添人がいない場合には，医療機関はどこまでの調査義務を負担するかが問題となる。家族関係は千差万別であり，患者への協力が期待できない家族や患者本人が告知を欲しないであろう家族がいることも考えられるのであるから，患者の家族等の中から告知に適する者を探して告知するというやり方には，たとえ告知に適した家族がいたとしても，それなりの時間と手間がかかると思われる。また，個人情報保護の問題もあり，患者ががんに罹患しているというような重大な情報を，患者以外の者に明らかにするのは慎重でなければならないという要請もある。そうすると，健康保険証に記載されているなど医療機関において容易に知ることができる配偶者や親子関係にある者に限って，告知を試みる義務が生じると解するのが相当であると思われる。そして，その者に連絡を試みたが，連絡がとれない場合，あるいは，連絡がとれてもその者が来院を希望しなかった場合は，それ以上告知すべき者を探すべき義務はなく，

後は患者本人に対し告知するか，誰かを連れてくるように説明するのが相当であろう。

なお，厚生労働省が定める「医療・介護関係事業者における個人情報の適切な取扱いのためのガイドライン」（平成16年12月。平成22年9月改正）及びそれに関するＱ＆Ａ（事例集）（平成17年3月。平成25年4月改訂）においては，家族等への説明について次のとおり定めている。

「患者の病状等によっては，第三者である家族等に病状等の説明が必要な場合もあるが，この場合，患者本人に対して，説明を行う対象者の範囲，説明の方法や時期等について，あらかじめ確認しておくなど，できる限り患者本人の意思に配慮する必要がある」

「医療機関等においては，患者への医療の提供に際して，家族等への病状の説明を行うことは，患者への医療の提供のために通常必要な範囲の利用目的と考えられ，院内掲示等で公表し，患者から明示的に留保の意思表示がなければ，患者の黙示による同意があったものと考えられる」

「本人の同意が得られない場合であっても，医師が，本人又は家族等の生命，身体又は財産の保護のために必要であると判断する場合であれば，家族等へ説明することは可能である（個人情報保護法23条1項2号に該当）」

4 宗教的人格権

Q52 輸血を拒む意思を表示している患者に対し，手術するにあたりどのような説明をすべきか。

A 患者が宗教的な理由から輸血を拒否する意思を有している場合の説明義務に関する最高裁判決として，最判平12・2・29民集54巻2号582頁がある。

最判平12・2・29

事案
　エホバの証人の信者である患者Ｘが，医師に対して輸血を拒否する意思を明確に

表示していたにもかかわらず，肝臓の腫瘍を摘出する手術を受けた際に輸血され，これによって精神的損害を被ったとして，Y病院を設置，運営している国及び手術に携わった医師らを被告として損害賠償を請求した。

判断
①患者が，輸血を受けることは自己の宗教上の信念に反するとして，輸血を伴う医療行為を拒否するとの明確な意思を有している場合，このような意思決定をする権利は，人格権の一内容として尊重される。

②Y病院においては，外科手術を受ける患者が「エホバの証人」の信者である場合，信者が，輸血を受けるのを拒否することを尊重し，できる限り輸血をしないことにするが，輸血以外には救命手段がない事態に至ったときは，患者及びその家族の諾否にかかわらず輸血する，という方針を採用していた。

③Y病院では，Xが宗教上の信念からいかなる場合にも輸血を受けることは拒否するとの固い意思を有しており，輸血を伴わない手術を受けることができると期待してY病院に入院したことを医師らが知っていた。

②及び③の事実関係の下では，医師らは，手術の際に輸血以外には救命手段がない事態が生ずる可能性を否定し難いと判断した場合には，手術実施前に，Xに対し，Y病院としてはそのような事態に至ったときには輸血するとの方針を採っていることを説明して，Y病院への入院を継続した上，手術を受けるか否かをX自身の意思決定にゆだねるべきであった。しかるに，医師らは，手術に至るまでの約1か月の間に，手術の際に輸血を必要とする事態が生ずる可能性があることを認識したにもかかわらず，Xに対してY病院が採用していた②の方針を説明せず，Xに対して輸血する可能性があることを告げないまま手術を施行し，②の方針に従って輸血をした。

そうすると，医師らは，説明を怠ったことにより，Xが輸血を伴う可能性のあった手術を受けるか否かについて意思決定をする権利を奪ったものといわざるを得ず，この点においてXの人格権を侵害したものとして，Xがこれによって被った精神的苦痛を慰謝すべき責任を負うものというべきである。

本判決が争点としているのは，輸血を拒否している患者に対し輸血をしたことが医師の注意義務に反するかというものではなく，予め患者から外科手術時

の輸血拒否の意思が明示的に示されている場合には，輸血することがあることを説明すべきであると判示したものである。当該患者が宗教上の信念からいかなる場合にも輸血を受けることを拒否するとの固い意思を有しており，そのことを医師らが知っていたのであり，手術の際に輸血以外には救命手段がない事態が生ずる可能性を否定し難いと判断していたのであるから，手術に至るまでの約1か月の間に，輸血する可能性があることを告げるべきであったといえる。

　救命に輸血を拒否するいわゆる「絶対的無輸血」の意思について保護すべき自己決定権といえるかは争いがある。宗教上の信念に基づく患者の自己決定権を尊重すべきとする価値（原理）とおよそ人の生命は崇高なものとして尊重されるべきであるとする価値（原理）の衝突とされている。学説においては，「絶対的無輸血」の意思は，公序良俗違反であり無効であるとする見解，それが自己の信念に基づく決定である限り他人が軽々に介入する問題ではないとして公序良俗に反せず尊重すべきであるとする見解などがある。

　本判決は，この点について触れたものではなく，手術中に輸血をしたことの当否については何ら判断していないと解される。本判決は，輸血を伴う医療行為を拒否するとの明確な意思（絶対的無輸血）につき人格権の一内容として尊重されると判示するが，このような意思が不法行為上保護される利益であることを明示したものであり，いかなる場合にもその意思が最優先されることを述べたものではない。

　医師には本判決に対する批判が強い。しかし，本判決は，上記のとおり，患者が宗教上の信念からいかなる場合にも輸血を受けることを拒否するとの固い意思を有していること，医師がそのことを知っており，手術の際に輸血以外には救命手段がない事態が生ずる可能性を否定し難いと判断していたことからすると，医師は患者に対し手術に際して輸血する可能性があることを告げるべきであったことを判示したものである。この意味では，この最高裁判決は，ほぼ異論のない判決であろうと思われる。

　なお，本判決の説明義務違反による損害額については，**Q78**参照。

(参考文献)

吉田邦彦「信仰に基づく輸血拒否と医療」太田幸夫編著『新裁判実務大系Ⅰ　医療過誤訴訟法』（青林

書院，2000）53頁，平野哲郎「新しい時代の患者の自己決定権と医師の最善義務」判タ1066号（2001）19頁，佐久間邦夫「判解」最判解民平成12年度（上）115頁。

> **Q53** 病院に救急搬送されて来た患者が輸血を拒否した場合，医師はその意思を尊重すべきか。

A 救急で患者が運びこまれ，明示的に輸血を拒否したが，そのまま輸血しなければ死を免れないという場合などは，医師はどうすべきか。この点について判示した最高裁判決はない。

直ちに手術をしなければならないというような緊急性がない場合には，輸血を拒否する患者に対して輸血を要すると考えられる手術をする必要はなく，転医することを勧めることになる（転医しなければ，その患者は，当該病院の意向に従ったものと考えられるので，手術時に輸血をしても注意義務違反はないと考えられる）。輸血については可能な限り無輸血治療を実施している医療機関が存在するようである。

しかし，緊急時で直ちに輸血をしなければ死を免れないあるいは重大な後遺症が残る可能性が高いという場合には，患者の選択にゆだねる時間的余裕はなく，患者が輸血を拒否するということは自殺行為に等しく，正常な判断能力を有する意思決定とは解しがたく，輸血によって救命したことにつき注意義務違反に問われることは考え難い。輸血を拒む本人の意思が真意といえるか疑われるところであり，輸血行為は，事務管理として是認できる。

輸血の問題を離れて一般的にいえば，患者本人あるいは近親者の同意がなければ手術等の医療行為を行えないのが原則であるが，例外的に，本人あるいは近親者の不同意が独自の価値観等に基づいており，合理性を明らかに欠くものであって，当該医療行為が患者の救命等のために不可欠で緊急性を要する場合には，医師は当該医療行為を行うことができると考えるのが相当である。生命短縮の自己決定を是認できるのは，終末期（尊厳死）医療を除いては考えられないと思われる（終末期（尊厳死）医療については，それ自体，生きるとは何かなど根源的な問題と連なる大きなテーマである）。

なお，平成19年5月にエホバの証人の信者である妊婦が，ある大学病院に

おいて，帝王切開の手術を受けたが，手術中に大量出血し，輸血を受けなかったため死亡したことがあった（平成19年6月19日付け毎日新聞）。その事案では，病院が本人との間で，輸血をしないために生じた事態については病院は責任を負わない旨の同意書を取り交わしており，刑事事件にも民事事件にもならなかったようであるが，病院が採った措置には疑問があるように思う（免責の合意が有効かという問題点もあり得る）。当該大学病院としては，手術中に輸血をしなければならない場合があることを説明し，それを拒むのであれば，転医するように勧告すべきではなかったか（もっとも，このように考えると，無輸血治療を実施している病院がどの程度存在するかによるが，付近にそのような病院が存在しない場合，エホバの証人の信者である患者はどうすればよいのかという問題はあるのかもしれない）。

> **Q54** 医師が無輸血手術の見込みで手術に臨んだが，予想外の出血に直面して輸血をした場合，医師に責任はあるか。

A この場合の争点としては，2点ある。①事前に万やむを得ない場合には輸血をすることについての説明をしなかった点で説明義務違反が認められるか，②輸血をしたことについて注意義務違反が認められるか，という点である。

①については，どの程度予測できたのか，およそ予測ができなかったのかによって異なることになると考えられる。およそ予測できなかった出血のために止むなく輸血したという場合であれば，説明義務違反は認められないということになろうが，通常，およそ予測できなかったということはあまりないように思われるので，説明義務違反が問われる可能性が高いといえる。

②の点については，**Q53**のとおり，医師が責任を負うことはないと考えるのが相当である。

5 顛末報告義務

> **Q55** 顛末報告義務とは何か。

A 顛末報告義務は，治療行為が終わった後，その結果を患者等に報告するものである。治療行為が既に終わった後の説明であり，もはや自己決定権を行使する場面は終了したのであるから，自己決定権の前提としての説明義務は想定されない。そして，それに療養指導等を含まない場合には，単に結果を説明するだけで，その説明をしなかったとしても，治療に悪影響を与えるということもない。

しかし，診療契約は，準委任契約と解されており，受任者の顛末報告義務（民645条）に基づき，医師は患者に対し診療結果を報告すべき義務があると解されるし，診療契約に付随する義務あるいは信義則上の義務という捉え方も可能であろう。すなわち，患者や遺族は，疾病の原因等を知ることに対する法的利益を有していると考えることができ，説明をしないことはその法的利益を侵害していると解される。もっとも，医療行為により悪い結果が発生していない場合には，説明がなかったことにより精神的苦痛を被ったといえるか疑問であるし，それは法的保護に値する利益とまではいえず，死亡又は重大な後遺症といった結果が生じた場合に限って説明義務が生じるとする見解もある（剱持淳子「医師の顛末報告義務」判タ1304号（2009）44頁）。

説明義務といっても，特に問題なく医療行為が終わった場合には，簡単に説明すれば足りるであろうし，担当医師が多忙であれば，別の医師等が説明することも許される。なお，治療の失敗に関する報告義務を認めたものとして，山口地判平14・9・18判タ1129号235頁がある。

患者が死亡した場合に，家族に対する報告義務が認められるかについては，最高裁判例はないが，診療契約に付随する義務あるいは信義則上の義務として，家族に対して説明すべき義務があると考えられる（東京高判平10・2・25判タ992号205頁，東京高判平16・9・30判時1880号72頁参照）。家族に対する説明義務を認める根拠としては，ほかに，診療契約が第三者のためにする契約を包含する，顛末報告請求権を相続するという構成も考えられる。

(参考文献)
劔持淳子「医師の顛末報告義務」判タ1304号（2009）35頁。

> **Q56** 医療機関は死因を解明すべき義務を負うか。

A 医療機関は死因解明義務や病理解剖をすべき義務を負うかという問題がある。

一般的に，死因が明確でない場合，医療機関において，患者の家族の同意を得て，病理解剖等を実施するものと思われる。患者の家族の同意が得られない場合には，実施することができないことはやむを得ない。

これに対し，患者側が病理解剖をして死因の検討を要望した場合に，医師はそれを行うべき義務があるかが問題となる。

診療契約を患者の生命，身体，健康の維持・回復に努めるべき義務と位置づけると，患者が既に死亡している以上，医師においてもはや何かをすべき義務を負うものではないとみることもできる。しかし，診療契約においては，医師は，患者やその家族に対し，顛末報告義務があり，死因が不明なままであれば，顛末を報告したことにはならないことからすると，医師において，死因が判然としない場合，患者の家族からの求めがあれば，診療契約に付随する信義則上の義務として，病理解剖を実施するなどして，原因を究明すべき義務があると解するのが相当である（広島地判平4・12・21判タ814号202頁，東京地判平16・1・30判タ1194号243頁等。これに対し，原因究明義務に否定的な裁判例として，東京高判平10・2・25判タ992号205頁がある）。

6 まとめ

> **Q57** 説明義務の範囲と医療水準は，どのような関係にあるか。

A 医師の説明義務の有無や内容については，過失判断での議論と異なるものではなく，抽象的に述べれば，「診療当時のいわゆる臨床医学の実践におけ

る医療水準」にかなった説明をする義務があるといえる。

　最判昭57・3・30判タ468号78頁は，光凝固療法に関する説明指導義務及び転医指示義務に関して，このことを明示しているので，医療水準が説明義務においても基準となる。すなわち，「医療水準」（安全性・有効性が確立しているもの）となっている治療法等について説明する義務があるし，医療水準となっていない治療法等については説明すべき義務はない。そして，説明義務が自己決定の前提となるものであるから，自己決定をできる程度に説明すべき義務があるといえる。診療契約は，通常の契約とは異なって，契約締結時において，説明すべき内容が決まっているわけではなく，患者の症状に応じて，説明すべき内容も変遷する。

　もっとも，未だ医療水準になっていない治療法等であっても，患者が関心を持っていたなどの場合には，説明義務が認められることがある（**Q46**参照）。末期がん患者に対する告知など，もはや治療法がなくなった場合においても，家族等としてのできる限りの手厚い配慮をすることができるために患者の病状等の説明義務が認められている（**Q49**参照）。

　このようにみると，説明義務の範囲が，過失判断における医療水準よりも広いということができる。過失判断では，診療当時の当該医療機関に求められる医療水準の医療行為をしていれば，過失を問われることはないが，説明義務の場面では，それでは不十分とされることがある。これは，説明義務を前提とする自己決定権が，単に適切な治療を受けるかという観点だけではなく，自己のライフスタイル等とも関係していることを示しているといえる。

　最良の選択肢が一つしかない場合には，医師の説明がされて患者がそれに同意するということになるが，複数の選択肢がある場合には，医師による情報を患者が共有し，決定していく過程が重要である（土屋裕子「医療訴訟にみる患者の自己決定権論の展開と展望」ジュリ1323号（2006）135頁等参照）。その場合，医師は，考えられる情報を機械的に漏れなく伝達するというのが望ましい医師と患者の関係ではなく，当該患者にとって重要な価値を実現するために必要な情報を提供することが望ましい。

V 因果関係

1 高度の蓋然性

Q58 医療訴訟における因果関係は、どのように判断するか。

A 患者等の医療機関等に対する損害賠償請求が認められるためには、医師等の過失と結果発生との間に因果関係があることを要する。医師等に過失があったとしても、死亡や後遺症等の結果発生との間に因果関係がない場合には、損害賠償請求は棄却される（いわゆる相当程度の可能性や期待権侵害については、**Q64〜71**参照）。

因果関係については、①行為と結果との間に客観的な意味での原因結果関係（「あれなければこれなし」の関係）が認められるか否かの問題、すなわち事実的因果関係の存否の問題と、②当該結果に伴い被害者に生じた損失のどこまでをてん補すべき対象として採り上げるかの問題、すなわち相当因果関係の存否の問題の二つがある（②については、責任の範囲を決定するための「相当因果関係」の有無の問題（保護範囲）と、損害賠償の対象となる損害の金銭の評価の問題に分ける見解も有力であり（平井宜雄『損害賠償法の理論』[東京大学出版会、1971] 142頁等）、実務的にも、表現はともかく、実質的にはそのような枠組みで相当因果関係の判断がされているといえる）。

例えば、ある時点で手術をすべきであったのに経過観察としたことが過失であるといえる場合、その時点で手術をしていれば、死亡等の悪い結果が生じなかったといえるかというのが①の因果関係の問題である。この問題では、仮にその時点で手術をしていたとしても、既に手遅れであり、結果は変わらなかったというのであれば、因果関係が認められないということになる。

②は、医師の過失行為と悪い結果との間に事実的因果関係が認められることを前提として、いかなる損害が認められるか、逸失利益は認められるか、介護費用はどうかという問題である。つまり、②の相当因果関係については、被害者に生じた損害のどこまでを加害者に賠償させるのが相当かという問題である（②については**Q73, 74**参照）。以下のQでは、①の事実的因果関係の問題を

扱う。

(参考文献・因果関係全般につき)
溜箭将之ほか「共同研究・医療と法の最先端を考える」ジュリ1330号（2007）75頁，萩原孝基「因果関係一般」秋吉419頁，浦川ほか「医療訴訟の因果関係論」332頁〔柴田崇・松井菜採〕，秋吉仁美「因果関係」髙橋543頁，黒野功久「因果関係」福田ほか634頁。

Q59　因果関係の判断はどの時点の資料に基づいて判断するか。

A　因果関係の判断は，口頭弁論終結時の医学的知見による。医師に過失があったかについては，医療行為当時の医療水準に照らして不適切なものであったかが問われるが（**Q9**参照），因果関係の存否については，純粋に因果関係があったかの問題であり，口頭弁論終結時までに判明している最新の医学的知見によって判断することになる。

Q60　因果関係の証明度は，どの程度のものを要するか。

A　損害賠償請求権が発生するためには，①因果関係の出発点である「特定の事実」（医療訴訟では過失行為）が存在すること，②因果関係の終点とされる「特定の結果」（死亡や後遺症等の権利侵害の事実とそれによる損害の発生）が存在すること，③①の事実によって②の結果が発生したことが必要であるが，③が因果関係の問題である。

因果関係は，不法行為構成と債務不履行構成のいずれにおいても，損害賠償請求権の発生要件であり，それに該当する事実の主張立証責任は，損害賠償請求権が発生したと主張する原告（患者側）にある。

その立証については，事実的因果関係といっても必然的に法的評価が必要となるものであり，「訴訟上の因果関係の立証は，一点の疑義も許されない自然科学的証明ではなく，経験則に照らして全証拠を総合検討し，特定の事実が特定の結果発生を招来した関係を是認し得る高度の蓋然性を証明することであ

り，その判定は，通常人が疑いを差し挟まない程度に真実性の確信を持ち得るものであることを必要とし，かつ，それで足りる」（最判昭50・10・24民集29巻9号1417頁）とされている。因果関係の立証は，過失行為と結果発生との間に高度の蓋然性があることが認められることが必要であり，相当程度の可能性では足りない。「高度の蓋然性」というのは，数字で現すことは困難であるが，あえて数字で説明すると，80％程度確かであるという状態を指すと考えられる。

Q61 因果関係の立証はどのようにして行うか。どの程度立証できると，高度の蓋然性があるといえるのか。

A 患者側は，医師等の過失と結果発生との因果関係を証明しなければならないが，因果関係の証明は，必ずしも医学的な機序を明らかにする必要はなく，間接事実から因果関係を推認する方法による立証が可能であり，最高裁もそのような立証で足りることを認めている。つまり，自然科学的に証明できなくとも，間接事実の総合評価によって因果関係を立証することができる。

その場合の間接事実としては，悪い結果が生じていることは争いがないので，①医師等の過失行為がどの程度当該原因として考え得るのか，②他の原因が当該原因としてどの程度考え得るのか，という観点から検討し，①の可能性がかなり高く，②の可能性がかなり低ければ，因果関係が認められるということになる。

代表的な判例である最判昭50・10・24民集29巻9号1417頁（ルンバール事件）もそのような事例である。

最判昭50・10・24

事案

当時3才の患者Xが，化膿性髄膜炎のため入院中，治療を受けて次第に重篤状態を脱し，一貫して軽快しつつあったが，昭和30年9月17日午後零時30分から1時頃までの間に医師によりルンバール（腰椎穿刺による髄液採取とペニシリンの髄

腔内注入）の施術を受けたところ，その15分ないし20分後突然に嘔吐，けいれんの発作等を起し，知能障害，運動障害等の後遺症が残った。ルンバールの施術とけいれん発作・その後の障害との因果関係が争われた。Xはルンバールの施術により脳出血が生じて発作が起こったと主張し，医療機関は化膿性髄膜炎が再燃して発作が起こったものであると主張した。

判断
　①脆弱な血管の持主で入院当初より出血性傾向が認められたXに対しルンバールを実施したことにより脳出血を惹起した可能性があること，②Xのけいれん発作後少なくとも退院まで，けいれん発作とその後の病変が脳出血によるものとして治療が行われており，鑑定人Aは，本件発作が突然のけいれんを伴う意識混濁で始り，後に失語症，右半身不全麻痺等をきたした臨床症状によると，発作の原因として脳出血が一番可能性があるとしていること，③脳波研究の専門家である鑑定人Bは，結論において断定することを避けながらも，Xの脳波記録につき「これらの脳波所見は脳機能不全と，左側前頭及び側頭を中心とする何らかの病変を想定せしめるものである。即ち鑑定対象である脳波所見によれば，病巣部乃至は異常部位は，脳実質の左部にあると判断される」としていること，④けいれん発作はルンバール実施後15分ないし20分を経て突然に発生したものであること，⑤けいれん発作は，Xの病状が一貫して軽快しつつある段階において生じていること，⑥化膿性髄膜炎の再燃する蓋然性は通常低いものとされており，当時これが再燃するような特別の事情も認められなかったこと，以上の事実関係からすると，他に特段の事情が認められないかぎり，経験則上けいれん発作とその後の病変の原因は脳出血であり，これがルンバールによって発生したものというべく，結局，Xのけいれん発作及びその後の病変とルンバールとの間に因果関係を肯定するのが相当である。

　上記判断の①～④は，ルンバールが原因であることの間接事実又は証拠であり，⑤，⑥は他の原因が考えにくいことを示す間接事実である。
　Xは，重篤な化膿性髄膜炎に罹患し入院中であったことからすると，それが再燃してけいれん発作が生じた可能性があるし，もともとルンバール施術から脳出血を経て発作が生じる確率はかなり低いことなどを考慮して，原審は，因果関係があるといえないとしたものであるが，最高裁は，ルンバール実施後す

ぐにけいれん発作が生じているし，他の原因は可能性としてかなり低いことなどから，けいれん発作の原因はルンバールを実施したからであると考えるのが経験則に合致し，高度の蓋然性の証明できたと考えたわけである。すなわち，ある行為と結果発生との間に時間的な接近性があればあるほど，その結果はその行為が原因であると考えられるという一般的な経験則に依っているといえるし，高度の蓋然性といっても他の可能性を全く否定しなければならないものではないことを示しているといえる。

　以下では，最高裁で因果関係（高度の蓋然性の立証がされたか）が争われたものを掲げたが，「高度の蓋然性」といっても，高いレベルの立証を求めているものではない（伊藤眞「証明度をめぐる諸問題－手続的正義と実体的真実の調和を求めて」判タ1098号（2002）6頁は，ルンバール事件等を取り上げて，「高度の蓋然性という証明度の抽象的基準こそ維持されているものの，実際には優越的蓋然性があれば主張事実が認められるのが通常である」と指摘している）。

　最判平11・3・23判タ1003号158頁（**Q18**参照）は，手術中の手技の過失が争われた事案で，病院側は高血圧性脳内出血が生じたものであり，手技の過失とは因果関係がない旨主張したが，判決は，「高血圧性脳内出血が小脳に発生する確率は約1割程度にすぎない」と判示して（他の理由も挙げているが），手技の過失があったとの認定に影響しないと判示している。つまり，1割程度他の可能性が考えられるとしても，認定に影響しないという考え方が示唆されているといえる。

　最判昭39・7・28民集18巻6号1241頁は，考えられるいくつかの結果発生の可能性から，関係の薄いものを排除して最終的に残った原因を探求するという，消去法による推定方法を是認している。

　医療水準と医療慣行は異なるとした最判平8・1・23民集50巻1号1頁（**Q12**参照）は，血圧測定を2分間隔ではなく，5分間隔でしていたことが過失であるとするが，その差は，最大で3分であり，果たして2分間隔で血圧測定をしていると，より早期に状態の悪化を知ることができ，別の経過をたどっていたといえるかについて疑問の余地もあるが，最高裁は，あっさりと因果関係を認めている。

　最判平21・3・27判タ1294号70頁（**Q18**参照）は，麻酔薬の過剰投与が

争点となったものであるが,最高裁は,「麻酔薬を併用投与する場合においても,投与量を調整して患者の年齢や全身状態に即した量を投与していれば,通常であれば患者に心停止が生じて死亡するほどの重大な副作用が発生することはないといえる」という一般論から,過失と因果関係を推認しており,患者側はとくに立証をする必要はないことになる。つまり,医師において,麻酔薬の投与量を調整してもなお患者の死亡を避けることができなかったというような事情を立証しなければならないが,その立証は困難であり,麻酔による死亡は医師に過失があり,それにより死亡したとみなされるような構造になっており,麻酔で死亡することはないであろうという考え方が根底にみえる。

上記のほかに,因果関係が争われた最高裁判決は次のとおりである。

最判昭44・2・6民集23巻2号195頁

事案及び判断

水虫の治療としてのレントゲン線照射と皮膚癌の発生との間の因果関係が争われた事案について,次の3つの事実から因果関係を認めている。

①レントゲン線照射と癌の発生との間に統計上の因果関係があり,しかも,レントゲン線照射を原因とする皮膚癌は他の発生原因と比べると比較的多い。

②患者は,昭和25年4月19日から昭和27年7月29日までの約2年3か月の間に前後44回にわたり水虫にかかつていた左右足蹠の部分に合計5040レントゲン線量の照射を受けた。

③皮膚癌は,その照射部分についてのみ発生した。

最判平3・4・19民集45巻4号367頁

事案

昭和43年に生後6か月の幼児が痘そうの予防接種を受けたが,種痘後脳炎に罹患し,両下肢麻痺,知能発達障害が残ったことについて,医師の問診義務違反と因果関係が争われた。

> **判断**
> 　予防接種を受けた者に重篤な後遺障害が生じた場合，原因としては，①被接種者が禁忌者に該当していたこと，②被接種者が後遺障害を発症しやすい個人的素因を有していたことが考えられるが，禁忌者として掲げられている事由は，一般通常人がなりうる病的状態，比較的多くみられる疾患又はアレルギー体質であり，①の可能性が②の可能性よりもはるかに大きいものというべきであるから，被接種者に後遺障害が発生した場合，当該被接種者は禁忌者に該当していたことによって後遺障害が発生した高度の蓋然性があると認められる。

　本判決は，後遺障害が発症した原因としては二つ考えられるが，一方が可能性としてはるかに高い場合には，それが原因であることが高度の蓋然性をもって確かであると認めることができるとしたものであり，医学的な機序についての立証を要しないとしたものである。

> **最判平18・6・16民集60巻5号1997頁**
>
> **事案**
> 　B型肝炎を発症したXらが，昭和44，45年頃の幼児期（0〜6歳時）に受けた集団予防接種等（予防接種及びツベルクリン反応検査）によってB型肝炎ウイルスに感染し，成人になって肝炎を発症したと主張して，集団予防接種等を各自治体に実施させた国に対し，損害賠償を請求した。
>
> **判断**
> 　①B型肝炎ウイルスは，血液を介して人から人に感染するものであり，その感染力の強さに照らし，集団予防接種等の被接種者の中に感染者が存在した場合，注射器の連続使用によって感染する危険性があること，②Xらは，最も持続感染者になりやすいとされる0〜3歳時を含む6歳までの幼少期に集団予防接種等を受け，それらの集団予防接種等において注射器の連続使用がされたこと，③Xらはその幼少期にB型肝炎ウイルスに感染して持続感染者となったこと，④Xらは，出産時にB型肝炎ウイルスの持続感染者である母親の血液が子の体内に入ることによる感染（垂直感染）により感染したものではなく，それ以外の感染（水平感染）により感

> 染したものであること，⑤昭和61年から母子間感染阻止事業が開始された結果，同年生まれ以降の世代における新たな持続感染者の発生がほとんどみられなくなったこと（この事実は，幼少児については，集団予防接種等における注射器の連続使用によるもの以外は，家庭内感染を含む水平感染の可能性が極めて低かったことを示すものである），⑥Xらは，集団予防接種等のほかには感染の原因となる可能性の高い具体的な事実の存在はうかがわれず，他の原因による感染の可能性は，一般的，抽象的なものにすぎないことなどからすると，集団予防接種等とXらのB型肝炎ウイルス感染との間の因果関係を認めることができる。

　上記判断の①〜④は，集団予防接種等によるのが原因である可能性がかなり高いこと，⑤，⑥は，他の原因となる事実はうかがわれないことを挙げて，因果関係を肯定している。

　以上の各最高裁判決をみると，医学的な機序が明らかでないものについても，かなりあっさりと因果関係を肯定しており，患者側において，因果関係を立証することが困難であるというものではないと考えられる。過失の判断と同様に（**Q18**参照），間接事実による推認や一般的な経験則によって因果関係を立証することが可能である。

Q62 過失行為が不作為の場合，因果関係はどのようにして判断するのか。

A　医師等の過失が不作為である場合の因果関係については，ある特定の時点で，本来こうすべきであったという作為義務を設定し，その作為義務が尽くされていれば，当該悪い結果が生じなかったことが高度の蓋然性をもって確かであると証明されることが必要である。不作為の因果関係について判示したものとして，最判平11・2・25民集53巻2号235頁がある（この事案ではどの程度の期間救命できたかが不明であったが，この点は**Q63**参照）。

> **最判平 11・2・25**
>
> **事案**
> 　肝細胞がん及び肝不全により死亡した患者Aの相続人が，当時の医療水準に応じAについて適切に検査を実施し早期に肝細胞がんを発見してこれに対する治療をすべき義務を怠ったと主張して，損害賠償を請求した。
> 　原審は，少なくとも6か月に一度は肝細胞がんの発生の有無につき兆候検査を実施すべき注意義務を負っており，検査を行っていたならば，遅くとも死亡する約6か月前までには，発見可能な最小程度の大きさの肝細胞がんを発見した高度の蓋然性があったと認められ，外科的切除術等が実施されていたならば，延命につながる可能性が高かったと見られるが，どの程度の延命が期待できたかは認定できないとして，因果関係を否定した（ただし，延命の可能性を奪われたことによる慰謝料300万円を認容）。
>
> **判断**
> 　（ルンバール事件の高度の蓋然性の判示を示した後），医師が注意義務に従って行うべき診療行為を行わなかった不作為と患者の死亡との間の因果関係の存否の判断においても異なるところはなく，経験則に照らして統計資料その他の医学的知見に関するものを含む全証拠を総合的に検討し，医師の不作為が患者の当該時点における死亡を招来したこと，換言すると，医師が注意義務を尽くして診療行為を行っていたならば患者がその死亡の時点においてなお生存していたであろうことを是認し得る高度の蓋然性が証明されれば，医師の不作為と患者の死亡との間の因果関係は肯定されるものと解すべきである。

　手術中に神経や血管を損傷したなどのように，患者の身体に対する物理的な行為がある場合には，その行為と死亡等との結果との因果関係が明らかなことが多いが，例えば，レントゲン画像の見落としにより適切な治療行為をしなかったという不作為の場合，ある時点で，ある医療行為をすべきであったという作為義務を設定し，それをしていれば，死亡等の悪い結果を避けることができたかということを検討することになる。ある時点で検査をすべきであったのにそれをしなかったことが過失であるという場合には，検査をしていればどのような所見が得られ，それによっていかなる治療等がされていたかを検討し，

そのような過程を経ていると，悪い結果を避けることができたかを検討することになる。

　作為の場合と比べると，一般的に因果関係の判断が難しいものになる。例えば，がん患者に対する検査義務違反がある場合には，その時点で検査をしていないので，がんがどの程度進行していたか（がんの深達度や他臓器への転移の有無等）が分からず，その時点で適切な治療を実施していれば死亡時点での死亡を避けることができたといえるかが明らかでなく，因果関係の判断が困難になる。

　もっとも，最判平16・1・15判タ1147号152頁（**Q67**参照）は，早期にスキルス胃がんの治療を開始していれば，より効果が得られたであろうことを推認しており，早期治療によって改善するとされている疾病については，より早期に発見されると，より効果が得られたであろうといえる。逆に，最判平17・12・8判タ1202号249頁（脳梗塞判決。**Q67**参照）のように，ゴールデンタイムとされている時期を過ぎると治療効果がないとされている疾患については，その時期に作為義務を設定することができるかが争点となる。

　不作為の因果関係の判断にあたっては，各種の統計資料も有力な証拠になる。経験則に照らして，統計資料その他の医学的知見に関するものを含む全証拠を総合的に検討して判断することになる。

　なお，不作為の場合，患者側の主張する過失と因果関係の関係は微妙である。例えば，レントゲン画像の見落としという過失を考えると，より早期の時点での過失を主張すると，因果関係の点では認められやすいが，医師の過失の点では難しくなり，死亡に近い時点の過失は認められやすいが，因果関係が難しくなるという関係にある。患者側としては，無理に過失を一つに絞る必要はなく，例えば，1月，5月，9月と3回レントゲン写真が撮影されており，9月のレントゲン写真において見落としがあることは立証できるが，その時点で治療を開始していれば死亡時点において救命できたことを立証できるか定かではない場合には，1月や5月時点の見落としによる過失も主張しておくことはよく行われている。

> **Q63** 医師が適切な医療行為を行っていたとしても,どの程度延命できたかが分からない場合でも,因果関係は認められるか。

A 医師に過失が認められる場合,医師が適切な医療行為を行っていたとしても,どの程度延命できたかがわからないときでも,過失と死亡との因果関係は認められる。

因果関係は,適切な医療行為を行っていたとしたならば,患者が「死亡の時点」においてなお生存していたことを是認し得る高度の蓋然性が証明できれば肯定されるのであり,どの程度生存していたかを認定することが困難であっても,因果関係は否定されない。

すなわち,最判昭50・10・24（ルンバール判決,**Q61**参照）は,因果関係について,「特定の事実」が「特定の結果発生」を招来した関係を是認し得る高度の蓋然性を証明することとしており,「特定の結果発生」とは,何年何月何日何時に死亡としたという結果であり,適切な医療行為をしているとその時点では死亡しなかったことが高度の蓋然性をもって証明されると,因果関係が認められることになる。このことを明示したのが最判平11・2・25（事案については**Q62**参照）である。

最判平11・2・25

判断

医師が注意義務を尽くして診療行為を行っていたならば患者がその死亡の時点においてなお生存していたであろうことを是認し得る高度の蓋然性が証明されれば,医師の不作為と患者の死亡との間の因果関係は肯定されるものと解すべきである。患者がその時点の後いかほどの期間生存し得たかは,主に得べかりし利益その他の損害の額の算定に当たって考慮されるべきである。

本件では,Yが当時の医療水準に応じた注意義務に従ってAにつき肝細胞がんを早期に発見すべく適切な検査を行っていたならば,遅くとも死亡の約6か月前の昭和61年1月の時点で外科的切除術の実施も可能な程度の肝細胞がんを発見し得たと見られ,以後当時の医療水準に応じた通常の診療行為を受けることにより,Aは

> 同年7月27日の時点でなお生存していたであろうことを是認し得る高度の蓋然性が認められるのであるから、肝細胞がんに対する治療の有効性が認められないというのであればともかく、このような事情の存在しない本件においては、Yの注意義務違反とAの死亡との間には因果関係が存在するものというべきである。

　以上の点は、作為義務違反、不作為義務違反によって異ならない。例えば、医師が生命の危機がかなり迫っている患者に対し誤って致死量に達する毒物を投与して患者が死亡したという場合、医師の毒物投与行為と患者が当該時点で死亡したこととの間の事実的因果関係は肯定され、患者の余命の問題は、逸失利益の算定等に当たって問題となることはあっても、これが不明であることをもって事実的因果関係の存在そのものが遡って否定されることはない。不作為の場合も同様であって、医師が適切な診療行為を行っていれば、患者が死亡した時点では死亡していなかったことが証明されれば、医師の不作為と患者の死亡との間に因果関係があることになる。

　もっとも、現在の医学からすると、延命措置を講じることによって、いくらかでも生存状態を維持することは可能であると思われるが、ここでの問題は、がんを見落として適切な治療行為をしなかったという過失と何年何月何日何時に死亡したこととの因果関係を問題としているのであって、延命措置を講じなかったというのは別の行為である。

　なお、因果関係が認められるといっても、その後いかなる期間生存することができたかは損害額の算定にあたっては、重要なことであり、この点は**Q74**参照。

2 相当程度の可能性

> **Q64** 相当程度の可能性理論とは何か。

A 医師による過失行為と死亡等の結果発生との間に高度の蓋然性が認められない場合であっても、死亡した時点で生存していた相当程度の可能性がある

ことが証明できた場合には，どう考えるか。この点を明らかにしたのが，次の最高裁判決である。

> **最判平12・9・22民集54巻7号2574頁**
>
> **事案**
> 　Aは，自宅において狭心症発作に見舞われ，病院への往路で自動車運転中に再度の発作に見舞われ，夜間救急外来を受診したが，医師は触診及び聴診を行っただけで医療水準にかなった医療行為を怠った義務違反が認められた。しかし，診察当時，Aの心筋梗塞は相当に増悪した状態にあり，適切な医療をしたとしても，Aを救命し得た高度の蓋然性は認めることができないが，救命できた可能性はあった。Aの相続人が，病院経営者に対し，主位的に死亡による損害賠償を請求し，予備的に救急病院として期待される適切な救急医療を怠って期待権を侵害したとして損害賠償を請求した。
>
> **判断**
> 　疾病のため死亡した患者の診療に当たった医師の医療行為が，その過失により，当時の医療水準にかなったものでなかった場合において，その医療行為と患者の死亡との間の因果関係の存在は証明されないけれども，医療水準にかなった医療が行われていたならば患者がその死亡の時点においてなお生存していた相当程度の可能性の存在が証明されるときは，医師は，患者に対し，不法行為による損害を賠償する責任を負うものと解するのが相当である。けだし，生命を維持することは人にとって最も基本的な利益であって，その可能性は法によって保護されるべき利益であり，医師が過失により医療水準にかなった医療を行わないことによって患者の法益が侵害されたものということができるからである。

　本件では，Aの狭心症から心不全への移行が急激であり，その急変が病院に到着してから10分程度という短時間に生じているため，鑑定人の意見においても，適切な治療を講じていたとしても救命できた可能性は20％以下であるというものであった。したがって，医師の過失とAの死亡との間の因果関係は否定されている。
　しかし，最高裁は，医師が医療水準にかなった医療行為をしていたとすれ

ば，患者が死亡した時点で生存していた相当程度の可能性がある場合には，その可能性を保護法益として，それを侵害したとする見解を採用した。理論的には，保護法益を「患者の生命・健康」ではなく（この保護法益については，高度の蓋然性の証明ができなかったのであるから，その侵害は否定されたことになる），「医療水準にかなった医療行為が行われていれば患者が死亡しなかった相当程度の可能性」を保護法益とすることによって，この可能性を侵害したことが証明できると債務不履行又は不法行為を認めるというものである。

　もっとも，現実には，患者側が，相当程度の可能性が侵害されたことのみを理由して訴訟を提起・維持することはなく，医師の過失行為と結果発生との間に因果関係があることを主張立証したが，結局，それにつき高度の蓋然性の立証ができなかった場合には，「相当程度の可能性があったか」が問題となるのであり，両者は連続性を有しているといえる（もともと「相当程度の可能性」というのは，高度の蓋然性の立証ができなかった場合であり，法益侵害ではなく，因果関係の議論であるから，実質的に，因果関係の要件を緩和したものということができるであろうし，因果関係と法益侵害を一体的に評価しているものと考えられる）。

　つまり，因果関係について高度の蓋然性の立証ができなかった場合，本来であれば，患者側の請求は棄却されるが，「医療水準にかなった医療行為が行われていれば患者が死亡しなかった相当程度の可能性」を保護法益と置き換えることによって，それに対する高度の蓋然性の立証が認められた場合には，「相当程度の可能性」を侵害したと考えるものである。

　これは，名誉毀損における真実性の証明と同じ構造である。名誉毀損の損害賠償請求において，真実性の証明があれば，違法性が阻却されるが，それが証明できなくとも，真実であると信じるについて相当の理由があれば，故意又は過失が否定される（最判昭41・6・23民集20巻5号1118頁，最判平9・9・9民集51巻8号3804頁）。ある事実について証明度を軽減しているようにみえるが，実体法が，「真実性の証明」（違法性阻却事由）と「真実と信じるについての相当の理由」（故意又は過失の否定事由）の2種類の事実を定めたものである（伊藤眞「証明度をめぐる諸問題－手続的正義と実体的真実の調和を求めて」判タ1098号（2002）9頁参照）。

　本判決により，生命の維持という保護法益と「医療水準にかなった医療行為

が行われていれば患者が当該死亡時点で死亡していなかった相当程度の可能性」という2種類の保護法益を認めたということができる(ただし、いずれが侵害されたかによって、損害額は異なる。この点は**Q74, 80**参照)。

(参考文献・相当程度の可能性全般について)

西田祥平ほか「共同研究・医療と法の最先端を考える」ジュリ1334号(2007)42頁、永野庄彦＝伊藤孝至「『相当程度の可能性』に関する一考察－分析と展望」判タ1287号(2009)63頁、水野謙「『相当程度の可能性』と期待権」法教396号(2013)121頁、尾島明「生存についての相当程度の可能性」髙橋574頁、大嶋洋志「相当程度の可能性理論、期待権の侵害、延命利益、自己決定権等」秋吉468頁、尾島明「生存についての相当程度の可能性」髙橋564頁、中村さとみ「生存についての相当程度の可能性・期待権侵害」福田ほか648頁。

Q65 相当程度の可能性理論は重大な後遺症にも適用されるのか。

A 相当程度の可能性理論は、最判平15・11・11民集57巻10号1466頁により、死亡事案のほか、重大な後遺症についても認められることが示された。

最判平15・11・11

事案

X(小学6年)について、Yによる転医の遅れにより、急性脳症となり、知的能力、運動能力のいずれにも重大な障害(精神発育年齢2歳前後で、言語能力がなく、日常生活全般に介護を要する状態)を残したが、適時に転医がされて適切な医療行為を受けていたならば、上記重大な後遺症が残らなかった相当程度の可能性があった。

判断

転医義務に違反した行為と患者の重大な後遺症の残存との間の因果関係の存在は証明されなくとも、適時に適切な医療機関への転送が行われ、同医療機関において適切な検査、治療等の医療行為を受けていたならば、患者に上記重大な後遺症が残らなかった相当程度の可能性の存在が証明されるときは、医師は、患者が上記可能性を侵害されたことによって被った損害を賠償すべき不法行為責任を負うものと解

するのが相当である。
　原審は、急性脳症の予後が一般に重篤であって、統計上、完全回復率が 22.2%であることなどを理由に、Y の転医義務違反と X の後遺症との間の因果関係を否定し、早期転医によって X の後遺症を防止できたことについての相当程度の可能性も認めることができないと判断したのであるが、上記の重大な後遺症が残らなかった相当程度の可能性の存否については、本来、転医すべき時点における X の具体的な症状に即して、転医先の病院で適切な検査、治療を受けた場合の可能性の程度を検討すべきものである上、原判決の引用する前記の統計によれば、昭和 51 年の統計では、生存者中、その 63%には中枢神経後遺症が残ったが、残りの 37%(死亡者を含めた全体の約 23%)には中枢神経後遺症が残らなかったこと、昭和 62 年の統計では、完全回復をした者が全体の 22.2%であり、残りの 77.8%の数値の中には、X のような重大な後遺症が残らなかった軽症の者も含まれていると考えられることからすると、これらの統計数値は、むしろ、上記の相当程度の可能性が存在することをうかがわせる事情というべきである。

　最判平成 12・9・22（**Q64**参照）は、生存の可能性を保護法益としたが、本判決は、重大な後遺症を生命侵害に準じると考え、「重大な後遺症が残らなかった相当程度の可能性」を法益として肯定したものであり、最判平成 12・9・22 を一歩進めたものである。

Q66 相当程度の可能性理論は、なぜ認められるのか。

A 「医療水準にかなった医療行為が行われていれば救命できた又は重大な後遺症を残さなかった相当程度の可能性」というような保護法益は、なぜ認められるのか。
　生命を維持することは人にとって最も基本的な利益であり、これ以上貴いものはない。医師による医療行為は、生命・健康を維持する可能性のある患者に対してなんとか救命しようとしてされるものであり、その可能性を保護法益として認めたものと考えられる。つまり、患者側からすると、医療水準にかなっ

た医療行為がされたとしても救命できた高度の蓋然性があるとは認められない場合であっても，救命できたかもしれないときには，適切な医療行為をしてくれていれば助かったかもしれないのにという思いを抱き，大きな精神的苦痛を被っているということができるのであって，救命できた可能性は法的保護に値するという考え方である。

　過失のある医療行為と悪い結果（死亡又は重大な後遺症）との間の因果関係について高度の蓋然性の証明できなかった場合でも，医療水準にかなった医療行為をしていれば救命できたあるいは重大な後遺症が残らなかった相当程度の可能性が認められると，因果関係を肯定できるので，証明度の軽減を図ったものという評価もされている。現実にはそのような効果が生じていることは確かであるが，因果関係の立証は必ずしも医学的な機序の証明を要求するものではなく（**Q61**参照），立証がかなり難しいというわけではないのであるから，「相当程度の可能性」は，因果関係の立証を緩和するためではなく，人命の貴さにかんがみ，特に生命の維持やそれに準じる後遺症を避けることができた可能性がある場合には，その可能性自体が保護に値するために認められたものであると考えられる。

> **Q67** 相当程度の可能性理論について，どの程度の可能性が認められると適用されるのか。

A 高度の蓋然性については，あえて数字を挙げれば，一般に，80％確かである程度といわれており（**Q60**参照），相当程度の可能性としては，それより低くてよいことは明らかである。他方，ほぼ0％であれば，相当程度の可能性があるとはいえないことも明らかである。したがって，ほぼ0％〜80％の間にあることは確かであるが，もともとある医療行為をしていれば救命できた可能性は○％であると明確に分かるものではなく，具体的な数値を示すことはできないし，最高裁も今後も具体的な数値を示すことはないであろう。

　検討する上で，参考になる判例としては，次のものがある。

　最判平12・9・22（**Q64**参照）は，適切な救急治療が行われたならば，確率は20％以下ではあるが患者を救命できた可能性があるとする鑑定意見が出さ

れている事案について，相当程度の可能性があると判断している。

最判平15・11・11（**Q65**参照）は，「相当程度の可能性の存否は，原審のように統計数値のみによって判断すべきものではなく，転医すべき時点における患者の具体的な症状に即して，転医先の病院で適切な検査・治療を受けた場合の可能性を検討して判断すべきものである。原審が相当程度の可能性を否定した統計数値である完全回復率22.2％であるなどの数値はむしろ相当程度の可能性の存在をうかがわせる数値である」旨判示した。

ほかに相当程度の可能性を認めたものとして最判平16・1・15判タ1147号152頁があり，否定したものとして最判平17・12・8判タ1202号249頁がある。

最判平16・1・15

事案

スキルス胃がんが発見されてその治療が実際に開始された時より約3か月前の時点で発見することが可能であり，その時点で治療を開始することができた。

原審は，Y医師には必要な胃内視鏡検査の再検査を実施しなかった過失があると認めたが，①たとえYが適切な再検査を実施してスキルス胃がんが発見されていたとしても，当時既に救命可能な治療は不可能であり，死亡の結果は避けられなかった，②仮に検査時点での転移が比較的早期のものであった場合に，直ちに化学療法が行われれば，延命効果があった可能性は認められるものの，それは化学療法が奏功することが前提であって，Aが延命できた相当程度の可能性までは認められないとして，患者側の請求を棄却した。

判断

スキルス胃がんが発見されてその治療が実際に開始された時より約3か月前の時点では，検査が実施されていないので，いかなる状態にあったかは明らかではない面があるものの，病状が進行した後に治療を開始するよりも早期に治療を開始した方が治療効果が上がるのが通常であると認めるのが合理的であり，実際に治療が開始される約3か月前に治療を開始していれば，特段の事情がない限り，患者が実際に受けた治療よりも良好な治療効果が得られたものと認めるのが合理的である。そうすると，患者の病状等に照らして化学療法が奏功する可能性がなかったというよ

> うな特段の事情がうかがわれない限りは，患者がその死亡の時点においてなお生存していた相当程度の可能性があったものというべきである。

　もともと治療開始時より約3か月前の時点での患者の状態が明らかではなく，がんの転移が比較的早期のものであったとして化学療法をしても奏効したかが明らかではない事案であったが，早期に治療を開始した方が治療効果が上がるのが通常であるという経験則に基づき，相当程度の可能性を認めたもので，相当程度の可能性はかなり低いものであることを示しているといえる（スキルス胃がんは，明らかな腫瘍を形成せずに胃壁等に広く浸潤するがんであり，進行が速く予後も悪いとされているので，最高裁は，死亡した時点における生存との因果関係は認められないが，生存していた相当程度の可能性は認められると判断したものと考えられる）。

　なお，この判決は，診療契約上の債務不履行責任を認めたものであり，相当程度の可能性理論は，不法行為責任と債務不履行責任で違いはない。

最判平17・12・8

事案
　拘置所に勾留されていた患者Xが脳こうそくを発症し，重大な後遺症が残ったことについて，速やかに外部の医療機関に転送すべき義務を怠ったとして損害賠償を請求した。

判断
　Xに有効な治療法は血栓溶解療法であるが，適応があるのは発症後3時間以内又は6時間以内に限られ，かつ，脳にCT上明らかな低吸収域がないことなどの条件が必要であるが，転医義務が生じた時点では，既にその時期を過ぎており，その時点で直ちに転送しても血栓溶解療法を実施できた可能性を認めることができない（2裁判官による反対意見があるが，相当程度の可能性とは別の法益侵害を認めるべきであるとするものであり，相当程度の可能性は，全員一致で否定している）。

　相当程度の可能性とはどの程度の可能性のことをいうかについて，上記最高

V　因果関係

裁判決をまとめると，次のようになると考えられる。

①最判平12・9・22は，適切な救急治療が行われたならば，確率は20％以下ではあるが患者を救命できた可能性があるとする鑑定意見が出されている事案について相当程度の可能性があると判断し，②最判平15・11・11は，「原審が相当程度の可能性を否定した統計数値である完全回復率22.2％であるなどの数値はむしろ相当程度の可能性の存在をうかがわせる数値である」とし，③最判平16・1・15は，早期に適切な治療を開始していれば，それだけ良好な結果が得られるとの一般的な経験則があるので，患者の具体的な病状に照らして適切な治療を早期に開始してもその治療が奏効する可能性がなかったなどの事情がうかがえない限り，相当程度の可能性を認めることができるとした。

他方，④最判平17・12・8は，過失が問題となった時点で，治療法の適応が既にない場合には相当程度の可能性は認められないとした。

以上からすると，相当程度の可能性は高いものではなく，医療水準にかなった医療行為がされていれば，救命できたあるいは重大な後遺症が残らなかった可能性が20％以下であっても，相当程度の可能性を認めることができるということになる。

もともと，相当程度の可能性理論というのは，医療水準にかなった医療行為によって生命を維持する可能性のある患者に対し，その可能性を保護することにあるから，いくらかでも可能性がある限り（ほぼ0％に近いというのでない限り），その可能性は法的保護に値するものであると思う。前掲最判平16・1・15も，適切な治療を早期に開始しても「その治療が奏効する可能性がなかった」などの事情がうかがえない限りとしており，可能性が少しでもある限り，法的保護に値することを示唆しているといえる。

そうすると，相当程度の可能性は，高度の蓋然性までは認められないがそれに近い段階から，かなり低い可能性まで幅が広いものとなるが，どの程度であったかは損害額の算定において影響を与えると考えられる（損害額については，**Q80**参照）。

> **Q68** 相当程度の可能性は，いかなる程度に立証しなければならないのか。

A 訴訟においては，事実は「証明」（高度の蓋然性の立証）しなければならないので，相当程度の可能性についても，その程度までの立証を要する。

最判平12・9・22（**Q64**参照）は，「医療行為と患者の死亡との間の因果関係の存在は証明されないけれども，医療水準にかなった医療が行われていたならば患者がその死亡の時点においてなお生存していた相当程度の可能性の存在が証明されるとき」と判示しており，この文言の1番目の「証明」と2番目の「証明」は同じ意味であり，「医療水準にかなった医療行為が行われていたこと」と「患者が死亡した時点においてなお生存していた相当程度の可能性」との間の因果関係につき，高度の蓋然性を証明しなければならない。もっとも，前記のとおり，「相当程度の可能性」は，かなり低い可能性で足りると解されているので，救命できた可能性がほぼゼロであるというような事案（最判平17・12・8［拘置所の脳梗塞患者，**Q67**参照］の事案がそれにあたる）を除いては，相当程度の可能性は認められるものと思われる。

なお，過失と因果関係は別であるから，過失がある（医療水準を下回る医療行為が行われたこと）ことから，患者が死亡した時点においてなお生存していた相当程度の可能性があると推認できるものではなく，過失行為当時の患者の具体的な症状に即して，過失の内容，その後の症状の変化及び発生した結果，予後に関する統計数値等に照らして，医療水準にかなった治療がされた場合の奏功可能性を検討すべきであるといえる。

> **Q69** 相当程度の可能性理論は，重大でない後遺症や説明義務違反にも適用されるか，医療事故以外についてはどうか。

A （1）**重大でない後遺症**

最判平15・11・11（**Q65**参照）により，生命維持の可能性のほか，重大な後遺症が残らなかった可能性を保護法益としたが，では，重大とはいえない後

遺症の場合は，どう考えるか。最高裁判決でこの点について触れたものはない。

　もともと原因行為と結果との因果関係の証明ができない場合，損害賠償請求は認められないが，生命を維持することは人にとって最も基本的な利益であることから，生命維持の可能性を保護法益とし，その侵害行為につき不法行為又は債務不履行を認めたものであり，重大な後遺症については，生命維持に準じるものとして，同様に肯定したものであると考えられる。

　そうすると，重大ではない後遺症や健康一般については，単にその可能性が侵害されたのみでは，保護の対象にはならないと考えられる。相当程度の可能性はかなり低い可能性でも認められており（**Q67**参照），つまり，医師の過失行為と因果関係がない可能性が相当高い場合（医師の過失がなくとも結果は同じであった可能性が高い場合）でも，医療機関の責任を認めるものであることからしても，死亡又は重度の後遺症を特に保護したものと考えるのが相当である。

⑵　**説明義務違反**

　説明義務違反と患者の死亡又は重大な後遺症との間の因果関係は証明されない（適切な説明義務がされていたならば患者が当該医療行為を受けなかったことについて高度の蓋然性の証明がされていない）が，適切な説明がされていたならば患者が当該医療行為を受けなかった相当程度の可能性がある場合に，自己決定権の侵害による損害賠償のほかに，相当程度の可能性理論に基づく損害賠償が別途認められるかという問題がある。

　相当程度の可能性理論は，生命を維持することは人にとって最も基本的な利益であることから，生命維持の可能性等を保護法益として肯定したものと考えられるところ，説明義務が適切にされていたならば，当該医療行為を受けなかった相当程度の可能性がある場合には，生命維持や重大な後遺症が残らなかった相当程度の可能性が侵害されたということができるのであるから，相当程度の可能性理論の適用を否定する理由はないと思われる。もっとも，自己決定権の侵害にしても，相当程度の可能性侵害にしても，認められるのは慰謝料であるが（**Q75，80**参照），慰謝料額は，一切の事情を考慮して決められるので，相当程度の可能性侵害があったかを厳密に認定する実益に乏しいという

こともいえるように思われる。

(3) 医療訴訟以外の訴訟

相当程度の可能性理論は，医療訴訟以外の訴訟においても妥当するか。

医療訴訟以外で，相当程度の可能性理論を適用した最高裁判例はないが，「生命を維持する可能性」，「重大な後遺症が残らなかった可能性」を新たな保護法益として認めたものであるから，医療訴訟に限定しなければならない理由はなく，他の訴訟においても，適用があると考えられる。

例えば，警察の捜査の過誤で被害者が殺害された場合，適正な捜査をしていれば，殺害されなかった相当程度の可能性が認められるのであれば，生存を維持する可能性が侵害されたものとして，損害賠償は認められるべきである。警察等の職務懈怠によって生じた生命侵害について，適正な捜査活動，救護活動をしていれば，被害者の死亡等を防げた相当程度の可能性があったと認められるとして損害賠償を認めた裁判例として，横浜地判平18・4・25判タ1258号148頁（運転中の心筋梗塞により自損事故を起こし意識不明となった被害者を，警察官が救護せず死亡に至った事案），東京高判平19・3・28判時1968号3頁（被害者が少年数名に2か月間山林を連れ回され，家族の再三の要請にもかかわらず警察が捜索を行わず，被害者が殺害された事案）がある。

他方，特に専門訴訟であり立証が困難であることを理由として，相当程度の可能性を保護法益として認めたわけではないのであるから，弁護過誤のように，生命の維持や重大な後遺症と関係しない過誤については，相当程度の可能性理論は妥当しないものと考えられる。したがって，これらの訴訟については，因果関係につき高度の蓋然性の証明がされない限り，損害賠償請求は認められない。

> **Q70** 相当程度の可能性につき患者側が主張していない場合，相当程度の可能性を侵害したと認定することはできるか。

A 死亡や重大な後遺症の事案で，医師の過失が認められた場合，それと死亡や重大な後遺症との因果関係が高度の蓋然性をもって認められない場合で

も，死亡時に生存していた，あるいは重大な後遺症が残らなかった相当程度の可能性が認められる場合には，損害賠償請求が認められる。

この場合，訴訟物として両者の関係であるが，過失行為と結果発生との間の因果関係について高度の蓋然性が認められる場合は，患者の生命，身体が保護法益であるのに対し，相当程度の可能性の場合は，「生命を維持する可能性」，「重大な後遺症が残らなかった可能性」を新たな保護法益として認めたものであり，理論的に訴訟物は別であるといえる。

もっとも，実質的には，因果関係の証明の程度の問題であると考えられるところであり，高度の蓋然性の立証ができない場合に備えて相当程度の可能性侵害による損害賠償を予備的に請求している事件が多く，仮に，明示的に請求がなくとも，黙示的に請求していると考えて差し支えないものと思われる（永野圧彦＝伊藤孝至「『相当程度の可能性』に関する一考察－分析と展望」判タ1287号（2009）71頁等）。いずれの争点も，過失行為と結果との間の相当因果関係であり，相当程度の可能性侵害を認めても不意打ちにはならないものと考えられる。この点に関する最高裁判決はないが，名古屋地判平17・4・14判タ1229号297頁は，相当程度の可能性侵害を黙示的，予備的に主張していると解している。

3 期待権侵害

> **Q71** 相当程度の可能性も認められない場合，適切な治療を受ける期待を侵害したことによる損害賠償は認められるか。

A (1) **期待権侵害に関する最高裁判決**

相当程度の可能性が認められない場合において，「適切な治療を受ける期待権」を侵害したことを理由とする損害賠償請求は認められるであろうか。

相当程度の可能性も認められないというのは，適時に適切な医療行為をしていたとしても，ほぼ結果は変わらなかったといえる場合である。

この場合でも，なお不法行為や債務不履行が成立するというためには，患者には適切な治療を受ける利益があり，それが侵害されたという理解をすること

になる。しかし、結果が変わらないのに「適切な治療を受ける期待権」という法益を認める必要があるのかという疑問がある。

最判平17・12・8（脳梗塞事件、**Q67**参照）において、横尾和子及び泉徳治裁判官の反対意見は「患者が適時に適切な検査、治療等の医療行為を受ける利益」は不法行為上の保護法益に該当するとしたが、多数意見は、そのような保護法益に消極であった。

そして、この点について判示したのが最判平23・2・25判タ1344号110頁である。

> ### 最判平23・2・25
>
> **事案**
> 　下肢の骨接合術等の手術を受けた患者Xが、手術による合併症として下肢深部静脈血栓症を発症し、その後遺症が残った。
> 　原審は、医師Yらが、必要な検査を行い又は血管疾患を扱う専門医に紹介する義務を怠っており、その義務を尽くしていても、後遺症が残らなかった相当程度の可能性があるとはいえないが、医療水準にかなった適切かつ真摯な医療行為を受ける期待権が侵害されたとして、慰謝料300万円を認容した。
>
> **判断**
> 　医師Yらが、Xの左足の腫れ等の原因が深部静脈血栓症にあることを疑うには至らず、専門医に紹介するなどしなかったとしても、診療経過からすると、Yらの上記医療行為が著しく不適切なものであったということができないことは明らかである。患者が適切な医療行為を受けることができなかった場合に、医師が、患者に対して、適切な医療行為を受ける期待権の侵害のみを理由とする不法行為責任を負うことがあるか否かは、当該医療行為が著しく不適切なものである事案について検討し得るにとどまるべきものであるところ、本件は、そのような事案とはいえない。したがって、Yらについて上記不法行為責任の有無を検討する余地はなく、Yらは、Xに対し、不法行為責任を負わないというべきである。

「当該医療行為が著しく不適切なものである事案」とは、「当該医療行為が著しく不十分不適切な場合」（前掲最判平17・12・8の島田仁郎裁判官補足意見）、

「医師の検査,治療等が医療行為の名に値しないような例外的な場合」(同判決の才口千晴裁判官の補足意見)を意味すると考えられるが,本判決は,そのような事案について期待権侵害を理由とする不法行為責任が認められるとしたものではなく,そのような事案において初めて期待権侵害のみを理由とする不法行為責任の有無を議論する前提が整うという趣旨であり,そのような事案でない限り,そもそも期待権侵害を理由とする不法行為責任は当然に認められないということを示した。

(2) 期待権侵害が認められる場合

では,期待権侵害が認められるのはどのような事案か。

患者が適切な治療を受けることを期待していたとしても,適切な医療行為が行われていても結果が変わらないのであれば,そのような期待が直ちに法的保護に値するとは考えにくい。ただし,医療行為に値しないような行為が行われたような場合には,そのこと自体によって患者に精神的苦痛を与えたということができ,患者の人格権を否定するものであって,そのような事案に限って,不法行為が成立するといえるように思われる(志村由貴「『相当程度の可能性侵害論』をめぐる実務的論点」ジュリ1344号(2007)77頁等)。例えば,当該患者がいかなる治療を施しても救命できない場合に,医師が実験的に医学的に認められないことをしたようなときなどは,患者の人格権を侵害するものであって,不法行為が成立するといえる。そうではなく,医師に医療水準に満たない過失があったとしても,結果が全く同じであれば,患者に対する保護に値する法益の侵害はないといえる。

そうすると,「当該医療行為が著しく不適切なものである事案」というのは,患者の人格権を否定するような医療行為が行われたというような極めて限られた事案と考えられ,期待権侵害を理由とする不法行為は基本的に消極的に解するのが相当であろう。

期待権侵害による不法行為責任を認めた裁判例として,大阪地平23・7・25判タ1354号192頁があり,緊急事態に電話連絡の過誤により30分輸血の手配が遅れたという事案につき,相当程度の可能性を否定した上で,著しく不適切であるとして期待権侵害を認めて,慰謝料60万円を認容しているが,見解が分かれる事案であろう(なお,この事案の控訴審である大阪高判平成25・1・

29判例集未登載は，相当程度の可能性が認められるとして，450万円の慰謝料が認容され，上告不受理により確定している）。

(参考文献)

吉田邦彦「判批」判時2120号172頁（判評632号26頁）(2011)，手嶋豊「判批」私法判例リマークス44（2012）38頁。

4 まとめ

> **Q72** 結局，因果関係について，最高裁判決の枠組みはどのように理解するとよいか。

A Q58～71で述べたところからすると，最高裁は，因果関係について次のとおりの判断枠組みをしているといえる（大塚直「不作為医療過誤による患者の死亡と損害・因果関係論－二つの最高裁判決を機縁として」ジュリ1199号（2001）16頁等参照）。

① 医師等の過失と死亡，後遺症等の結果との間の因果関係が高度の蓋然性をもって認められると，患者の生命又は身体の保護法益を侵害したものとして，財産的，精神的損害（慰謝料）が認められる（損害額については**Q74**参照）。

② 医師等の過失と死亡しなかった又は重大な後遺症が残らなかった相当程度の可能性との間の因果関係が認められると，相当程度の可能性という保護法益を侵害したものとして，精神的損害（慰謝料）が認められる（損害額については**Q80**参照）。

③ 相当程度の可能性も認められないときは，当該医療行為が著しく不適切なものである事案については，適切な医療行為を受ける期待権という保護法益を侵害したものとして，精神的損害（慰謝料）を認める余地がある。

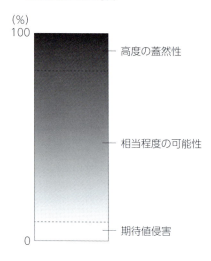

Ⅵ 損害

1 概説

> **Q73** 医療訴訟の損害はどのように算定されるのか。

A 医療事故の損害について特に判示した最高裁判例はない（障害基礎年金及び障害厚生年金の逸失利益性等が争点となった最判平11・10・22民集53巻7号1211頁は，医療事件であるが，不法行為一般についての論点であり，医療特有の問題点はない）。

損害論に関しては，交通事故については，その数が多いこともあり，損害についての算定基準が策定されている。主な算定基準としては，赤本（公益財団法人日弁連交通事故相談センター東京支部編『民事交通事故訴訟・損害賠償額算定基準』），青本（公益財団法人日弁連交通事故相談センター『交通事故損害額算定基準』），大阪基準（大阪地裁民事交通訴訟研究会編著『大阪地裁におけ

る交通損害賠償の算定基準』判例タイムズ社）がある。交通事故による損害算定の基準は、「人の死亡や傷害についての損害」を算定したものであって、交通事故特有の損害を算定したものではないので、医療事故においても、基本的に妥当するものである。したがって、医療事故に関しても、基本的には交通事故と同様に考えることができ、その算定基準を使うことになる。

　もっとも、医療事故の場合、患者は、既に何らかの疾病に罹患していることが多く、それを前提として、損害額の算定をしなければならない。また、相当程度の可能性侵害が認められる場合の損害額や自己決定権侵害についての基準はない。こうした点で、医療事故についての損害額の算定は難しさを持っているといえる。

　以下のQでは、医療事故特有の問題についてのみ触れる。

（参考文献・損害全般につき）
大嶺崇「損害一般」秋吉447頁、浦川ほか「医療訴訟の損害論」369頁〔秋葉信幸・後藤真紀子〕、山下浩之「損害」髙橋575頁、今岡健「損害1（損害の範囲）」福田ほか663頁。

2　医療行為又は転送義務違反による損害

> **Q74**　医療行為又は転送義務違反による損害として、何が認められるか。

A　手技上の過誤等医療行為に過失がある場合、あるいは、転送義務の遅れがある場合で、悪い結果との間に相当因果関係が認められる場合には、①財産的損害と②精神的損害（慰謝料）が認められる。

(1)　財産的損害

　患者は、医療事故前から何らかの疾患を有していることが多く、医療事故がなければ稼働することができたか、稼働できたとしてどの程度の収入を得ることができたかが、争われることが多い。

　まず、既に医療事故以前から就労が無理な状態であり、将来的にも就労する

蓋然性が認められない場合には，休業損害や逸失利益の損害はないと考えられる（横浜地判平13・10・31判タ1127号212頁，福岡高判平18・9・12判タ1256号161頁，福岡高判平18・10・26判タ1243号209頁等）。

　既に事故以前から一定の後遺障害を負っていたところ，医療事故によってより重い後遺障害を負った場合には，事故前と比べて，重くなった分について逸失利益が認められることになる（東京地判平18・3・6判タ1243号224頁等）。

　過失がなければ重大な後遺症が発生を回避できた高度の蓋然性は認められるが，過失がなくとも軽度の後遺症が残ったと考えられる場合については，理論的にはその差が損害になると考えられる。もっとも，どの程度の後遺症が残ったかは，明確にはわからないので，重度の後遺症が残ったことによる損害から，一定の減額をして算定することもある。名古屋地判平20・7・18判タ1292号262頁は，転医義務違反があり，重大な後遺症が残った事例で，適時に転送されていれば現実に生じた重大な後遺症の発生を回避できた高度の蓋然性が認められるものの，軽度の後遺症が生じた蓋然性も認められるとして，財産上の損害額につき重大な後遺症が生じたことを前提として算定した額の5割を損害として認定している。ほかに，過失がなくとも軽度の後遺症が残ったと考えられるとして損害額を算定している裁判例として，横浜地判平2・4・25判タ739号156頁，広島地判平8・11・29判タ938号209頁等がある。

(2)　**精神的損害（慰謝料）**

　医療事故についても，医師等の過失によって患者の生命，身体，健康が害された場合には，患者は精神的苦痛を被っているということができ，患者やその遺族は慰謝料を請求することができる。

　医療事故においては，交通事故とは異なり，医師と患者との間で診療契約が締結され，これに基づいて一定の信頼関係が存在すると考えられる。患者は，このような信頼関係を前提にして，身体に対する侵襲である治療行為を受け入れたのであるから，医療事故が起こった場合には，患者やその家族にとってその信頼が裏切られたということができ，慰謝料額が増額となる場合があるという裁判例がある。東京地判平18・7・26判時1947号66頁は，「交通事故においては，事故以前に当事者間に何ら法律関係がないのが通常であるのに対し，医療事故の場合は，患者と医師との間に契約関係が存在し，患者は医師を信頼

して身を委ね，身体に対する侵襲を甘んじて受け入れているのであるから，医師の注意義務違反によって患者の生命身体が損なわれたとき，患者には損害の客観的態様に基づく精神的苦痛に加えて，医師に対する信頼を裏切られたことによる精神的苦痛が生ずるものと考えられる。したがって，医師の注意義務違反の内容と程度及び患者側の受けた損害の内容と程度によっては，患者側の精神的苦痛に対する慰謝料の額が交通事故等の場合よりも高額なものになる場合があり得る」と判示する。

　しかし，交通事故は，ある日突然に発生するものであり，何の徴候もなく起こることを考えると，万一の危険性を覚悟している医療事故よりも被害者が受けた精神的苦痛は大きいと考えることもできるところであって，医療事故が交通事故よりも一般的に精神的苦痛が大きいとはとうていいえない。結局，人の命に変わりはないのであって，慰謝料額は，交通事故にしても，医療事故にしても，具体的な事案に応じ，過失の内容や程度，被害者の年齢，家族構成など一切の事情を考慮して定めるべきである（東京地判平18・7・26の控訴審である東京高判平19・9・20判タ1271号175頁は，「一概に，医療事件における場合と交通事故等における場合とで，慰謝料水準が異なるということはできず，具体的事案における慰謝料額は，当該事案における諸般の事情を総合考慮して判断すべきである」と判示した上で，1審の慰謝料額を是認している）。例えば，余命がいくばくもない患者について手術をすれば多少なりとも病気を抱えた状態で長生きができたが，医師の手術中の過失で死亡した場合などは，慰謝料額は通常よりも低いものになると考えられる（医療過誤がなかったとしても早晩死亡する可能性が高かったとして慰謝料を低額（800万円）としたものとして，福岡高判平18・9・12判タ1256号161頁がある）。他方，医療訴訟では，患者が既に疾患を有しており，休業損害や逸失利益が否定されることも相当あると思われるが，そのような事情が慰謝料額で考慮されることもある。

（参考文献）
手嶋豊「医療事故」齋藤修編『慰謝料算定の理論』（ぎょうせい，2010）71頁，千葉県弁護士会『慰謝料算定の実務［第2版］』（ぎょうせい，2013）81頁。

3 説明義務違反による損害

> **Q75** 説明義務違反による損害としては、どのような場合があり、いかなる損害が認められるか。

A まず、説明義務違反があった医療行為によって死亡等の悪い結果が生じていることが前提である。仮に、説明義務が不適切であって違法なものと評価できる場合であっても、適切な医療行為がされており、悪い結果が生じていないのであれば、そもそも損害が発生していないといえる（「悪い結果」には、最判平13・11・27（乳房温存療法判決。**Q46**参照）のように、自己の希望との関係で望んでいた結果にならなかった場合を含む）。

悪い結果が生じている場合、医療行為が医療水準にかなっていたかという観点との関係で整理すると、次の二つがある。

①説明義務違反が認められ、かつ、医療行為も医療水準にかなわなかった場合、②説明義務違反が認められるが、医療行為は医療水準にかなったものであった（しかし悪い結果が生じた）場合である。

①の場合、さらに、①－1例えば、乳がんではないのに、医師が過失により乳がんと誤った診断をし、患者に乳がんである旨説明したうえで、乳房切除術をしたように、誤診により説明内容が誤ったものとなり、実施した医療行為も当然不適切であったという場合、①－2合併症について適切な説明がされず、かつ、実施した手術中に過誤があったというように、説明義務違反と医療行為上の過失が独立したものである場合がある。

①－1の場合には、説明内容と実施された医療行為はいずれも誤診に基づいた一連のものであり、説明義務違反は、医療行為上の過誤（誤診）により評価されているといえる。したがって、医療行為上の過失とは別に独立して説明義務違反は問題とならないといえる。

①－2の場合には、説明義務違反と医療行為上の過失は独立したものであるので、いずれも問題となるが、医療行為上の過失が認められると、それによる損害が認められるので、説明義務違反の判断をする意義の大半が失われる（ただし、慰謝料額については、一切の事情が考慮されるので、説明義務違反が

あったか否かはこの点では意味を持つといえなくはない）。

　②の場合は，さらに，②－1医師がその説明義務を尽くしていれば，患者は現に行われた医療行為を受けなかったと考えられる場合，②－2医師がその説明義務を尽くしていたとしても，患者は現に行われた医療行為を受けたと考えられる場合がある。

　②－1については，説明義務が尽くされていれば，患者は当該医療行為を受けず，その結果，悪い結果も生じなかったのであるから，説明義務違反と悪い結果との間に相当因果関係が認められることになり，悪い結果によって生じた損害が認容されることになると考えられる（中村哲「医師の説明義務とその範囲」太田幸夫編『新裁判実務大系Ⅰ　医療過誤訴訟法』（青林書院，2000）99頁，中村也寸志「判解」最判解民平13年度（下）729頁等）。つまり，この場合，医療行為に過失がなかったとしても，医療行為に過失があった場合と同様，休業損害，逸失利益，慰謝料等の損害が認められることになる。例えば，大阪地判平17・7・29判タ1210号227頁は，未破裂脳動脈瘤の予防的治療として開頭手術を実施するに際し，説明義務違反があり，適切な説明がされていれば手術を受けることはなかったとして，逸失利益等の財産的損害も認容している。

　これに対し，②－2については，説明義務違反があったとしても，当該医療行為を受けたといえるのであるから，説明義務違反と悪い結果との間に因果関係はなく，悪い結果についての損害は認められない。ただし，患者は，自らの意思でいかなる医療行為を受けるかを決定する機会を奪われたのであり，患者の自己決定権は人格権の一内容として保護されるべき利益であるから，それが侵害されたことによる慰謝料が認められる。同じ結果が生じたとしても，自らその医療行為を選択した場合と選択の機会が与えられなかった場合とでは，患者としては，その結果がやむを得なかったと思える程度が異なると考えられ，それに関する精神的苦痛が慰謝料として認められることになると考えられる。

```
説明義務違反があり，
　当該医療行為を受けなかったといえる場合 →　全ての損害
　当該医療行為を受けたといえる場合　　　 →　自己決定権侵害の慰謝料のみ
```

Ⅵ　損害

> **Q76** 適切な説明がされていれば当該医療行為を受けなかった場合とは，どのような場合か。

A　適切な説明がされていたとすれば，現に行われた医療行為を受けなかったといえるのはどのような場合かについては，大別すると，次の二つの見解がある。

①主観説　適切な説明がされていたとすれば，当該患者がその医療行為を受けたといえるかに基づいて判断するという見解

②客観説　適切な説明がされていたとすれば，合理的な患者がその医療行為を受けたといえるかに基づいて判断するという見解

本来，当該患者について判断すべきことであるから，基本的に主観説が相当ということになるが，通常，合理的な患者の判断と一致するものと考えられる。一般的にいえば，患者の当時の状態からすると，当該医療行為を受けるのが通常であれば，患者が危険性等に関する適切な説明を受けていたとしても，その医療行為を選択した可能性が高く，この場合には悪い結果が生じたことによる財産的損害は認められない。なぜなら，選択した療法に合理性があり，その疾患の患者であれば通常その療法を受ける場合には，説明が適切にされていたとしても，それを受けると考えられるからである。

ただし，当該患者において，その医療行為を受けることに乗り気ではなかったが，医師に強く勧められてその医療行為を受けることになったという事情が認められる場合には，危険性等について適切な説明がされていれば，当該医療行為を受けなかったということは考えられ，この場合には，医療行為上の過失が認められなくとも，悪い結果が生じたことによる全ての損害が認められることになる。

逆に，必ずしも一般的な治療行為ではないがその患者がその医療行為を受けることを強く希望していたという場合には，合理的な患者の判断とは異なることもあり得る（先端的治療につき，説明義務が尽くされていたとしても，当該患者はその治療を受けたと認められるとした裁判例として，大阪地判平20・2・13判タ1270号344頁がある）。

まとめると，実施された療法が当該疾患では通常採られるものであった場合

には，説明義務が尽くされていても，当該療法を選択したであろうと認めることができるので，死亡等の結果発生との因果関係が否定されることが多い。他方，未破裂脳動脈瘤の予防的手術や美容整形等については，危険性等の説明義務が不適切であった場合には，その説明義務が尽くされていれば当該手術を受けなかったといえる場合もかなり多いと考えられ，説明義務違反と結果発生との間で因果関係を認めることができる場合が少なくないと考えられる。

Q77 自己決定権侵害による損害は，どのように算定されるか。

A 説明義務違反があったが，適切な説明がされていたとしても当該医療行為を受けたといえる場合には，自己決定の機会を侵害されたことによる損害が認められるが，その額の算定は難しい。

自己が決定する機会を奪われたのみであるから，通常，大きな額にはならず，数十万円から200万円程度を認める裁判例が多いといえる。

もっとも，最判平18・10・27（**Q46**参照）の差戻後の控訴審東京高判平19・10・18判タ1264号317頁は，説明義務違反と死亡との間の相当因果関係を否定し，逸失利益等を否定しているが，説明義務違反による慰謝料として弁護士費用を含めて880万円を認めており，1000万円を超える慰謝料を認めている裁判例もある（なお，東京高判平11・5・31判時1733号37頁は，AVM（脳動静脈奇形）の全摘手術を受けた患者に重篤な後遺症が残った事案について，説明義務違反を認め，慰謝料として1600万円（ほかに弁護士費用200万円）を認めているが，説明義務違反がなくとも手術を受けていたかについての判断はされておらず，適切な説明がされていると，危険性が高く，患者は手術を受けなかったのではないかと思われる事案である）。

ここでの問題は，説明義務違反と医療行為による結果との因果関係を否定しながら（これが認められると，財産的損害が認められるほか，慰謝料もかなり高額になる），重大な結果が生じていることを慰謝料の算定にあたって考慮できるかという点にある。一旦因果関係で否定された事情を，慰謝料の算定で取り上げることには疑問があるが，説明としては，「死亡という結果が生じたこと」をダイレクトに考慮しているのではなく，「死亡という結果が発生するよ

うなリスクのある重大な自己決定の機会を失ったこと」を考慮しているという説明をすることになる（熊代雅音「医療訴訟における説明義務について」ジュリ1315号（2006）156頁参照）。

　しかし、慰謝料は、一切の事情を考慮して算定することができるのは確かであるが、適切な説明をしたとしてもその医療行為を受けることに同意したと考えられる事案について、「死亡という結果が発生するようなリスクのある重大な自己決定の機会を失ったこと」から高額の慰謝料を認めるのは疑問があるように思う。もちろん、軽微な後遺症が残った事案と比較すると、同じ自己決定の機会が失われたことについて、患者が受ける精神的苦痛は同じでなく、重大な悪い結果が生じた場合には、より高額の慰謝料が認められることになるが、1000万円を超えるような慰謝料額にはならないであろう。

> **Q78** 宗教的人格権侵害による損害は、どのように算定されるか。

A 　当該病院で輸血を伴う手術を受けるべきか、別の病院に転医すべきかについての自己決定を侵害されたことによる損害については、最判平12・2・29（エホバの証人事件。**Q52**参照）は、慰謝料50万円及び弁護士費用5万円を認めた控訴審判決を是認している。慰謝料額の算定は事実審の裁量に属するが、認定額が著しく不相当であって経験則又は条理に反する事情が存するときはその認定判断は違法になるとするのが判例（最判平6・2・22民集48巻2号441頁等）であるので、控訴審が認定した上記慰謝料額が著しく不相当であったとは認められないとの判断をしたと考えられる。

　そうすると、当該病院で輸血を伴う手術を受けるべきか、別の病院に転医すべきかについての自己決定を侵害されたことによる損害額は50万円というのが一つの基準になるものと考えられる。

> **Q79** 顛末報告義務違反による損害は、どのように算定されるか。

A 　患者や家族に対し顛末の報告をしなかった場合には、説明義務違反を認

めることができるが（**Q55**参照），自己決定権の前提となる説明義務を怠ったわけではないので，慰謝料として認められる損害額はかなり少ないものになると考えられる。大阪地判平20・2・21判タ1318号173頁は，顛末報告義務違反として慰謝料30万円を認めている。

ただし，医療機関側の不手際を隠蔽するために虚偽の説明をしたり，あえて説明を拒否した場合などであれば，慰謝料額は高額にあることもある。

4 相当程度の可能性侵害による損害

> **Q80** 相当程度の可能性侵害による損害は，どのように算定されるか。

A 死亡又は重大な後遺症が残ったことについて，死亡時に生存していたあるいは重大な後遺症が残らなかった相当程度の可能性が認められる場合の損害は，どのように算定されるか。

相当程度の可能性理論は，生命の貴さにかんがみ，「生命を維持する可能性」，「重大な後遺症が残らなかった可能性」を新たな保護法益として認めたものであり，生命・身体そのものではなく，人格的な利益を肯定したものと考えられる。つまり，延命できた高度の蓋然性が認められたわけではないのであるから，逸失利益等の財産的損害について証明がされたわけではなく，精神的損害（慰謝料）のみが認められることになると考えられる（新美育文「判批」私法判例リマークス24号（2002）61頁，前田順司「判批」『医事法判例百選』（2006）165頁，志村由貴「『相当程度の可能性侵害論』をめぐる実務的論点」ジュリ1344号（2007）73頁等。これに対し，逸失利益等の財産損害も「可能性の程度」に応じて算定することが可能であるとする見解として，大塚直「不作為医療過誤による患者の死亡と損害・因果関係論－二つの最高裁判決を機縁として」ジュリ1199号（2001）15頁，飯塚和之「判批」判タ1157号（2004）120頁，潮見佳男『不法行為法Ⅰ〔第2版〕』（信山社，2009）385頁等がある）。この点，最高裁判例は明示していないが，下級審裁判例は，慰謝料のみを認めるということで確立している。いわゆる割合的認定（心証度に応じた損害を認める見解）を採用するならばともかく，延命できた高度の蓋然

性は認められなかったのであるから，財産的損害を認めることは困難であろう。

慰謝料の額については，かなりの幅がある。200万円から800万円までが多いが，大阪高判平13・7・26判タ1095号206頁は1000万円（及び弁護士費用200万円），大阪地判平21・3・25判タ1297号224頁は1500万円（及び弁護士費用150万円），医療事故ではないが，東京高判平19・3・28判時1968号3頁（いわゆる栃木リンチ殺人事件で，警察の任務懈怠を違法と認めた国家賠償請求）で2000万円（ただし，過失相殺等により最終的な認容額は1100万円）を認めている。

かなり幅がある理由としては，相当程度の可能性は，「生命を維持する可能性」，「重大な後遺症が残らなかった可能性」を保護法益とするものであるが，立証の程度としては，高度の蓋然性（生命身体に対する侵害）にかなり近いものから，可能性があることは否定できないものまで，幅が広いことによるものと考えられる。すなわち，同じ「生命を維持する可能性」が侵害された場合でも，医師等の過失がなければ，救命できた可能性がかなり高い場合（下図のa）には，それによって患者や遺族の受けた精神的苦痛はかなり大きいと考えられるのに対し，救命できた可能性が否定できない程度（下図のb）であれば，精神的苦痛の程度は大きいとはいえないと考えられる（不法行為で後遺症を負わせた場合，後遺症の程度により慰謝料額が変わるのと同じ構造といえる）。それに，過失の内容・程度，患者の年齢，家族構成等の一切の事情が考慮されて，慰謝料額が決められるので，慰謝料額はかなりの幅のあるものとして算定されているものと考えられる。

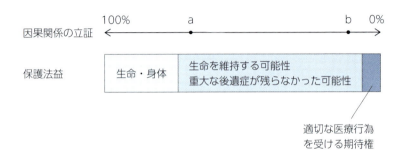

なお，前掲大阪地判平21・3・25は，慰謝料として1500万円を認めているが，出産直後の妊産婦が出血性ショックにより死亡したことについて，担当医に適切な輸液を行う注意義務違反があるが，羊水塞栓症が弛緩出血に関与した可能性が少なからずあり，その場合であれば，適切な輸液が実施されていたとしても，同じ経過をたどった可能性があるという事案であり，因果関係について高度の蓋然性がある（生命侵害）と認めるのか，相当程度の可能性にとどまる（生命を維持する可能性侵害）とするかは，微妙な事案であったように見受けられる。

　高度の蓋然性がある場合と相当程度の可能性にとどまる場合では，質的に異なるものではなく，連続性を有しており，高度の蓋然性にかなり近い程度の因果関係がある場合には，慰謝料額も高額になるといえる（千葉県弁護士会『慰謝料算定の実務［第2版］』（ぎょうせい，2013）107頁も，相当程度の可能性の高低が慰謝料額に大きな影響を与えていると分析している）。

　このように，高度の蓋然性（生命・身体に対する侵害）に近い相当程度の可能性が侵害された場合には，かなり高額の慰謝料を認定するとすれば，逸失利益がないか少ない高齢者等の患者の場合には，高度の蓋然性が認められるか否かは，結論に大きな影響を与えず，因果関係の有無は主要な争点から外れてくる可能性があるように思われる。

5　過失相殺

Q81　医療訴訟において過失相殺は，どのような場合に適用されるか。

A　損害賠償制度は，発生した損害について加害者と被害者との間において公平に負担するものであるから，被害者に過失があった場合には，その損害額の算定にあたり，被害者の過失を斟酌することができる（民418，722条）。

　交通事故においては過失相殺は頻繁に行われているが，医療事故については，過失相殺されることは珍しいといえる。もともと医療行為自体は医師等が行うものであって，患者が積極的に行為をすることは少ないことによる。

　もっとも，医療行為は，最初の診察から各種検査，診断，治療と進む過程に

おいて患者の協力が必要な場合がある。患者が必要な協力をしないために医師において誤った診断や治療がされた場合などには，過失相殺がされることもある。そのような場面としては，①患者が医師の療養指示に従わなかった場合，②患者が自己の状態について正しい情報を伝えなかったために医師が診断を誤った場合がある。

最高裁判決で医療事故につき過失相殺が争われた事例はないが，下級審では次のような事例がある。

①については，横浜地判平17・9・14判タ1249号198頁は，肝細胞がんの発見が遅滞したことについて医師の責任が認められた事案で，患者が禁酒指示に従わず飲酒を継続したことなどから損害額の40％の減額をしている。

②については，患者が誤った情報を提供した結果，医師が診断を誤った場合，容易に誤情報と判明するようなものは別として，医師に過失がある場合でも，患者の症状等説明義務違反を理由として過失相殺をしたものとして，札幌高判平6・12・6判タ893号119頁等がある（ほかの裁判例については，鈴木経夫「医療過誤訴訟における過失相殺」太田幸夫編『新裁判実務大系Ⅰ　医療過誤訴訟法』（青林書院，2000）308頁，浦川ほか393頁［秋葉信幸・後藤真紀子］，中村也寸志「損害2（過失相殺，素因減額）」福田ほか680頁等参照）。

> **Q82** 医療訴訟において素因減額される場合はあるか。

A　過失相殺制度は，加害者と被害者の間で生じた損害の公平な分担を実現するためのものであるから，事故の態様について被害者に過失がなくとも，被害者の事情によって損害が発生・拡大した場合には，過失相殺の規定を類推適用して減額されることがある。そのような場合としては，身体的要因による減額と心因的要因による減額がある。

(1)　**身体的要因による減額**

被害者に対する加害行為と被害者の疾患とがともに原因となって損害が発生した場合において，当該疾患の態様，程度などに照らし，加害者に損害の全部

を賠償させるのが公平を失するときは，民法722条2項の過失相殺の規定を類推適用して，被害者の当該疾患を勘酌することができるものと解される（最判平4・6・25民集46巻4号400頁）。

(2) 心因的要因による減額

被害者の心因的要因が損害の公平な分担の観点から損害額の算定にあたって斟酌されることがある。すなわち，身体に対する加害行為と発生した損害との間に相当因果関係がある場合において，その損害がその加害行為のみによって通常発生する程度，範囲を超えるものであって，かつ，その損害の拡大について被害者の心因的要因が寄与しているときは，民法722条2項の過失相殺の規定を類推適用して，その損害の拡大に寄与した被害者の事情を斟酌することができる（最判昭63・4・21民集42巻4号243頁）。

医療訴訟においては，患者はもともと何らかの疾患を有しているのが通常であり，そのために治療を受けているのであって，そのような疾患を有していること自体は，その疾患が患者の責任によるものであっても，減額事由とはならない。医師は，原因が何であれ患者のその時点の病状を前提として医療行為をすべき義務があると考えられるからである。したがって，素因減額としては，患者の心因的な要因によって，損害が拡大した場合等が考えられる。例えば，手術中の手技の誤りによって右下肢切断を余儀なくされ，その後自殺した患者について，医師の過失と死亡との因果関係を認めつつ，自殺したことについて患者の心因的要因が寄与しているとして損害額を20%減額した裁判例（高松地観音寺支判平16・2・26判時1869号71頁）や健康診断の採血の際の損傷が，患者の素因により，症状が悪化・長期化したとして損害額の30%の減額をした裁判例（仙台高秋田支判平18・5・31判タ1260号309頁）がある。

(参考文献)
中村也寸志「損害2（過失相殺，素因減額）」福田ほか680頁

6 交通事故と医療過誤の競合

Q83 交通事故と医療事故が競合した場合，交通事故の加害者と医師等の責任の関係はどうなるか。

A 交通事故に遭った後，搬送された病院で医療過誤があった場合，行為の態様が異なることや交通事故からある程度の時間的経過を経て医療事故が発生することなどから，両者の共同不法行為性を否定する裁判例もあったが，最判平13・3・13民集55巻2号328頁はこれを肯定している。

最判平13・3・13

事案

自転車を運転中タクシーと接触して転倒し，頭部等を打撲し，頭蓋骨骨折を伴う急性硬膜外血腫の傷害を負ったXが，病院に搬送されたが，医師は頭部打撲挫傷などと診断して帰宅させたところ，Xはその後死亡した。タクシー運転手は交通事故発生について過失があり，医師はXに対し通常期待されるべき適切な経過観察をしなかった点で過失があった。医師は全損害について責任を負うかが争われた。

判断

交通事故と医療事故とのいずれもが，Xの死亡という不可分の1個の結果を招来し，この結果について相当因果関係を有する関係にあるといえるので，交通事故における運転行為と医療事故における医療行為とは民法719条所定の共同不法行為に当たるから，各不法行為者は被害者の被った損害の全額について連帯して責任を負うべきものである。

本件では，交通事故と医療事故という加害者及び侵害行為を異にする二つの不法行為が順次競合した共同不法行為であり，各不法行為については加害者及び被害者の過失の内容も別異の性質を有するものである。過失相殺は不法行為により生じた損害について加害者と被害者との間においてそれぞれの過失の割合を基準にして相対的な負担の公平を図る制度であるから，本件のような共同不法行為においても，過失相殺は各不法行為の加害者と被害者との間の過失の割合に応じてすべきもので

> あり，他の不法行為者と被害者との間における過失の割合をしん酌して過失相殺をすることは許されない。

　交通事故と医療事故は，時間的にもある程度の間隔が空いており，行為の態様や性質も異なることから，交通事故後に搬送された病院で医師の過失があった場合，交通事故の加害者と医師とが当然に共同不法行為になるものではない。

　交通事故によりそのまま放置すれば死亡（あるいは後遺症）という結果となる事故について，医療水準にかなった治療等をすれば被害者を救命できた（後遺症が残らなかった）と認められる場合のように，交通事故と医療事故のそれぞれが被害者の死亡（後遺症）という不可分の結果を招来したといえる場合には，共同不法行為にあたり，交通事故の加害者と医療事故を起こした医師が共同不法行為者として，被害者に対し全損害について連帯して責任を負うことになる。

　前掲最判平13・3・13は，医師において通常期待されるべき適切な経過観察がされるなどして脳内出血が早期に発見され適切な治療が施されていれば，高度の蓋然性をもって患者を救命できた場合，交通事故と医療事故とのいずれもが，患者の死亡という不可分の1個の結果を招来し，この結果について相当因果関係を有する関係にあるといえるので，交通事故における運転行為と医療事故における医療行為とは民法719条所定の共同不法行為に当たるから，各不法行為者は被害者の被った損害の全額について連帯して責任を負うべきものであるとした。

　これに対し，例えば，交通事故によっては死亡するに至らない事故であるのに，搬送先の病院での医療事故によって死亡したような事案であると，交通事故によって死亡という結果を招来したわけではないので，交通事故の加害者は，交通事故による傷害についての損害を負担し，医師は，交通事故による傷害を負った状態の患者が死亡したことについて損害を負担することになると考えられる。

　また，最判平8・5・31民集50巻6号1323頁は，被害者が第1の交通事故によって後遺症を負った後，第2の交通事故によって死亡した場合，第1の加

害者は後遺症による損害額を負担し，第２の交通事故の加害者が負担すべき賠償額は第１の交通事故に基づく後遺症により低下した被害者の労働能力を前提として算定すべきものであるとし，これによって，被害者ないしその遺族が，前後二つの交通事故により被害者の被った全損害についての賠償を受けることが可能となる旨判示している。交通事故により死亡に至らない後遺症を負った後，医療事故によって死亡した場合には，医師や医療機関は，同様に，交通事故に基づく後遺症により低下した被害者の労働能力を前提として損害額を負担することになる。

　なお，被害者が症状固定時前に死亡した場合の逸失利益の算定については，上記最判の直接判示するところではないが，被害者の死亡時においては未だ症状固定していなかったとしても，被害者の負傷の程度やその後の治療経過等に照らして，一定の後遺症が存続すること及びこれに伴う労働能力喪失を予測し，予測される後遺症の程度と労働能力喪失率により逸失利益を認めることとなり，その後に医療事故によって死亡したことによる損害は，予測される後遺症により低下した被害者の労働能力を前提として損害額を算定することになる。

　では，交通事故によりそのまま放置すれば死亡という結果となる事故について，医療水準にかなった治療等をすれば被害者を救命できたとは認められないが，救命できた相当程度の可能性が認められる場合は，どうか。

　この場合は，交通事故の加害者は死亡についての責任を負うが，医師や医療機関は，医療行為と死亡との間に因果関係が認められないのであるから，被害者の死亡という不可分の結果を招来したといえる場合ではなく，共同不法行為に当たらないものと考えられる。したがって，医師や医療機関は，救命できた相当程度の可能性を侵害したとして，慰謝料を支払う責任を負うものと考えられる。

（参考文献）
手嶋豊「医療過誤と交通事故の競合」ジュリ1403号（2010）38頁，筈井卓夫「過失の競合」秋吉433頁，平野望「過失の競合」髙橋507頁，松本佳織「過失の競合」福田ほか605頁。

Ⅶ 特色ある医療類型

1 チーム医療

> **Q84** チーム医療においては，誰がいかなる責任を負うか。

A 医療は，手術などの場合，医療行為を一人ですべて行うことはできず，複数の医療従事者によって分担されることが多い。「チーム医療」と呼ばれている（もっとも，「チーム医療」という定義規定が法令上置かれているわけではないので，どの範囲をチーム医療と呼ぶかは論者によってまちまちである。ここでは，医師同士の場合を含め，複数の医療従事者が関与する場面を「チーム医療」と呼ぶこととする）。

ある医療従事者に過失がある場合，当該医療従事者やその使用者が不法行為責任又は債務不履行責任を負うことに問題はない。チーム医療で問題となるのは，他の医療従事者も責任を負うかという点である（ある医療従事者に責任が認められると，使用者である医療機関は責任を負うので，通常，医療機関の資力に問題はなく，民事的には被害者の満足が得られることから，あまり問題にならないといえる。患者側において，あくまで医師個人の責任を追及したいという場合に問題となる）。

「チーム医療」の類型としては，①専門分野が同じ医師間，②専門分野が異なる医師間，③医師と看護師等がある。

(1) 専門分野が同じ医師間

医師－医師間で専門分野が同じ場合は，通常，上下関係があることが多いと考えられる。この場合，説明義務に関するものであるが，最判平20・4・24民集62巻5号1178頁がある。

> **最判平20・4・24**
>
> **事案**
> 　大動脈弁閉鎖不全のため大学病院に入院して大動脈弁置換術を受けた患者が手術の翌日に死亡した。その相続人が，手術についてのチーム医療の総責任者であり，かつ，手術を執刀したＹ医師に対し（患者の主治医はＡ医師である），本件手術についての説明義務違反があったこと等を理由として，損害賠償を請求した。
>
> **判断**
> 　一般に，チーム医療として手術が行われる場合，チーム医療の総責任者は，条理上，患者やその家族に対し，手術の必要性，内容，危険性等についての説明が十分に行われるように配慮すべき義務を有するものというべきである。しかし，チーム医療の総責任者は，上記説明を常に自ら行わなければならないものではなく，手術に至るまで患者の診療に当たってきた主治医が上記説明をするのに十分な知識，経験を有している場合には，主治医に上記説明をゆだね，自らは必要に応じて主治医を指導，監督するにとどめることも許されるものと解される。そうすると，チーム医療の総責任者は，主治医の説明が十分なものであれば，自ら説明しなかったことを理由に説明義務違反の不法行為責任を負うことはないというべきである。また，主治医の上記説明が不十分なものであったとしても，当該主治医が上記説明をするのに十分な知識，経験を有し，チーム医療の総責任者が必要に応じて当該主治医を指導，監督していた場合には，同総責任者は説明義務違反の不法行為責任を負わないというべきである。このことは，チーム医療の総責任者が手術の執刀者であったとしても，変わるところはない。
> 　これを本件についてみると，Ｙ医師は自ら患者又はその家族に対し，本件手術の必要性，内容，危険性等についての説明をしたことはなかったが，主治医であるＡ医師が上記説明をしたというのであるから，Ａ医師の説明が十分なものであれば，Ｙ医師が説明義務違反の不法行為責任を負うことはないし，Ａ医師の説明が不十分なものであったとしても，Ａ医師が上記説明をするのに十分な知識，経験を有し，Ｙが必要に応じてＡ医師を指導，監督していた場合には，Ｙ医師は説明義務違反の不法行為責任を負わないというべきである。

　本判決は，次の二つのことを示している。①チーム医療の総責任者は，手術

の必要性，内容，危険性等についての説明が十分に行われるように配慮すべき義務を負うのであり，自らが説明しないのであれば，主治医等が十分に説明をしているか監督するなどの義務がある，②手術についての説明をゆだねられた主治医がその説明をするのに十分な知識，経験を有し，チーム医療の総責任者が必要に応じて当該主治医を指導，監督していたときには，当該主治医の上記説明が不十分なものであったとしても，同総責任者は説明義務違反の不法行為責任を負わない。

　①は，実際の医療現場において，十分な臨床経験を持たない医師が主治医として診療に当たる例がないとはいえない実情にあり，患者の生命・身体に係る利益が問題になる以上，手術についての説明においても，チーム医療の総責任者が行う指導監督の意義を軽視することはできないという考慮が働いたものと推測される。②は，チーム医療の総責任者が患者への十分な説明を単独で行い得る知識と経験を備えた者を主治医として選んだようなときには，その者に対する上記監督ないし確認義務は軽減されるべきであることを示している。医師は医療行為を行う免許を付与されているのであり，主治医となった者はその地位に応じた権限と責任をもって医療行為を行うべきであるから，チームの総責任者が患者への十分な説明を単独で行い得る知識と経験を備えた者を主治医として選んだときには，その者に対する監督ないし確認義務は軽減されるべきであるということを根拠とするものと考えられる。したがって，総責任者としては，自ら説明をする場合を除くと，主治医が説明をするのに十分な知識，経験を有しているかを見極めることが重要であり，十分な知識，経験を有している場合には，主治医を「必要に応じて指導，監督」することになる。

　なお，本判決は，総責任者において説明が十分に行われるように配慮すべき義務を負う根拠として「条理」を上げているが，これは患者と総責任者との間には直接の契約関係がないことによる。

　本判決は，チーム医療として手術が行われる場合の説明義務違反に関するものであり，それ以外について述べるものではないが，この考え方は，ほかにも及ぼし得るものと考えられ，医療行為上の過失についても同様に考えることができるものと思われる。

　刑事事件であるが，チーム医療が問題となった事例として，最判平17・11・15刑集59巻9号1558頁がある。

> **最判平17・11・15**
>
> **事案**
> 医師免許を取得して5年目の主治医が,大学病院において,悪性腫瘍摘出手術後の抗がん剤治療を実施するに当たり,文献を誤読し,週単位で投与すべき抗がん剤を日単位で投与したために,当時16歳の女性患者を抗がん剤の過剰投与による副作用により死亡させた。誤って抗がん剤を投与した主治医のほか,担当医療チームの指導医,耳鼻咽喉科の科長兼教授である被告人の3名が業務上過失致死罪により起訴され,主治医と指導医は1,2審で有罪判決が確定したが,被告人は有罪判決(禁錮1年,3年間執行猶予)を不満として上告した。
>
> **判断**
> 顎下の滑膜肉腫は,耳鼻咽喉科領域では極めてまれな症例であり,患者に対して実施したVAC療法についても,使用法を誤れば重篤な副作用が発現するものであったこと,主治医は,医師として研修医の期間を含めて4年余りの経験しかなかったことなどからすると,大学病院の科長(教授)において,主治医らに対し副作用への対応について事前に指導を行うとともに,自らも主治医等からの報告を受けるなどして副作用の発現等を的確に把握し,結果の発生を未然に防止すべき注意義務があるのに,投与計画の具体的内容を把握しその当否を検討することなく,VAC療法の選択の点のみに承認を与え,誤った投与計画を是正しなかった点などに過失があった。

　前記チーム医療の民事判決とは異なり,主治医はいまだ経験が浅かったために十分な監督をすべき注意義務を認めたものと考えられる。
　なお,この事件については,民事訴訟においても,主治医,指導医,科長(教授)らの過失が認められている(さいたま地判平16・3・24判時1879号96頁)。

(2) **専門分野を異にする医師間**
　専門分野を異にする医師が共同で医療行為を行った場合,一方に過失があった場合,他方も責任を負うか。
　医療の高度化や複雑化によって,それぞれの分野が専門化・細分化され,診

療科の枠や職種の枠を超えて，複数の医師らが協力，共同して1人の患者の診療に当たることが増えている（複数の診療科が担当する場合，「共観」といわれたりしている）。この場合，他の医師の過失について責任を負うかという問題である。

この点について判示した最高裁判決はないが，チーム医療において必要とされる医療が高度化や複雑化し，それぞれの専門分野が分化していることからすると，他の医療従事者の行為まで注意をしなければならないとすると，患者に対し，時宜を失しないように治療に当たるためにされている分業による医療の効率性に反することになるし（甲斐克則『ブリッジブック医事法』（信山社，2008）97頁），かえって自己の行為をおろそかにしかねないものであり，他の医療従事者の行為については，原則として，責任を負わないと考えるのが相当であろう。なお，レントゲン検査を担当した放射線科の医師が画像の悪性腫瘍に気づかず，主治医も画像自体を確認しなかったという場合には，主治医としての注意義務に反していたということができ，主治医の責任が認められることがある（大阪地判平15・12・18判タ1183号265頁）が，これは放射線科の医師の過失の連帯責任を問われたものではなく，主治医が自らの職責についての注意義務違反が問われたものである。

以上のことは，専門分野が異なることによる注意義務の問題であり，専門性と関係がない分野では，それぞれが注意義務を履行しなければならず，一方の医師を信頼したことで責任を免れるものではない。

刑事事件であるが，最決平19・3・26刑集61巻2号131頁（横浜市立病院患者取り違え事件）は，手術部位が異なる患者を取り違えたまま手術をしたという基本的なミスについて，当該病院では，患者の確認について，医師と看護師との間で役割分担の取り決めがされていなかったことから，他の者が確認をしているであろうと信頼することは許されず，各人の職責や持ち場に応じ，重畳的に，それぞれ責任を持って確認する義務があるとして，麻酔医と執刀医のいずれにも過失責任を認め，有罪（罰金刑）とした。

(3) 医師と看護師等

看護師は，保健師助産師看護師法37条において，医師の指示のもと，診療の補助をすることができる旨定められている。したがって，医師は，看護師に

対して指導・監督すべき立場にあるといえる。

　しかし，看護師は有資格者として専門知識を有しており，医師の診療補助行為を専門職として行う能力を有している。したがって，看護師の過誤について，医師の過失を認めることは，医師に過重な注意義務を課すことになるし，看護師の専門職としての地位にも反するものである。

　したがって，前記の専門分野が同じ医師同士の場合と同様に考えることができ，指示された医療行為を看護師のみで行う能力を有する看護師に対し，補助的な医療行為を指示した場合には，その看護師に過失があっても，医師は責任を負わないと解するのが相当であろう。

　医師と検査技師との関係も，同様に考えることができる。

　なお，医師の看護師に対する指示に過失があったとされた事例として，最判平16・9・7判タ1169号158頁（**Q26**参照）がある。

(参考文献)

朝見行弘「チーム医療」太田幸夫編『新裁判実務大系Ⅰ　医療過誤訴訟法』（青林書院，2000）127頁，髙橋譲「判解」最判解民平20年度244頁，筈井卓夫「過失の競合」秋吉433頁，平野望「過失の競合」髙橋507頁，松本佳織「過失の競合」福田ほか605頁。

2 救急医療

> **Q85** 救急医療における医療水準は，どのように考えるか。

A　救急医療については，「救急医療対策事業実施要綱」（昭和52年7月6日医発692号）に基づき，重症度・救急度に応じた初期（在宅当番医制，休日夜間急患センターが対応），2次（入院治療を要する救急医療を担う医療機関が対応，都道府県が作成する医療計画に基づき整備が進められる），3次（救急救命センターが対応）という，階層状の救急医療体制がとられている。すなわち，初期（1次）救急医療機関は，比較的軽症な急病患者に対する医療を担当し，2次救急医療機関は，初期救急医療機関からの転送患者や救急車による搬送患者など，入院・手術を要する重症患者に対する医療を担当し，3次救急

医療機関は，重症の交通外傷，心筋梗塞，脳卒中などの重篤な救急患者に対する医療を担当するという構造になっている。

　また，救急医療機関は，次の要件を満たす病院又は診療所で，その開設者からの申出により，都道府県知事が認定したものである。要件は，①救急医療につき相当の知識及び経験を有する医師が常時診療に従事していること，②救急医療に必要な施設設備を有すること，③救急隊による傷病者の搬送に容易な場所に所在し，かつ搬入に適した構造設備を有すること，④救急医療のための専用病床又は優先病床を有することであり（救急病院等を定める省令1条），①の医師とは，「救急蘇生法，呼吸循環管理，意識障害の鑑別，緊急手術要否の判断，緊急検査データの評価，救急医薬品の使用等について相当の知識及び経験を有する」ことが要請される（昭和62年1月14日厚生省健康政策局長通知）。

　もっとも，3次救急である救命救急センターではこうした体制が整えられているが，救急医療を主として担っている2次救急病院では，宿日直医師は1人が43％であり，2名以下は71％を占めており（厚生労働省医政局『救急医療の今後の在り方に関する研究会』第5回（平成20年6月10日開催）配布資料，http://www.mhlw.go.jp/shingi/2008/06/dl/s0610-10f.pdf），現実には十分な体制をとることができていないようである。この結果，例えば，脳神経外科医が当直の時に，交通事故で負傷した患者が搬送されてきたが，心疾患であり，当直医が適切に対応できなかった場合，注意義務違反を認め，医療機関の責任を認めることができるかという問題が生じる。

　現実に，医師不足もあり，十分な救急医療体制をとることができないのであるから，当直していた具体的な医師に過失があったかを問題とすれば過失はないというになるし，本来，救急医療に対応できる医師を配置させていないことに過失があるということになれば，医療機関の責任が認められることになる。この点に関する最高裁判決はない。

　大阪高判平15・10・24判タ1150号231頁は，交通事故で受傷後の患者が心タンポナーゼにより死亡した事案につき，2次救急医療機関で当直を担当していた脳神経外科医が経過観察とした措置について，2次救急医療機関の医師として，救急医療に求められる医療水準を満たしたものではないとして過失を肯定している（ほかに，福岡地判平24・3・27判時2157号68頁は，救急搬送

されて来た患者について，脳梗塞の前兆とされる一過性脳虚血発作（TIA）を見逃したことにつき，診察した医師が専門外であっても一般的な医療水準に則った診断の義務があるとして，医師の過失を認めている）。他方，福岡高判平22・11・26判タ1371号231頁は，胸痛を訴えて病院を訪れたが，当直医は内科医で循環器の専門ではなく，急性心筋梗塞の診断をした経験もなかったときには，その内科医に循環器の専門医と同等の判断を要求することは無理であり，当直医が心電図における急性心筋梗塞を疑わせる所見を見逃したことはやむを得なかったとして，帰宅させた当直医の過失を否定した。

　救急医療においては，患者は当該医療機関で初見であるのが普通であり，患者本人も意識不明や意識が混乱した状態ということも少なくないこと，受け入れる医療機関では，診療設備・人員がそろった状態で診察・治療ができるとは限らないこと，治療にあたる医療関係者は，限られた情報の下に多くの判断を行うことを余儀なくされていることなどを考慮すると，事後的に振り返ればより適切な方策が存在していたとしても，現に生じてしまった結果の責任を問うのは困難な場合がある（手嶋豊「医療過誤と交通事故の競合」ジュリ1403号（2010）42頁参照）。しかし，それでも，救急医療としてなすべき処置を怠っていたということであれば，その懈怠に起因して生じた結果について責任を認めざるを得ないこともあろう。

　救急医療における医療水準をどう考えるかという問題であるが，より大きな視点で捉えると，医療の現実を是認した上でその過失を判断するのか，本来のあるべき姿から過失を判断するのかという問題のようにも思える。現実から乖離した理想論を前提として過失を論じることは当を得たものではないが，医療の現実を当然の前提として過失を議論するのもまた相当ではない。医療慣行が医療水準とは異なるように，現状が当然の前提にはならないというべきである。

　医療機関の責任を認めると，1人又は2人程度の当直医で救急医療を行っている2次救急機関では，そんなことでは救急医療をやっていられないということで，2次救急機関から撤退し，付近には2次救急病院がなくなるという事態も予想される（もっとも，宿日直医が1人か2人しかない2次救急医療機関を多数作るよりも，統合して受入れ体制を整えた医療機関とする方策もあるであろう）。他方，患者の側からいえば，搬送された病院の当直医がどの診療科の

医師であるかによって，受けられる医療行為も異なるということでは，当たり外れに任せるほかないということになり，納得できないということになろう。

　悩ましい問題であるが，私見を述べると，たまたまいた当直医が専門外であったために，本来の救急医療として求められる医療水準にかなったものではなかったという場合には，損害の公平な分担という観点からすると，救急医療の看板を掲げている医療機関側が責任を負うべきであり，医療機関の責任を認めるのが相当であるように思う。もちろん，専門外の医師に専門外の治療を適切にすることを求めるのは妥当性を欠くと考えられるが，緊急性のある重篤な疾患の診断・応急処置の能力は専門外にも要求すべきであろうと考えられるし，専門医の判断が必要かどうかのスクーリングをすることが当直医の役割であるといえるように思える（米村滋人「医療法講義」法セ696号（2013）103頁は，難問だが，少なくとも，緊急性のある重篤な疾患の診断・応急処置の能力は非専門家にも要求すべきであろうとする）。

　もっとも，我が国では，救急医療を専門とする医師の不足が著しいといわれており（日本救急医学会監修『救急診療指針［改訂第４版］』（へるす出版，2011）3頁等参照），当直を担当していた医師は救急医療の専門家ではないことも多く，そのような医師に専門外のことを要求することは無理なことであり，個別の事件では医師個人の過失が問われるが，医師個人の問題ではないともいえるであろう（ほかにも，当該病院における医療慣行が医療水準に適合しないという判断がされた場合なども，医師個人の問題ではなく，病院のシステムの問題である。たとえば，最判平8・1・23（**Q12**参照）は血圧測定の医療慣行が医療水準に適合しないとされた事案であるが，当該病院ではそのような慣行であったのであるから，医師個人の問題ではないともいえる〔吉田邦彦「『麻酔事故と医療水準論』に関する一考察（下）」ジュリ1106号（1997）93頁参照］）。

　いずれにせよ，救急医療体制は，当該医療機関だけで解決できるものではなく，地域医療の在り方に関することであり，医師不足等の構造的な問題も見逃せない。事故当事者間のみで解決できる問題ではなく，社会全体で解決を模索することが必要な課題であろう。

(参考文献・救急医療全般につき)
菅野耕毅「救急医療に関する法的問題」太田幸夫編『新裁判実務大系Ⅰ 医療過誤訴訟法』(青林書院，2000) 418頁，松本佳織「救急医療に関する注意義務違反」髙橋319頁。

> **Q86** 医療機関が救急患者の受入れを拒んだ場合，医療機関は責任を負うか。

A 医師法19条1項は，「診療に従事する医師は，診察治療の求があった場合には，正当な事由がなければ，これを拒んではならない」と定める。この応招義務は，公法上の義務であるが，医師が正当な事由がないにもかかわらず，診療を拒んだために患者が死亡するなどしたときには，医師が診療を拒んだ行為は不法行為上違法な場合があり，患者や遺族は，医師や医療機関に対し損害賠償を請求できると解される。では，診療拒否が不法行為上違法といえる場合はどのような事案であろうか。

まず，緊急性がない患者であれば，専門外である，休診日や診療時間外である，かつてその患者が当該医療機関でトラブルを起こしているなどの理由で診療を拒んでも，患者としては，他の医療機関を受診する，あるいは診療時間内に改めて受診に来るなどすれば良いのであり，診療に応じなかったことが違法とはいえない。

問題となるのは，救急患者の場合であり，その受入要請を拒んだことが違法となるかが争われる。この点に関する最高裁判例はない。

裁判例としては，名古屋地判昭58・8・19判タ519号230頁は，脳神経外科医1人のみであり，重症患者を抱えており，診察の求めがあった患者が心不全であったという事案で，診療拒否の正当な事由があり違法とはいえないとしている。他方，千葉地判昭61・7・25判タ634号196頁は，気管支肺炎の救急患者(1歳)が，国保直営総合病院に搬送されたが，ベッドが満床との理由で受入れを拒否されたため，遠方の病院に搬送されて治療を受けたが，死亡したという事案で，搬送が診療時間内であったこと，国保直営総合病院には小児科医が3人在院していたこと，ベッド300床が満床であっても，とりあえず救急室等で応急処置を行い，ベッドが空くのを待つことも可能であったこと，小児

科医がおり入院設備のある病院が近くになかったということを挙げて，診療拒否の正当な理由がなく違法としている。また，神戸地判平4・6・30判タ802号196頁は，自動車事故で両側肺挫傷及び右気管支断裂の重症を負った救急患者について，市立病院が整形外科医及び脳神経外科医が不在であるとの理由で診療を拒んだために，遠方の病院に搬送され，両側開胸手術等を受けたが，まもなく死亡した事案について，当時，市立病院には救急患者の受傷内容と密接に関連する外科医が在院していたこと，救急患者を受け入れても人的，物的に医療行為を行うことが可能であったことを挙げて，診療拒否の正当な理由がなく違法としている。

　こうした裁判例からすると，診療拒否の正当な理由がなく違法といえるかは，医療機関側の事情，患者側の事情，地域の救急医療体制等を踏まえて，肯定的事情と否定的事情を総合して判断されているといえる。すなわち，医療機関側の事情としては，手術中・患者対応中，ベッド満床等の事情は，正当な事由の肯定的事情となる。患者側の事情としては，緊急の処置を要する患者であることは正当な事由を否定する事情となる。地域の救急医療体制としては，周辺に代替施設がないことは正当な事由の否定的事情となる。これらを総合して当該医療機関が受入れを拒んだことについて正当な理由がなく違法といえるかを判断することになる。

　もっとも，上記のような事情の多くは事後的に判明することであり，受入れ要請を受けた医療機関としては，患者の状態については，救急隊員からの報告しかなく，患者を診察して受入れの可否を判断するわけではないこと，受入れられなくはないが，さほど遠くない場所に別の救急医療機関がある場合には，そちらに搬送したほうが適当であると判断して受入れを断ることもあると考えられることなどからすると，医療機関側の事情を重視して，受入れ拒否の違法性を判断するほかないようにも思われる。

　ベッドが満床であるが止むなく受け入れたというような事情があれば，そのような事情も考慮して，医師の過失（医療水準）を判断することが必要になる。

　また，患者側の受入れを拒んだ医療機関に対する損害賠償請求では，受入れの拒否と患者の被った損害との間に因果関係が必要であり，受入れを拒まれたことによる治療の遅れが結果発生との間で因果関係が認められなければ（相当

程度の可能性の侵害も認められなければ），患者の請求は認められないことになる。

なお，診療拒否が違法であることを理由とする損害賠償請求は，診療を拒んだ個々の医療機関を相手方とするものであるが，救急医療で述べたとおり（**Q85**），救急患者については，医療機関が連携して，適切な治療を受けることができるような態勢を講じることが重要であり，本来的には，個々の医療機関の個別の責任を問うことで解決すべき問題ではないであろう。

3 先駆的医療（試行的医療）

> **Q87** 先駆的医療はどのような場合に認められるか。また，先駆的医療を説明すべき義務はあるか。

A (1) 先駆的医療とは

あらゆる治療法は，最初からあったわけではなく，当該疾病の専門的研究者による理論的考察ないし試行錯誤の中から，新規の治療法の仮説ともいうべきものが生まれ，裏付けとなる理論的研究や動物実験等を経て，臨床実験がされ，他の研究者による追試，比較対象実験による有効性（治療効果）と安全性（副作用等）の確認作業が行われ，学会や研究会等で議論がされて，その有効性と安全性が是認されて初めて，確立した医療水準として普及していくことになる。

既に確立された治療法によって，当該疾患の治療をすることができるのであれば，その治療法を採ればよいが，未だ確立された治療法がない場合やより効果的な治療法が検討途上にある場合，有効性や安全性が確立していない治療法を実施できるかという問題がある。

医学的にみれば，動物実験等によって一定の効果や安全性が確認されても，人体に対して同様の効果をもたらすかは人体に対しても実験しなければ判明しないことであり，臨床実験は必要であるといえる。しかし，未だ安全性等が確立していない治療法について，患者に対して同意なくそれを試みることは，患者の人格を否定するものであって，許されないことは当然である。

他方，例えば，これまで治療法がないとされていた疾患について有効な治療法が開発されたような場合には，患者として，いまだ有効性や安全性が確立されていなかったとしても，その治療法を受けることを希望することもあり，いちがいに先駆的治療を否定することもできない。また，既に確立された治療法があっても，より効果的な治療法が開発されることもあり，同様に，その治療法を希望する患者もおり，いちがいにその治療法の実施を否定できるものではない。

(2) 先駆的医療実施の要件

　先駆的医療についての最高裁判例はまだないが，先駆的な治療について，次の各要件をいずれも満たす場合には，許されるものと考えることができるであろう（現在，「人を対象とする医学系研究に関する倫理指針」（平成26年12月22日文部科学省・厚生労働省）により，各医療機関では，倫理審査委員会が設けられ，先端的医療等の当否について，事前審査が行われている）。

① 先駆的治療をすることの合理性

　先駆的治療は，不確実なものであり，危険性を伴うものであることからすると，先駆的治療が許されるためには，先駆的治療を行うことが臨床上合理性を有していることが必要である。先駆的治療といっても，未だ十分な裏付けがなく人に対して実施することが時期尚早な段階であった場合には許されない。既に人に対して先駆的治療をすることができるほどには成熟している必要がある。

② 患者に対する適応性

　当該患者に対して適応があるものでなければならない。当該患者にとって，別の確立した治療法があり，その適用があるのに，実験的に当該患者に対して先駆的治療を施すことは，患者の同意があっても許されないと考えられる。

③ 実施機関の相当性

　先駆的治療については，その先駆的治療を実施するにふさわしい医療機関・医師が実施する必要がある。すなわち，当該実施医療機関において，先駆的治

療についての研究を実施し，先駆的治療についての知識を有し，治療中に生じたリスクへの対応が可能であるなど，相当な医療機関に限って，実施できると考えるのが相当である。

④ 他の治療法に対する優越性
　患者の治療法として，当該先駆的な治療法以外にはない場合には，他との比較は問題とならないが，既に確立した治療法がある場合には，その治療法と比較して，先駆的治療が優越した効果が期待できる場合であることが必要である。特に優越した点がない場合には，確立された治療法を選択すれば足り，なにも先駆的治療を実施する必要はない。

　上記の各要件を検討した上で，先駆的治療の実施を適法としたものとして，大阪地判平20・2・13判タ1270号344頁等がある。

(3) 先駆的医療の説明義務
　先駆的医療を実施するにあたっては，患者に対し，説明義務として，一般的な説明義務のほか，先駆的な医療であることを説明しなければならない。
　先駆的な治療法の場合，具体的には，前記の①ないし④の観点からの説明をする必要がある。すわなち，

① 先駆的治療であることの説明
　当該先駆的な治療法は，確立された治療法ではなく，その先駆的治療がいかなる段階にあるかの説明が必要である。治療効果や副作用の説明を要するが，いまだ確実性に欠けるものであり，有効性・安全性がどの程度判明しているかを説明する必要がある。

②当該患者に対する適応
　先駆的治療につき当該患者に対する適応性の説明が必要である。

③ 当該実施医療機関の説明
　当該実施医療機関において，先駆的治療について研究の内容・程度，医師の

経験，これまでの実施例，予想されるリスクへの対応等について説明することを要する。

④　先駆的治療の優越性

　先駆的治療とは別に確立した治療法がある場合には，それとの比較で，いかなるメリット，デメリットがあるかについての説明を要する。先駆的治療については，医療機関において，実施したいという意欲が強く，デメリットについて十分な説明がされない場合があるので，注意を要するといえる。

　裁判例としては，新潟地判平6・2・10判タ835号275頁は，AVM（脳動静脈奇形）の全摘出手術につき，当時，試行的治療であったことから，十分な説明がされていると手術を受けなかった可能性が高く，手術を受けなければ後遺症が生じることもなかったとして，説明義務違反と後遺症の発生との間に相当因果関係を認めている。他に先端的治療について説明義務違反を認めたものとして，東京地判平8・6・21判タ929号240頁，前掲大阪地判平20・2・13等がある。

(4)　先駆的治療を実施するあるいは説明する義務

　先駆的治療は，いまだ確立された治療法となっているものではないから，医師としては，それを実施すべき義務を負うものではなく（東京高判昭和63・3・11判タ666号91頁），原則として，そのような治療法があることを説明すべき義務もないと考えられる。

　ただし，最判平13・11・27（乳房温存療法，**Q46**参照）と同様に考えると，未確立ではあっても，一定の水準に達しており，患者が強い関心を持っているものについて，医師がその治療法を知っていたときには，そのような治療法を実施している医療機関等について説明すべき義務があると解する余地はある。未だその程度に達していない治療法については，説明すべき義務はないといえよう。

（参考文献）

浦上薫史「試行的医療（実験的医療・先駆的医療）」秋吉242頁，浦上薫史「試行的医療をめぐる諸

問題」福田ほか522頁。

4 予防接種

> **Q88** 予防接種禍による損害賠償は，どのような場合に認められるか。

　予防接種とは，疾病に対して免疫の効果を得させるため，疾病の予防に有効であることが確認されているワクチンを，人体に注射し，又は接種することをいう（予防接種法2条1項）。個人の疾病を防止するとともに，これにより社会に蔓延することを予防することをも目的としている。

　従来，予防接種を受けることは義務とされていたが，平成6年予防接種法改正により，強制接種ではなく，任意接種となったが（同法8条1項，2項），予防接種の実施は，前記性格から，「公権力の行使」に当たると解されている。したがって，予防接種によって健康被害を受けた場合，民法上の不法行為ではなく，国家賠償請求によって救済を求めることになる。なお，接種を担当した医師個人は，損害賠償責任を負わない（最判昭30・4・19民集9巻5号534頁，最判平19・1・25民集61巻1号1頁参照）。

　国家賠償法1条1項の要件として，公務員の「故意又は過失」が定められているので，接種をした医師に過失があることが損害賠償が認められる要件となる。

　予防接種禍が争われたものとしては，最判昭39・11・24民集18巻9号1927頁と最判平3・4・19民集45巻4号367頁がある。

> **最判昭39・11・24**
>
> **事案及び判断**
> 　犬にかまれた患者（当時13歳）の治療に当たった医師が，その犬が狂犬でないことの推測ができる程度の資料があったにもかかわらず，狂犬病の発病を恐れるあまり，まず予防接種をしておけばよいとの安易な考えの下に，その接種による後麻痺症の危険についてはほとんど考慮を払わずに，これを継続施行する等の事情があるときは，医師は，その結果による後麻痺症の発生につき過失の責を免れない。

最判平3・4・19

事案

昭和43年に生後6か月の幼児が痘そうの予防接種を受けたが，予防接種後脳炎に罹患し，両下肢麻痺，知能発達障害が残ったことについて，医師の問診義務違反が争われた。原審は，幼児は，本件接種当日には一時的にかかった咽頭炎が既に治癒した状態にあったので，禁忌者には該当せず，予防接種をしたことは正当であったと判断した。なお，予防接種法においては，問診，検温，診察により健康状態を調べて，当該予防接種を受けないことが適当と認めた場合には，その者に対して予防接種をしてはならないとし，明らかな発熱を呈している者など禁忌者を具体的に定めている（予防接種法7条，予防接種実施規則4条等）。

判断

予防接種を受けた者に重篤な後遺障害が生じた場合，原因としては，①被接種者が禁忌者に該当していたこと，②被接種者が後遺障害を発症しやすい個人的素因を有していたことが考えられるが，禁忌者として掲げられている事由は，一般通常人がなりうる病的状態，比較的多くみられる疾患又はアレルギー体質であり，①の可能性が②の可能性よりもはるかに大きいものというべきであるから，被接種者に後遺障害が発生した場合，当該被接種者は禁忌者に該当していたことによって後遺障害が発生した高度の蓋然性があると認められる。したがって，医師による禁忌者を識別するために必要な問診が尽くされていたかを審理する必要がある。

（参考文献）

小西安世「予防接種をめぐる問題」秋吉349頁。

Q89 損害賠償と予防接種法による損失補償とは，どのような関係にあるか。

A 予防接種法による予防接種については，被接種者個人のためだけではなく，社会に疾病を蔓延させないために社会全体のために実施されるものであるから，同法11，12条により補償の規定が設けられている。

予防接種法に基づく損失補償と不法行為又は債務不履行による損害賠償とは，目的は同じであるから，一方が支払われた後に他方の請求をした場合，損害額から既に支払われている額が控除されることになる（同法14条）。

5 美容整形

> **Q90** 美容整形は，通常の医療行為と比べて，どのような特質を有しているか。

A (1) **美容整形の特殊性**

美容整形は，他の医療とはかなり異なった特殊性を有する。すなわち，二重瞼の形成，豊胸などの美容整形は，疾患に対する治療という側面に欠け，容姿を美しく見せることを目的とするものであって，治療によって患者の生命維持や健康の回復・増進を目的とするものではなく，医療行為といえるかが問題となる余地がある。しかし，美容整形においても，医師は，患者に対し，専門医学的な知識を有し技術を施す点で，治療を目的とする医療と異なるものではない。したがって，美容整形も他の医療と基本的に同様に考えることができるが，美容整形の特質から，異なった面が相当あることも否定できない。

美容整形の特質としては，①何らかの疾患があるわけではなく，精神的な不満を解消することを目的としたものであること，②緊急性はなく医学的必要性に乏しいこと，③このため，医師としては最善を尽くすという手段債務を負っているというよりも，患者が希望している二重瞼にするなどという結果を請け負っているという結果債務に近いものを持っていること，という点が挙げられる。

美容整形に関する最高裁判決はない。

(2) **医療行為上の注意義務**

美容整形を受ける患者としては，しわの除去，二重瞼，豊胸などの明確な目的を有しており，その目的を達することができないのであれば，実施する意味がない。そのため，医師において，その手術を実施するということは，その目

的を達することができるという前提に立っており，それができなかった場合には義務違反があったということができ，医師の過失を推認することができるように思われる。したがって，目的を達することができなかった場合，医師としては，術前には予想できなかったことであり，医療水準にかなった方法で手術を実施したが，やむを得ない結果であったことを反証する必要があると考えられる。例えば，東京地判平15・7・30判タ1153号224頁は，豊胸手術に際して，脇の下からユーロシリコンを挿入したが，左側は腕を下ろしても傷痕が隠れない位置に生じた事案について，医師は，左側の切開位置を誤ったものと認められ，それ自体で過失があったとして，賠償責任を認めている。

　もっとも，訴訟においては，上記のように，明らかに手術が失敗であったといえることは少なく，医師としては，目的を達成していると考えており，患者としては不満足な結果であると考えていることも多く，その評価は難しい面があるといえる。

(3) 説明義務

　救急医療のように緊急性が高く詳細に説明している時間的余裕がない場合には，説明の内容や程度はごく簡単な簡潔なもので足りると考えられるが，美容整形については，緊急性は全くなく，説明すべき時間的余裕は十分にあるから，できる限り詳細に説明する必要があるといえる。すなわち，「かわいくしてあげる」というような抽象的な説明ではとうてい不十分であり（広島地判平6・3・30判タ877号261頁），医療行為の内容，効果，手術の難易度，成功の可能性の程度，危険性や副作用の有無・内容，その可能性の程度等を具体的に説明する義務があると考えられる。

　また，脂肪注入術による豊胸手術の効果について，手術当日に十分な効果が得られないこともあるという適切な内容の説明がされたが，その時点で手術をしなかった場合にはキャンセル料が100％かかるというシステムの下では，それより以前に適切な説明をしていなければ説明義務違反が認められるとしたものとして，東京地判平25・2・7判タ1392号210頁がある。美容整形特有の説明義務違反であると考えられる。

(4) 説明義務違反による損害

　美容整形において，説明義務違反があった場合の損害については，通常の医療訴訟と同様に考えることができる（**Q75**参照）。すなわち，手術の結果生じる得る危険性や見通し等について十分な説明がされていれば，手術を受けなかったと認められる場合には，生じた悪い結果との間に因果関係を認めることができ，生じた損害について賠償責任が生じる。そして，美容整形は美容目的が重視されているのであるから，生じた悪い結果について事前に十分な説明を受けていれば，当該手術を受けなかったと考えられる場合がかなり多いと考えられる。この点で，治療を目的とする手術とは異なる面がある。

　もっとも，悪い結果が生じた場合には，医療行為上の過失が認められる場合が多いと考えられ，その場合には，損害の範囲としては，説明義務違反による損害と大部分が重なるので，説明義務違反を審理・判断する実益に乏しいことになる。

　慰謝料額については，通常，交通事故による算定基準が参照されるが，美容整形については，美容整形を受ける患者としては，美的な観点から満足を受けようとしているのであるから，その効果が現れずかえって醜状を残すことになった場合には，その精神的苦痛は，交通事故によって醜状が生じた場合よりも一般的に大きいと考えられる。交通事故による算定基準では，後遺障害の認定としては，外貌に一定の醜状を残すものでない限り，賠償の対象外であるが，美容整形については，その程度に至らないものでも慰謝料として広く認められるべきものと思われる。

　例えば，前掲東京地判平15・7・30は，豊胸手術の際に切開位置を，脇の下から数cm程度乳房寄りを切開した過失により，袖のない服を着た場合には傷痕の存在が外からみえるという状態になったことについて，慰謝料150万円を認めている。

（参考文献）

廣瀬美佳「美容整形の医療過誤」太田幸夫編『新裁判実務大系Ⅰ　医療過誤訴訟法』（青林書院，2000）361頁，坂田大吾「美容整形をめぐる問題」秋吉383頁，上田元和「美容整形医療をめぐる諸問題」福田ほか562頁。

6 精神科医療

> **Q91** 精神科医療は，どのような特質を有しているか。

A **(1) 精神科医療に関する訴訟**

　精神科医療は，他の診療科目とは異なって，医療法及び医師法という一般的な医事関係法規のほか，精神保健福祉法によっても特別な規制がされている分野である。例えば，精神病患者に対し，一定の要件の下で強制入院が許容され，厳格な要件の下で強制的医療行為（保護室への隔離，身体拘束等）が認められている（同法29条，29条の2，36条等）。

　精神科関係で訴訟になることが多いのは，①患者が自殺等自傷行為をした場合の医療機関の責任，②患者が第三者を殺害したり第三者に傷害を与えた場合の医療機関の責任が挙げられる。

　精神科の入院患者に対し，薬物使用や身体的拘束，閉鎖的施設への収容をしていれば，それだけ自殺その他の自傷行為あるいは第三者への危害を避けることができるといえるが，患者の尊厳の見地からいたずらに拘束をすればよいというものではないし，患者の社会復帰の観点からは，開放処遇も重要であるとされている。つまり，入院患者の自傷他害の防止の観点からは，閉鎖的施設への収容等の防止策が必要ということになるが，患者の社会復帰の観点からは，こうした措置は好ましくないということになり，社会復帰を念頭に置いた適切な治療と自傷行為や第三者への危害の防止策は二律背反性があるといえる。

　現実に，自傷行為や第三者への危害が生じた場合の医療機関の責任については，①患者の当時の状態に照らして，事故発生の危険性がどの程度あったか，②医療機関としていかなる措置を講じていたかを総合的に判断することになる。例えば，患者が自殺した場合を考えると，①については，患者が，最近自殺を企図したことがあるなど自殺企図の差し迫った危険があった場合から自殺念慮をうかがわせる事実が全くなかった場合までいろいろなケースが考えられる。②については，①を踏まえて，医療機関において講じていた措置が不適切でなかったかを検討することになる。この点に関する最高裁判決はない。裁判例としては，精神疾患の患者が自殺したことについて，医療機関の責任を認め

たものとして，福岡地小倉支判平11・11・2判タ1069号232頁，横浜地判平12・1・27判タ1087号228頁，東京高判平13・7・19判タ1107号266頁，福岡地判平21・10・6判タ1323号154頁等があり，責任を否定したものとして，東京地判平8・5・17判タ942号218頁，福岡高那覇支判平22・2・23判時2076号56頁等がある。

　最高裁判決としては，患者が第三者に危害を加えた場合の医療機関の責任が争点となった次の判決がある。

最判平8・9・3判タ931号170頁（判文の表現を一部改めている）

事案
　県立精神病院に措置入院中の統合失調症患者Aが，作業療法の一環として実施された院外散歩中に無断離院をし，離院中に金員強取の目的で通行人を殺害したことについて，医療機関を設置する県に責任があるかが争われた。

判断
　Aは，統合失調症のため社会的適応機能が著しく低下し，銃砲刀剣類所持等取締法違反，窃盗，公務執行妨害等の犯罪を繰り返して服役し，服役終了と同時に他害のおそれがあるとして県立精神病院に措置入院となり，入院後は，作業療法実施中に病院内の自動車を盗んで無断離院をし，離院中に窃盗をしたり叔父に対して暴行を加えたりし，その後も無断離院を口にするなどしていたが，病院の院長は，無断離院のおそれのあるAに院外散歩を含む作業療法を実施するについての特別の看護態勢を定めず，担当医師も，Aを院外散歩に参加させるにあたり，引率する看護士らに何ら特別な指示を与えず，引率する看護士らも，院外散歩中Aに対して特別な注意を払わなかったなどの事実関係の下においては，院長，担当医師，看護士らにAが無断離院して他人に危害を及ぼすことを防止すべき注意義務を尽くさなかった過失がある。

　本判決は，Aの精神病の内容，生活歴，犯罪歴等の措置入院までの経緯，無断離院を含めた措置入院後の態度などに照らせば，事故発生の予見可能性を肯定できることを前提とし，患者の治療や社会復帰のために開放的治療が必要であるとしても，無断離院のおそれがある患者に開放的処遇を実施するについ

て，特別の看護態勢を定めなかった病院の院長，院外散歩に参加させるに当たり引率する看護士らに何ら特別の指示を与えなかった担当医師，散歩中Aに対して格別な注意を払わなかった看護士らには，Aが無断離院して他人に危害を及ぼすことを防止すべき注意義務を尽くさなかった過失があると判断したものである。患者の精神病の内容，生活歴，犯罪歴，入院後の経過等が異なると，当然異なった判断もあり得るところであり，本件では，かなり問題のある患者に関して判示したものと考えられる。

(2) **精神障害者に対する投薬**

投薬についての基本的な最高裁判例は，最判平8・1・23（添付文書判決，**Q12**参照）である。また，最判平14・11・8（**Q26**参照）は，精神障害の患者に対する向精神薬の投与が問題となった事案である。

もっとも，これらの判例については，医師から批判をよく聞くところであり，特に，精神科臨床においては，投薬の選択や投与量について添付文書とは異なる処方をすることが少なくないようである。この点については，**Q12**で述べたとおりである。

(3) **精神神経科医師の患者に対する言動**

精神神経科の患者に対する医師の言動が違法行為といえるかについて争われたものとして，次の最高裁判決がある。

> **最判平23・4・26判夕1348号92頁**
>
> **事案**
>
> Y病院の精神神経科に通院し，Y病院のA医師の診察を受けたXが，上記診療時において，過去のストーカー被害などの外傷体験を原因とする外傷後ストレス障害（以下「PTSD」という）に罹患していたにもかかわらず，A医師から誤診に基づきパーソナリティー障害（人格障害）であるとの病名を告知され，また，治療を拒絶されるなどしたことにより，同診療時には発現が抑えられていたPTSDの症状が発現するに至ったと主張して，Yに対し損害賠償を求めた。
>
> 問題となったA医師の言動は次のとおりであった。

Xは，平成16年1月30日の診療受付終了時刻の前頃，Y病院の精神神経科の受付に電話をし，受付時間に少し遅れるが診察してほしいと述べ，応対した看護師から，用件が緊急ではなく検査結果の確認のみであるなら次回にお願いしたい旨を告げられると，興奮した状態で，診察を受けたいとの要求を続けたため，上記看護師からその報告を受けたA医師は，検査結果を伝えるだけという条件で，Xと会うことを了承した。A医師は，Xに対し，MRI検査の結果は異常がないこと及び頭痛のコントロールが当面のテーマであることを説明した上，脳神経外科を受診するよう指示し，精神神経科にはもう来なくてよいと告げて面接を終了しようとした。しかし，Xが，これに応じず，自らの病状についての訴えや質問を繰り返したため，A医師は，これに答えて，Xは人格に問題があり普通の人と行動が違う，Xの病名は「人格障害」であるなどの発言をした後，なおも質問を繰り返そうとするXに対し，話はもう終わりであるから帰るように告げて，診察室から退出した。

判断

　A医師の上記言動は，その発言の中にやや適切を欠く点があることは否定できないとしても，診療受付時刻を過ぎて面接を行うことになった当初の目的を超えて，自らの病状についての訴えや質問を繰り返すXに応対する過程での言動であることを考慮すると，これをもって，直ちに精神神経科を受診する患者に対応する医師としての注意義務に反する行為であると評価するについては疑問を入れる余地がある上，これがXの生命身体に危害が及ぶことを想起させるような内容のものではないことは明らかであって，PTSDの診断基準に照らすならば，それ自体がPTSDの発症原因となり得る外傷的な出来事に当たるとみる余地はない。そして，A医師の上記言動は，XがPTSD発症のそもそもの原因となった外傷体験であると主張するストーカー等の被害と類似し，又はこれを想起させるものであるとみることもできないし，また，PTSDの発症原因となり得る外傷体験のある者は，これとは類似せず，また，これを想起させるものともいえない他の重大でないストレス要因によってもPTSDを発症することがある旨の医学的知見が認められているわけではない。

　以上を総合すると，A医師の上記言動とXにPTSDと診断された症状との間に相当因果関係があるということができないことは明らかである。

〔参考文献〕

木ノ元直樹「精神科における自殺事故と民事責任」判タ1163号（2005）63頁，辻伸行「精神科患者の自傷他害事故」太田幸夫編『新裁判実務大系Ⅰ　医療過誤訴訟法』（青林書院，2000）383頁，田代雅彦「精神科医療をめぐる問題」秋吉393頁，大寄麻代「医療施設における患者の管理に関する注意義務違反」髙橋469頁，廣谷章雄＝水野峻志「精神科医療をめぐる諸問題」福田ほか545頁。

手続編

　東京地裁と大阪地裁の医療訴訟の審理運営方針については，大阪地方裁判所第17，第19，第20民事部「大阪地方裁判所医事部の審理運営方針」判タ1335号（2011）5頁，東京地方裁判所医療訴訟対策委員会「医療訴訟の審理運営方針（改訂版）」判タ1389号（2013）5頁参照。

1 訴え提起前

> **Q92** 患者側弁護士としては，医療事件を受任した場合，まず何をすべきか。

A　患者やその遺族から医療過誤ではないかという相談を受けた場合，まず「調査」を受任することになると考えられる。貸金返還等の通常の民事事件であれば，依頼者から事情を聴取し，必要な書証の提出を受けると，弁護士において訴訟を提起した場合の見通しまで判断できることが多いが，医療事件については，医療の専門家ではない弁護士が当事者から事情を聴取しても，それのみで医師の過失の有無等を判断できるわけでなく，医師の過失や因果関係について，「調査」する必要がある。

　調査においては，①診療経過等の事実関係の調査と②医学的知見の調査がある。①はいうまでもなくカルテを入手して，その分析をすることである（**Q93**参照）。②は，医療訴訟特有のもので，いかにして医学的知見を取得し，訴訟提起の可能性を検討するかというものである（**Q94**参照）。

（参考文献・訴え提起前全般につき）

浦川ほか「訴訟提起前の活動」192頁〔伊藤律子・細川大輔〕，安原幸彦「訴え提起をする患者側弁護士による準備と訴訟活動」髙橋39頁，飯塚知行「患者側弁護士による訴えの提起の準備と訴訟活動」福田ほか49頁。

> **Q93** 患者側弁護士はどのようにしてカルテを入手するか。

A カルテは，医師や医療機関が作成・保管する義務を負っている（医師法24条）。カルテの入手方法としては，①医療機関に対する開示請求，②証拠保全（民訴法234条以下）がある。

(1) **開示請求**

患者は医療機関に対してカルテの開示を請求することができる。その根拠としては，医師は，患者に対して医療行為の内容，経過，結果等について説明及び報告すべき義務（顛末報告義務）を負っている（**Q55参照**）ので，患者が医師等に対して上記の説明及び報告としてカルテ等の診療記録の開示を求めた場合には，医師等は，そのような方法により説明及び報告する義務があると解することができよう。また，個人情報の保護に関する法律及びそれを受けて制定された厚生労働省『医療・介護関係事業者における個人情報の適切な取扱いのためのガイドライン』（平成16年12月24日，最終改正平成22年9月17日）において，「医療・介護関係事業者は，保有する個人データを，開示することにより本人又は第三者の生命，身体，財産その他の権利利益を害するおそれがある場合などの例外を除き，開示しなければならない」旨定めている。

(2) **証拠保全**

カルテを入手するもう一つの方法としては，証拠保全（民訴法234条以下）がある。従来は証拠保全がされることが多かったが，現在は，電子カルテが普及し，改ざんした場合にはその記録が残ることから，証拠保全によらずに，開示請求をする事案が増えているようである。

開示請求ではなく証拠保全手続をとる場合としては，患者と医療機関との関係が悪化しており、任意の開示を求めたのでは，開示を拒否されるか，開示されるまでの間に改ざんされるおそれあるときなどが考えられる。

（参考）医師法24条

1 医師は、診療をしたときは、遅滞なく診療に関する事項を診療録に記載しなければならない。

2　前項の診療録であって、病院又は診療所に勤務する医師のした診療に関するものは、その病院又は診療所の管理者において、その他の診療に関するものは、その医師において、5年間これを保存しなければならない。

（参考）カルテの記載方法
カルテは，一般にSOAP形式という方式で記載されている（もっとも，医師により千差万別である）。
S：Subjective（患者の主観的項目）
O：Objective（客観的項目）
A：Assessment（評価）
P：Plan（計画）
例えば，次のようなものである。
Problem：糖尿病
S：口が渇いたり、多く水を飲むことは最近なくなった。
O：空腹時血糖値140　HbA1c（ヘモグロビン・エイワンシー）6.8％
A：糖尿病の口渇多飲は認められない。食事療法・運動療法を現在行っているが、血糖値のコントロールに関しては改善が求められる。本日より経口糖尿病薬を開始。
P：次回外来で効果判定

（参考文献）

吉岡大地「訴え提起前の準備－証拠保全等」秋吉3頁，小口五大「証拠保全」髙橋22頁，関根規夫「診療録等」髙橋140頁，森冨義明＝小口五大「証拠保全」福田ほか103頁，石丸将利「診療録等」福田ほか247頁。

> **Q94**　医学的知見の調査は，どのようにして行うか。

A　医学的な知見を得て，その知見に照らして，医師等のした医療行為が不適切であったかを検討することになる。医学的知見の調査方法としては，次のものがある。これらにより入手した資料は，訴訟提起した場合の証拠となるも

のである。医療訴訟に限ることではないが，訴えを提起するのであれば，訴え提起前の準備が重要である。

(1) 医学文献

医学文献については，(a) 弁護士や裁判官等医学の専門家ではない者が理解するための文献と，(b) 医師の過失の有無等を立証するための文献に分けることができる。(a) は，医療訴訟を担当する者が知識を得るためのものであり，医師向けの書物はかなり難しく，理解できないことが少なくないので，看護師向けの書物の方が分かりやすいように思われる。まずはそれで基礎的な知識を得るのがよい。(b) については，当該訴訟の争点を立証するための証拠として裁判所に提出するためのものである。

(2) インターネット

インターネットからも多くの情報を得ることができ，分かりやすく説明されており，基礎的な理解に役立つことが多い。もっとも，出典や根拠が明らかでないものも多く，信用性は千差万別である。

ホームページの作成者が専門医，医学会，大学病院等であったり，医学雑誌をそのまま掲載している場合には，信用性が高いといえるが，作成者が明らかでない，あるいは作成者が明らかでも，その信用性がどの程度か分からない場合もある。このようなインターネットの特性を踏まえて，インターネット情報の証拠提出を検討する必要がある。なお，インターネット情報は，それを手がかりにして信頼性の高い文献を探し出すことができる場合も多い。

(3) 診療ガイドライン

診療ガイドラインは，学会において，専門家による委員会を組織し，多数の論文のエビデンスレベルを検討して，一定の基準をまとめたものであり，一般的に信用性が高い。当該事案で，適切な診療ガイドラインがないのかは確認しておく必要がある（**Q13**参照）。

(4) 医薬品の添付文書

医薬品の投与が問題となる事案では，医薬品の添付文書（能書と呼ばれてい

る）を確認する必要がある。添付文書に反する使用は過失が推定されており（**Q12**参照），添付文書は極めて重視されている。

(5) 前医や後医のカルテ入手や医師等からの聴取

患者が問題としている医療機関の前や後に別の医療機関で診療を受けている場合には，前や後の医療機関のカルテを入手することが有益な場合が少なくない。特に，後医は，当該医療機関の後で転送された医療機関であるので，搬送された時の患者の状態，措置の内容等が分かるので，当該医療機関での医療行為の相当性や転医の遅れ等についての情報を得ることができることがある。入手方法としては，訴訟前であればカルテ開示制度や弁護士照会（弁護士法23条）により，訴訟提起後であれば，それに加えて文書送付嘱託（民訴法226条）を利用できる。必要に応じて，実際に前医や後医と面談することも考慮すべきである。

(6) 協力医

患者側弁護士としては，自分なりに調査し，分析しても，それが正当なものであるかは定かではないことが多いと思われる。知人や患者側諸団体のネットワークなど様々なルートを通じて，協力医と呼ばれる医師を見つけ出して，相談することが多い。協力医の意見を得て，弁護士として，医師の過失等について最終的な判断をすることが多いと思われる。

(参考文献)

浦川ほか「医学的知見の獲得のための方策」625頁〔近藤昌昭＝大寄悦加〕，安原幸彦「訴え提起をする患者側弁護士による準備と訴訟活動」髙橋39頁，髙橋譲「基礎的な医学的知見」髙橋166頁，徳岡由美子「争点整理段階での専門的知見の活用」福田ほか160頁。

Q95 医学用語を理解する上での留意点は何か。

A 最も注意を要するのは，医療と法律では，同じ用語を使っていても，考えている内容がかなり違うことがある点である。

典型的なものが，「まれに生じる」，「可能性がある」という用語であり，医療では，「まれに生じる」は，一般に0.1％以下，多くは0.01％以下の発生確率を示すことが多く，可能性を完全に否定できなければ，「可能性は否定できない」と呼ぶようである。

他方，民事裁判であれば，証明は，高度の蓋然性の立証を要するとされており（**Q60**参照），80％程度確かであれば，証明ができたといわれている。そうすると，たとえば，因果関係が争われ，医師が証言や鑑定において，「本件医療行為によって生じた可能性が高いが，患者が有していた疾患が増悪したことによる可能性も否定できない」という意見を述べた場合，「可能性を否定できない」というのは，どの程度なのかを必ず明らかにしておく必要がある。1％程度の可能性が認められるというのであれば，民事裁判においては，本件医療行為との因果関係を認定する妨げとはならない。他方，20％程度の可能性があるというのであれば，高度の蓋然性の立証は微妙であり，50％程度の可能性があるというのであれば，高度の蓋然性があると認定することは無理で，相当程度の可能性を考えることになる（相当程度の可能性については，**Q64**参照）。

医師は，数字で表現することに難色を示すことが多いが，可能性が10％以下なのか，20％程度あるのか，50％程度なのかというような大きな括りで足りるが，その点を確認する必要がある。

（参考文献）
高瀬浩造「医師から見た医療と法曹との相互理解の現状と課題」髙橋1頁。

> **Q96** 調査の結果，医療機関側の法的責任について一定の心証を持った場合，その後どうすべきか。

A 患者側弁護士の調査の結果，医療機関側の法的責任を認めることは難しいという結論であれば，依頼者に根拠を示してその旨説明することになる。また，最近，医療機関によっては，診療経過や事故原因などについて患者側に対し説明を行う機会を設ける場合もある。患者側代理人としては，患者や遺族の

納得のために医療機関側の説明を聞く必要があると考える事案については，説明会等の開催を求めることも検討すべきであろう。

患者側弁護士が依頼者に対し法的責任を認めることは難しいと説明しても，患者側が納得せず，訴えを提起してほしいと依頼された場合にどう対応するかは，医療訴訟特有の問題ではなく，弁護士の判断である。

他方，調査の結果，医療機関側の法的責任が認められる可能性が高いという場合には，医療機関において過失を認めておらず，交渉する余地がないというような事案を除いては，示談解決のための協議を医療機関側に申し入れるのが一般的である。医療機関が過失を否定している場合でも，その説明を受けることによって，訴訟に至った場合の医療機関側の主張を知ることができ，訴訟において主張すべき点が分かり，効率的な訴訟準備が可能となる。

示談交渉による解決にどの程度の時間をかけて行うかは，訴訟を提起した場合に医療機関の責任が認められる見込みの程度，患者や家族の意向，医療機関側のスタンスを見ながら判断することになろう。

示談が成立した場合には，示談書を取り交わすことになるが，その内容は訴訟上の和解と同じであり，**Q109**参照。

示談が成立しない場合は，訴訟提起をすることが多いが，第三者を交えた話合いにより解決する可能性があれば，民事調停や医療ADRを利用する方法もある。民事調停や医療ADRは，医療機関の責任についてはほぼ争いがなく，損害額が主要な争点の場合には適していると思われる。

また，補償制度として，医薬品副作用被害救済制度，産科医療補償制度があるので，該当する場合には，まずその制度により給付金の交付を受けるようにすべきである。

（参考文献）

五十嵐裕美「医療ADR」福田ほか116頁，金田朗「無過失補償制度」福田ほか724頁。

Q97 医療機関側から相談を受けた弁護士は，どう対応すべきか。

A 医療機関側は，患者や患者側弁護士から医療過誤の疑いがあるとして協

議の申入れがされると，弁護士に依頼することが多いと思われる。

　医療機関側弁護士としては，患者側が問題とする医療行為に法的責任があるかを検討することになる。カルテに基づき，医師や看護師等からの事情聴取をして，事実関係を把握した上で，医師の意見を聞いて，法的観点から，過失の有無等を検討することになる。

　訴訟提起された場合に，証人尋問で呼ばれる可能性のある関係者には，予め事情を聞くことが望ましい。なぜなら，患者側は，当初，外科医の処置が悪かったとして外科医の過失を問題としていても，途中で，内科医の外科医に対する連絡が遅すぎたとして内科医の過失に変更するかもしれないので，関与した医師等の医療従事者から事情を聴取して，広い視点で，早期の段階から，病院全体としていかなるスタンスで対応するかを決めておく必要がある。

　比較的簡単な事案で医療機関に責任がないといえるような場合を除いては，患者の診察をした医師だけではなく，ほかにその分野に詳しい医師等からも意見を聴取するのがよいと思われる。

　医師等に過失があり，医療機関に責任が認められる可能性が高いということになれば，医療機関や医師と相談のうえ，患者側と示談交渉をすることになる。医療機関側が患者側に金銭を支払う場合，医師賠償責任保険から保険金が出るかについても注意を要する。

　医師等に過失がなく，示談には応じないという方針になれば，その旨患者側に伝えるとともに，過失を否定する方向の医学文献等を整理しつつ，訴訟に備えることになる。

　なお，カルテの証拠保全手続（**Q93**参照）においては，カルテの開示を拒否すると，後に訴訟となった時に，証拠保全時から裁判時までの間に改ざんされたのではないかという疑いをかけられるおそれがあるので，医療機関としてはカルテを提出するのが相当である。

（参考文献）
浦川ほか「医療側代理人の訴訟前活動」240頁〔柴田崇・渡辺直大〕，児玉安司「医療機関側の訴訟前対応と訴訟対応」髙橋57頁，西口岳「医療機関側の弁護士の訴訟前後の活動」福田ほか84頁，鵜飼万貴子「医師賠償責任保険について」福田ほか695頁。

> **Q98** 医師に過失があったとして損害賠償を請求する場合，患者側として，誰を相手に訴えるとよいか。

A 訴える相手方としては，①医療法人や病院開設者が当該医師とは別にいる場合，②当該医師が病院を開設している場合とで異なる。

①の場合，債務不履行による損害賠償請求（民415条）であれば，診療契約は患者と医療法人や病院開設者との間で締結されているので，医療法人や病院開設者を被告とすることになる（当該医師は履行補助者にすぎない）。不法行為による損害賠償請求の場合は，使用者責任（民715条）として医療法人や病院開設者を被告とすることが多いが，医師個人も不法行為者として被告とすることもできる（民709条）。

②の場合，当該医師と診療契約を締結しているので，債務不履行と不法行為のいずれの構成でも，その医師個人を被告とすることになる。

看護師や技師についての過失を問う場合は，医師以外の者は原則として病院開設者になれないので（医療法7条参照），①の場合ということになる。したがって，債務不履行構成であると，医療法人や病院開設者を被告とすることになるが，不法行為構成のときは，医療法人や病院開設者のほか，当該看護師や技師を不法行為者として被告とすることもできる。

2 訴え提起後

> **Q99** 医療訴訟において訴状，準備書面等は，どのように記載すべきか。

A 訴訟提起後は，原告（患者側）の訴状，被告（医療機関側）の答弁書，双方の準備書面，裁判所の判決書と書面作成が重要な位置を占めるが，これらの書面は，基本的に共通性を有していると考えられる。

医療訴訟における訴状や準備書面，判決書の基本的構成は，一般的に次のようになる。

①　事実関係（診療経過）
②　医学的知見（医療水準）
③　法的判断（過失・因果関係）の主張又は判断
④　損害

　①を小前提，②を大前提として，①を②に当てはめて，③（過失，因果関係）を検討するという構造である（**Q7**参照。③が認められると，④の検討に進む）。

　①は，過失や因果関係の争点に焦点を当てて，②の医学的知見を踏まえて，それに該当する事実を記載する必要がある。つまり，医学的知見の裏付けのない事実を過失として主張しても，その立証ができないし，医学的知見としては正当なものであっても，事実がその適応がない場合には，事実と医学的知見がかみ合わないことになる（過失や因果関係を裏付けるあるいは妨げる医学文献等がない場合については，**Q101**参照）。

　事実を医学的知見に当てはめると，結論（過失や因果関係の有無）が導かれなければならない。

　実際の例で検討すると，次のようになる（当事者の表示や請求の趣旨（主文）については，通常の民事訴訟と異なる点はないので，それ以降について記載する。参考とした事例は，最判平16・9・7（**Q26**参照）である）。

第1　請求　（略）
第2　事案の概要
　Y1が開設している甲病院でS状結腸がん除去手術（以下「本件手術」という）を受けた患者であるAが，手術後，甲病院において，点滴による静脈注射（以下「点滴静注」という）により継続的に抗生剤を投与されていたが，新たな抗生剤が投与された直後に，呼吸困難その他薬物ショック性の各症状を発症し，その約3時間後に急性循環不全により死亡した。本件は，Aの妻子であるXらが，Aが死亡したのは，Aの主治医であったY2が上記抗生剤投与後の経過観察をすべき注意義務及び救急処置の準備をすべき注意義務をそれぞれ怠った過失によるものであるなどと主張して，Yらに対し，不法行為による損害賠償を求める事案である。

1　事実関係

証拠（甲A○号証，乙A○号証，証人○，原告○，被告○）及び弁論の全趣旨によると，次の事実が認められる。

(1)　Aは，平成2年7月19日，甲病院で診察を受け，注腸造影検査を受けた結果，S状結腸がんと診断され，同年8月2日，甲病院に入院し，Y2が主治医となった。

Aは，上記受診の際，「申告事項」と題する書面の「異常体質過敏症，ショック等の有無」欄の「抗生物質剤（ペニシリン，ストマイ等）」の箇所に丸印をつけて提出し，また，入院時には，甲病院の看護婦に対し，風邪薬でじんましんが出た経験があり，青魚，生魚でじんましんが出る旨を告げた。Y2は，上記書面の上記記載内容を見た上で問診を行ったが，その際，Aから，薬物アレルギーがあり，風邪薬でじんましんが出たことがある旨の申告を受けた。これに対し，Y2は，風邪薬とは，抗生物質の使用されていない市販の消炎鎮痛剤のことであろうと解釈し，Aに対し，具体的な薬品名等，申告に係る薬物アレルギーの具体的内容，その詳細を尋ねることはしなかった。

(2)　Aは，同月8日，Y2の執刀により，本件手術を受けた。

Y2は，手術後の感染予防を目的として，本件手術直後から，第二世代セフェム系抗生剤であるパンスポリン及び第三世代セフェム系抗生剤であるエポセリンを，いずれも皮膚反応による過敏性試験の結果が陰性であることを確認した上で投与した。

手術後8日目の同月16日，本件手術のふん合部に留置したドレーンに便汁様の排液が認められ，小縫合不全と診断された。

同月21日，Y2は，起炎菌の同定及び起炎菌に対する抗生物質の感受性を調べるため，上記ドレーンからの分泌物を細菌培養検査に出した。

同月23日及び24日には，Aに38度位の発熱が認められたことから，縫合不全の炎症が持続していると考えられた。また，上記各抗生剤の投与が2週間以上となり，菌交代現象等により縫合不全部の炎症に対する上記各抗生剤の効果が低下している可能性があることから，Y2は，抗生剤を変更する必要があり，合成ペニシリン系のペントシリンと第三世代セフェム系の

ベストコールを併用して投与するのが適当と判断した。そして，Aに対する上記各抗生剤の過敏性試験が行われ，いずれも陰性と判定された。

同月25日午前10時，Aに対してペントシリン2gとベストコール1gが点滴静注により投与されたが，Aに異常は認められなかった。

同日昼に前記細菌培養検査の結果が判明し，4種類の菌が確認された。この結果によれば，ベストコールは2種の菌に，ペントシリンは3種の菌に感受性が認められたが，テトラサイクリン系抗生剤のミノマイシンは4種の菌すべてに感受性があることから，薬剤変更の緊急の必要性はなかったものの，Y2は，ベストコールをミノマイシンに変更するのが適切であると判断し，これと殺菌力を有するペントシリンとを併用することとし，同日夜の投与分からペントシリンとミノマイシンの投与を開始することとした。なお，ミノマイシンは，過敏性試験をしても，アレルギーの有無にかかわらず反応が現れる薬剤とされていることから，過敏性試験は行われなかった。

(3) 同月25日午後10時，甲病院のB看護婦は，Aの病室に入り，Aに対し，ペントシリン2g及びミノマイシン100mg（以下，これらを併せて「本件各薬剤」という）の点滴静注を開始し，その直後の午後10時02分ころ，点滴静注開始によるAの状態の変化の有無等の経過観察を十分に行わないで，Aの病室から退出した。なお，上記の本件各薬剤の投与に際し，Y2から，B看護師に対し，投与方法，投与後の経過観察等についての格別の指示はなかった。

(4) 上記点滴静注を開始して数分後，Aは，うめき声を上げ，妻のX1に対して，点滴の影響で苦しくなったので，看護婦を呼ぶように求め，X1は，ナースコールをした。

甲病院のC看護師は，看護婦の詰所で上記ナースコールを聞き，午後10時10分にAの病室に入った。C看護師は，Aから，気分が悪く体がピリピリした感じがするという言葉を聞き，さらに，X1から，本件各薬剤を投与してから異常が現れたと告げられたため，本件各薬剤の投与を中止し，後からAの病室に入って来たB看護師にAの様子をみておくように伝えた上で，当直医のD医師を呼びに行き，午後10時15分，D医師に連絡した。

D医師が病室に到着するまでの間，B看護師は，Aから，気分が悪いと言

われたため，背中をさすって様子を見ていたところ，Aは，「オエッ」というような声を何回か発した後，白目をむいた。

その後，D医師とC看護師が病室に到着したが，その時点において，Aは，既に意識がなく，顔面にチアノーゼが出ている状態で，ほぼ呼吸停止かつ心停止の状態であった。D医師は，アンビューバッグを用いるなどして人工呼吸を行い，看護婦が心臓マッサージを行った。D医師は，当直医のE医師の応援を求め，E医師は，約1分後にAの病室に到着した。この時，Aは，1分間に10回深呼吸をする状態であった。

午後10時30分に，D医師が気管内挿管を試みたが，こう頭浮しゅが強かったため挿管することができず，E医師がこう頭せん刺を行い，午後10時40分に気管内挿管がされたが，そのころ，呼吸停止，心停止が確認され，午後10時45分から強心剤であるアドレナリン（ボスミン）等が投与され，人工呼吸及び心臓マッサージが続けられたが，翌26日午前1時28分，Aの死亡が確認された。

(5) Aの死因は，前記点滴静注により投与された本件各薬剤のいずれか又は双方の作用に基づくアナフィラキシーショックによる急性循環不全である。

2 医学的知見
(1) ペントシリンの添付文書（能書）には，使用上の注意として，ショックが現れるおそれがあるので，十分な問診を行うこと，ショック発現時に救急処置が執れるように準備をしておくこと，投与後，患者を安静の状態に保たせ，十分な観察を行うことと記載されているほか，ペントシリンの成分によるショックの既往症のある患者には投与しないこと，ペントシリンの成分又はペニシリン系抗生物質に対し過敏症の既往歴のある患者には原則として投与せず，特に必要とする場合には慎重に投与すること，セフェム系抗生物質に対し過敏症の既往歴のある患者や気管支ぜん息，発しん，じんましん等のアレルギー反応を起こしやすい体質を有する患者には慎重に投与すること，副作用として，まれにショック症状を起こすことがあるので，観察を十分に行い，不快感，口内異常感，ぜん鳴，めまい，便意，耳鳴等の症状が現れた場合には投与を中止すること，ときに，発熱，発しん，じんましん，そうよう，また，まれに浮しゅ等の過敏症状を起こすこ

とがあるので，これらの症状が現れた場合には，投与を中止し，適切な処置を行うことと記載されている（甲Ｂ○号証）。

　ミノマイシンの添付文書（能書）には，使用上の注意として，既往にテトラサイクリン系薬剤に対する過敏症を起こした患者には投与しないこと，副作用として，まれにショック症状を起こすことがあるので，観察を十分に行い，不快感，口内異常感，ぜん鳴，めまい，便意，耳鳴等の症状が現れた場合には投与を中止し，適切な治療を行うこと，まれに発熱，発しん，じんましん，光線過敏症，浮しゅ（四肢，顔面）等の症状が現れることがあるので，このような症状が現れた場合には投与を中止し，適切な処置を執ることと記載されている（甲Ｂ○号証）。

(2)　アナフィラキシーショックに関する医学的知見は，次のとおりである（甲Ｂ○号証，乙Ｂ○号証）。

　アナフィラキシーショックは，体内のIgE抗体と抗原との反応によって生ずるものであり，原因物質としては，抗生剤等の薬剤のほか，動物毒や食品によるものがあり，抗生剤では，ペニシリン系のペントシリン，テトラサイクリン系のミノマイシンのいずれもがショック発症の原因物質となり得るとされている（ペントシリンの方がショックの発生頻度が高い。）。

　ぜん息，アトピー等のアレルギー性疾患を有する患者の場合には，抗生剤等の薬剤の投与によるアナフィラキシーショックの発症率の上昇が見られる。

　薬物によるアナフィラキシーショックは，前駆症状として，口中異常感，悪寒，しびれ感等が起こり，次に血圧の低下，こう頭浮しゅ，呼吸困難等に至るものであって，急激に発症し，しばしば急速な症状の進展が見られる。薬剤が静脈内に投与された場合のアナフィラキシーショックは，ほとんどが５分以内に発症するものとされている。

　アナフィラキシーショックが発症すると，病変の進行が急速であることから，薬剤の投与後に十分に経過観察を行い，初期症状をいち早く察知し，治療をできるだけ早期に行うことが大切であり，アナフィラキシーショック発症後５分以内に救急処置を執ったか否か及びその内容により予後が大きく左右されるとされている。そして，救急治療としては，まず原因となった薬剤の投与を中止するとともに，気管内挿管や気管切開により気道を確

保し，更に静脈路を確保し，輸液やアドレナリンなどの投与を行う等の措置を迅速に執る必要があるとされている。

第3　判断
　1　前記の事実関係及び医学的知見によれば，次のことが明らかである。①本件各薬剤は，いずれもアナフィラキシーショック発症の原因物質となり得るものであり，本件各薬剤の各能書には，使用上の注意事項として，そのことが明記されており，抗生物質に対し過敏症の既往歴のある患者や，気管支ぜん息，発しん，じんましん等のアレルギー反応を起こしやすい体質を有する患者には，特に慎重に投与すること，投与後の経過観察を十分に行い，一定の症状が現れた場合には投与を中止して，適切な処置を執るべきことが記載されている。②Aは，受診の際に提出した前記申告書面及びY2による問診において，薬物等にアレルギー反応を起こしやすい体質である旨の申告をしており，Y2は，その申告内容を認識していながら，Aに対し，その申告に係る薬物アレルギーの具体的内容，その詳細を尋ねることはしなかった。③本件手術後，Aに対しては，抗生剤が継続的に投与されてはいたが，本件のアナフィラキシーショック発症の原因となった前記点滴静注において投与された本件各薬剤のうち，ミノマイシンは初めて投与されたものであり，ペントシリンは2度目の投与であった。④医学的知見によれば，薬剤が静注により投与された場合に起きるアナフィラキシーショックは，ほとんどの場合，投与後5分以内に発症するものとされており，その病変の進行が急速であることから，アナフィラキシーショック症状を引き起こす可能性のある薬剤を投与する場合には，投与後の経過観察を十分に行い，その初期症状をいち早く察知することが肝要であり，発症した場合には，薬剤の投与を直ちに中止するとともに，できるだけ早期に救急治療を行うことが重要であるとされている。特に，アレルギー性疾患を有する患者の場合には，薬剤の投与によるアナフィラキシーショックの発症率が高いことから，格別の注意を払うことが必要とされている。⑤しかるに，Y2は，本件各薬剤をAに投与するに当たり，担当の看護婦に対し，投与後の経過観察を十分に行うようにとの指示をしておらず，アナフィラキシーショックが発症した場合に迅速かつ的確な救急処置を執り得るような医療態勢に関する指示，連絡もしていなかった。そのため，本件各薬剤の点滴

> 静注を行ったB看護師は，点滴静注開始後，Aの経過観察を行わないで，すぐに病室から退出してしまい，その結果，アナフィラキシーショック発症後，相当の間，本件薬剤の投与が継続されることとなったほか，当直医による心臓マッサージが開始されたのは発症後10分以上が経過した後であり，気管内挿管が試みられたのは発症後20分以上が経過した後，アドレナリンが投与されたのは発症から約40分が経過した後であった。
> 　2　以上の諸点に照らすと，Y2が，薬物等にアレルギー反応を起こしやすい体質である旨の申告をしているAに対し，アナフィラキシーショック症状を引き起こす可能性のある本件各薬剤を新たに投与するに際しては，Y2には，その発症の可能性があることを予見し，その発症に備えて，あらかじめ，担当の看護婦に対し，投与後の経過観察を十分に行うこと等の指示をするほか，発症後における迅速かつ的確な救急処置を執り得るような医療態勢に関する指示，連絡をしておくべき注意義務があり，Y2が，このような指示を何らしないで，本件各薬剤の投与を担当看護婦に指示したことにつき，上記注意義務を怠った過失があるというべきである。
> （因果関係，損害については略）

　事実関係（小前提）を医療水準である医学的知見（大前提）に当てはめると，過失（医師が担当の看護婦に対し投与後の経過観察を十分に行うことの指示等をする義務違反）があったという結論になる。

　事実関係の主張立証は，通常訴訟と異なるものではないが，医学的知見を主張立証しなければならない点に医療訴訟の特徴がある。事実関係と医学的知見は車の両輪のような関係にあり，かみ合わないと主張する意味がない。

　上記は，判決の例であるが，当事者が提出する訴状や準備書面等においても異なるものではなく，争点と関係する事実関係と争点である過失等を裏付けるあるいは妨げる医学的知見を主張する必要がある。

(参考文献)

浦川ほか「医療訴訟の受任」281頁〔谷直樹・柴田崇〕，村田渉「訴えの提起－望ましい訴状，訴状の留意点，添付書証等」秋吉15頁。

Q100 証拠の提出方法の留意点は何か。

A 証拠の提出については，東京地裁や大阪地裁等の医事集中部において，分かりやすさの観点から，次のように分類して提出することが行われており，全国的な傾向であると考えられる。

　A号証　診療経過等の事実関係に関する書証（カルテ，診断書，患者の診療に関与した医師の陳述書等）

　B号証　一般的な医学的知見に関する書証（医学文献，添付文書，患者の診療に関与していない医師の意見書等）

　C号証　損害に関する証拠（領収書，源泉徴収票，戸籍謄本，損害に関する陳述書等）

　証拠を提出する場合，原告（甲号証），被告（乙号証）ごとにA，B，Cに分けて提出する。

　医療機関の責任の有無に関する証拠は，A号証とB号証であり，C号証は，医療機関に責任がある場合に初めて検討される。A号証（事実関係）をB号証（医学的知見）に当てはめて，医療機関の責任を検討することになる。

　なお，カルテについては，医療機関側において，乙A1号証として提出するのが相当である。読みにくい文字や外国語には訳を付す必要がある。また，カルテは大部のものが多いので，証拠提出時に頁を付すことが望ましい（尋問でカルテを示す時や準備書面，判決書で引用する場合の便宜のため）。電子カルテについては，更新履歴も含めると膨大な分量になるので，最新版のみを提出すれば足りる（改ざん等が争われた場合に更新履歴を提出すれば足りる）。

　また，医学文献を証拠として提出する場合は，次の点に留意することが望ましい。

　①医学は日進月歩であり，当該医療行為が行われた当時の医学文献に基づくことが必要である（**Q9**参照）。当該医療行為が行われた以後の医学文献の場合には，医学文献に記載された内容が当該医療行為の当時から妥当するものであることを示しておく必要がある。

　②必ず著者と発行年が記載されている奥書も提出する。

　③論文が長文である場合には，論文をそのまま提出したうえで，重要な部分

（立証趣旨に関連する部分）にはラインマーカーを付すのが相当である（どこを読めばよいのかが分かるため。もちろん他の部分も証拠となる）。

④外国語の文献を提出する場合は，該当する部分の翻訳が必要である（民訴規138条）。

(参考文献)

三井大有「書証」秋吉111頁。

> **Q101** 適切な医学文献がない場合は，どうすべきか。

A 過失や因果関係を裏付けるあるいはそれを妨げる医学文献が見当たらず，医学的知見の証拠がないということがある。もともと医学文献は，性質上，個々の事案への当てはめには限界があるし，医学文献があっても当該事案にそのまま当てはまるのかは疑問の場合もある。このような場合には，医学的知見を立証するために鑑定や私的意見書が使われる。

鑑定は裁判所による鑑定の手続（民訴法212条以下）が採られるものである（**Q107**参照）。私的意見書は，当事者が医師等に依頼して当該事案における医学的知見を記載してもらった書面である。患者側が私的意見書を提出すると，通常，医療機関側も，当該医療機関には属さない医師の私的意見書を提出することが多い。どちらの私的意見書が信用できるかは，患者の症状の推移，検査結果，医学文献に示された一般的知見との整合性等を吟味して，どちらが合理性を有しているかを検討することになるが（**Q108**参照），いずれが信用できるか判明しない場合には，裁判所による鑑定がされることもある。

患者側としては，私的意見書を提出するにしても，鑑定申請をするにしても，相当な費用を要するので，どのような方法で医学的知見を立証するかについては，依頼者と相談の上で決める必要があると思われる。

> **Q102** 争点整理手続はどのように行われるか。

A 医療訴訟においては，第1回口頭弁論期日後，弁論準備に付される（民訴法168条以下）のが通常である。弁論準備手続では，まず，被告（医療機関側）において，原告（患者側）が訴状で主張した診療経過及び過失等の概要に対し，認否・主張をするとともに，診療経過一覧表（**Q103**参照）の作成と翻訳付きのカルテ等の提出を行う。仮に，訴状段階で原告の過失の特定に不十分な点があっても，事実関係についてよく知っている被告において，事実関係を明らかにし，医療行為の相当性を説明する（**Q17**参照）。それを受けて，原告が過失等の特定をし，さらに，双方が，争点に関し主張を深め，医学文献等の書証を提出して進んでいく。

最終的に争点とそれに対する当事者双方の主張，書証の提出がほぼ終わると，争点整理案（**Q104**参照）を作成して，弁論準備手続を終結させることが多い。

（参考文献・争点整理全般につき）

孝橋宏「争点整理の実際と争点類型ごとの留意点」秋吉61頁，浦川ほか「争点整理」418頁〔小西貞行・大森夏織〕，浦川ほか「争点整理手続のあり方」583頁〔秋吉仁美〕，村田渉「争点整理1（過失主張の要点，医学的知見の裏付け，事案の解明など）」髙橋79頁，廣谷章雄「争点整理2（争点整理上の工夫，診療経過一覧表，争点整理表の作成など）」髙橋112頁，中村也寸志＝近江弘行「争点整理」福田ほか138頁。

> **Q103** 診療経過一覧表とは何か。

A 医療訴訟においては，診療経過一覧表を作成するのが一般的である。

診療経過一覧表

年月日	診療経過（入通院状況・主訴・所見・診断）	検査・処置	証拠	認否	原告の主張	証拠
	医療機関側が作成			患者側が作成		
28・3・7	太郎は、冠動脈形成術後の再検査目的にて甲病院に入院した。この入院時よりA医師が太郎の担当医となった。		乙A1の3,4頁	認める。		
	同日、胸部エックス線検査が実施された。同検査にて右肺尖部に陰影を認めた。	胸部X線検査	乙A1の9頁,乙A2	X線検査の実施は認めるが、陰影を認めた点は否認する。	X線検査を実施したことは事実であるが、陰影を認めたことはカルテ上一切記載がない。	
28・3・8	A医師は、太郎に対し、前日の胸部エックス線検査の上記結果を説明した。		乙A1の10頁	説明を受けたことは認めるが、内容は否認する。	太郎がA医師から受けた説明は、特に問題はないというものであった。	甲A1の5頁

　診療経過一覧表とは、診療経過という事実関係に関する両当事者の主張を証拠との対応関係を明らかにしながら、時系列で整理したものである（時刻が重要な要素になる場合には、時刻も記載する必要がある）。

　診療経過一覧表は、まず、医療機関側が作成し、そのデータを患者側がもらって、それに患者側の認否・主張と証拠を記入して作成する。患者側は、医療機関側の主張が正しいのかが分からないことが多いと思われるが、積極的に争う趣旨でなければ、主張は空欄で差支えない。事実を記載するだけであるから、その評価は記載しない。また、たとえば、医師は〜という説明を患者にしたと記載されているのに対し、そのような説明を受けていないと主張する場合には、「被告が主張するような説明を受けていない」と記載すれば足り、どのような説明を受けたかの詳細は、別途準備書面に記載するのが相当である。要するに、診療経過一覧表は、事実経過がどのようなものであり、どの事実関係に争いがあるのかが分かれば十分である。

　診療経過一覧表を作成する主たる目的は、①当事者の主張を一覧表にして、

事実関係について争いがあるのか，争いがある場合にはどの点なのかを明らかにし，裁判所と両当事者で共通認識を持つようにすること，②鑑定を実施したり，専門委員制度を活用する場合，鑑定人や専門委員に事案の概要を説明する必要があるが，診療経過一覧表がその際の資料として有益であることにある。

入院が長期に及んでいる場合には，すべて記載する必要はなく，争点となっている過失と関連する期間について記載すれば足りる。また，手術の手技のみが争点であるなど，診療経過が問題とならない事案では，診療経過一覧表を作成しないこともある。

（参考文献）
川嶋知正「審理充実のための諸方策－各種一覧表，プロセスカード等」秋吉43頁。

Q104　争点整理案とは何か。

A　医療訴訟では，集中証拠調べの実施前に，争点と争点に対する当事者双方の主張を要約した争点整理案を作成することが多い。作成方法としては，①裁判所が，双方の主張がほぼ出尽くした段階で整理して作成する，②裁判所が，争点のみを示し，当事者双方がそれに具体的な主張を記載する，③両当事者が争点について主張を要約した準備書面を提出するなどがある。①が多いように思われる。

争点整理案を作成する目的は，①争点とそれに対する当事者双方の主張を記載することで，争点に関して当事者と裁判所の認識を共通にし，争点に即した集中証拠調べをすることができる，②鑑定を実施したり，専門委員制度を活用する場合，鑑定人や専門委員に事案の概要を説明する必要があるが，診療経過一覧表のほか，争点整理案がその資料として役立つことが挙げられる。

裁判所が争点整理案を作成すると，当事者の主張の細かな点について修正を求める当事者（代理人）が結構いるが，判決になった場合には，そのような修正も含めて，当事者の主張を吟味するが，争点整理案作成の目的からして，争点やそれに対する当事者の主張の概要に誤りがなければ，裁判所としては，争点整理案の作成だけのために期日を重ねるのではなく，集中証拠調べなど次の

手続に進むのが相当である（裁判所としては，争点整理案をそのままにしておいてもよいし，他の手続の進行と並行して争点整理案の修正をしてもよい）。

> **Q105** 専門委員制度はどのような場合に活用されるか。

A 専門委員制度は，専門訴訟における審理の充実・迅速化のために，専門家に訴訟手続に関与を求めることができる制度である（民訴法92条の2以下）。専門委員制度は，争点整理手続の段階で関与を求めることが多く，その関与形態としては，次のものがある。

① **基礎的な医学的知見についての説明**
　医学用語の意義，検査方法，検査値，診療ガイドラインの読み方，手術手技の内容等について，専門委員に説明を求める。

② **主張の特定，明確化のための説明**
　当事者の主張が明確でなく，具体的な過失の特定ができていないときに，主張の特定や明確化等を行うため，専門委員に説明を求める。

③ **争点に濃淡を付けるための説明**
　当事者や裁判所の設定した争点が医学的に適切かを確認したり，当事者の複数の主張に濃淡をつけて，特に重点を置いて審理すべき争点や主張を明確にするため，当事者の主張の医学的意味や位置付け，争点相互間の医学的な関係等について専門委員に説明を求める。

④ **今後の見通しをつけるための説明**
　当事者双方の主張・書証の提出が一通り出揃った段階で，事案の見通しをつけ，補充の主張立証や人証調べ，さらに鑑定が必要か，あるいは和解の可能性があるのかといった今後の進行を見極めるための前提となる専門的事項についての助言を得るために，専門委員に説明を求める。

専門委員は，以上のような役割があるので，いかなる役割を果たしてもらうために選任するかについては，裁判所と当事者間で十分に協議しておく必要がある。

(参考文献)

林圭介「専門委員の関与のあり方」判タ1351号（2011）4頁，水野有子「争点整理段階における専門的知見の活用」秋吉77頁，手嶋あさみ「専門委員」髙橋124頁。

Q106　人証調べはどのように行われるか。

A　争点整理が終わると，通常，人証調べが行われる。人証調べは，可能な限り1期日（集中証拠調べ）で実施される（民訴法182条）。調べるべき人証の数が多いなどの事情がある場合には，接近した数期日が指定されることもある。

　主な調べるべき人証としては，①過失があったとされる医師等の医療従事者，②患者本人や家族，③意見書を作成した医師がある。他方，証明の対象としては，(a) 事実関係，(b) 過失や因果関係の評価，(c) 損害がある。

　①（診察した医師等）の尋問は，カルテだけでは分からない点について尋問して事実関係を明らかにするとともに，医師自身の意見を聞くことによって，過失や因果関係の判断の証拠にもなり，証明の対象は (a) と (b) を兼ねるのが通常である。たとえば，一般に行われているものとは異なる医療行為が行われた場合には，その事実を確認するとともに，そのような医療行為をした理由を聞くことになる。

　②（患者や家族）の尋問は，(a) と (c) に関するものである。(a) については，たとえば，医師が患者に副作用の説明をしたと主張し，患者がその事実を否認している事案のように，事実関係に争いのある場合である。(c) は書証によって立証することが多いが，書証では不十分な点について尋問することになる。

　③（意見書を作成した医師）は，(b) に関するものである。いわゆる協力医や患者の診察に当たっていない医師の意見書は，書証として提出されてお

り、事実関係の争いではないので、必ずしも作成者を尋問する必要はないといえるが、意見書の信用性の判断が難しい場合には尋問することもある。

　ほかに、前医・後医の尋問をすることがある。前医とは被告病院の前に患者を診ていた医師のことであり、後医とは被告病院の後に患者を診ていた医師のことである。前医・後医の尋問の目的は、当該前医・後医が認識した患者の病態を確認することである。たとえば、転送の遅れが争点の場合、患者が転送された先の病院での搬送された当時の患者の状況を聞くことは有益である。ただ、後医の場合、場合によっては、自らの医療行為について責任を追及される可能性がある立場であるため、その証言内容は慎重に検討する必要がある。

〈参考文献〉
角田ゆみ「集中証拠調べ―陳述書の活用、対質等」秋吉123頁、浦川ほか「証人尋問」444頁〔棚瀬慎治・石井麦生〕、浦川ほか「集中証拠調べの準備とその実施」608頁〔大森直哉〕、今岡健「人証調べ」髙橋243頁、平野望「人証調べ」福田ほか190頁。

> **Q107**　鑑定はどのような場合に行われるか。鑑定の方法はどのようなものか。

A　通常、争点整理をし、集中証拠調べが行われるが（**Q106**参照）、それでもなお裁判所が心証を形成できない場合に、当事者のいずれかからの申し出により鑑定が実施されることが多い（民訴法212条以下）。

　鑑定は、通常、1人の鑑定人が書面で意見を述べる単独書面鑑定が多い。診療科目が複数にわたる事案では、複数の鑑定人が1通の鑑定書を作成する方式や、複数の鑑定人がそれぞれ鑑定書を作成する方式がとられることもある。東京地裁では3人の鑑定人によるカンファレンス鑑定、千葉地裁では3人の鑑定人がそれぞれ鑑定書を作成する複数書面鑑定が採用されるなど、各裁判所によって異なることもある。

　鑑定人は中立的な者を選任する必要があり、被告病院の関係者（過去に勤務した者を含む）、被告側医師や原告側協力医の関係者（同じ大学の出身者を含む）は選任しない。このため、選任にあたり、予め当事者双方から関係する医

師の経歴書等の提出を受けて，避けるべき出身大学や医療機関を明らかにして，そのような者でないことの条件を付して大学病院や医療機関に鑑定依頼をすることになる。

　鑑定事項は，鑑定申請をした当事者が鑑定事項案を提出し，相手方がこれに対する意見を書面で提出し，裁判所と当事者間で協議のうえで，最終的に裁判所が鑑定事項を定める（民訴規則129条，同条の2）。鑑定において前提となる事実関係に争いがある場合には，係争事実の扱いを当事者と裁判所が協議することとなるが，裁判所の心証を踏まえて前提事実を確定させる方法と，前提事実について場合分けをして鑑定事項を定める方法がある。

　鑑定人には，原則として，鑑定事項書のほか，争点整理案，診療経過一覧表，尋問調書，A号証，B号証を送付する（ただし，鑑定に不必要なものを除く。A号証，B号証が大部な場合には，送付する書証について，当事者の意見を聞いた上で，裁判所で選択することもある）。準備書面等の主張書面やC号証は基本的に送付しない。

　鑑定書が提出された後，鑑定意見について更に意見を聞く必要がある場合には，補充鑑定が行われる（民訴法215条2項）。補充鑑定は，書面又は口頭により行われる。書面は，鑑定人が吟味して記載するので口頭よりも正確性を有するといえようが，補充鑑定でも不明な点がある場合には，更に補充を依頼すると，審理が著しく遅滞することになるので，そのような点も踏まえて，書面と口頭を使い分けるのが相当である。なお，鑑定人が口頭で鑑定意見を述べる場合，鑑定人の勤務場所等で行うこともある。

　鑑定料は，単独書面鑑定では50万円ないし60万円程度が多い（カンファレンス鑑定では鑑定人1人あたり20万円程度）。鑑定料は最終的には訴訟費用となり，終局判決により負担者が決められるが，申請者が予納する必要がある（民訴費用法12条）。

〔参考文献〕

中本敏嗣ほか「医事事件における鑑定事項を巡る諸問題－よりよい鑑定事項を目指して－」判タ1227号（2007）16頁，秋吉仁美「鑑定」秋吉139頁，浦川ほか「鑑定」476頁〔宮澤潤・森谷和馬〕，味元厚二郎「鑑定」髙橋255頁，髙橋譲ほか「鑑定」福田ほか210頁．

> **Q108** 鑑定書や私的意見書の評価は，どのようにして行うか。

A 事実認定は，本来事実審（第1審及び控訴審）の専権に属し，最高裁はその事実関係を前提として法律の適用について判断するので，事実認定について，最高裁が言及することは原則としてないが，一定の証拠からある事実を認定するあたって使われる経験則を法規の一種として，経験則違背を理由に事実認定を覆すことはある。

最高裁で事実認定を取り上げているものとしては，鑑定あるいは医師の私的意見書に関するものが多い。最判平9・2・25民集51巻2号502頁（**Q34**参照），最判平11・3・23判タ1003号158頁（**Q18**参照），最判平18・1・27（**Q26**参照），最判平18・11・14判タ1230号88頁（**Q27**参照）がある。

医療訴訟においては，最高裁が鑑定あるいは医師の私的意見書に関する事実認定を取り上げているのは，こうした専門家の意見が結論に大きく影響することを示すものであり，鑑定意見や専門家の意見書の吟味が重要であることを示している。

最判平18・1・27は，患者が被告病院内でMRSAに感染するなどして全身状態が悪化して死亡したことについて，抗生剤の投与の過失が争点となったものであるが，最高裁は，裁判所の鑑定や私的意見書の真意が，第3世代セフェム系抗生剤を投与したこと，早期にバンコマイシンを投与しなかったこと，及び，必要以上に多種類の抗生剤を投与したことの各点について，当時の医療水準にかなわないところがあり，担当医師の過失は否定し難いという趣旨をいうものとうかがわれるにもかかわらず，裁判所の鑑定や私的意見書の記載のうち担当医師の過失を否定するかのように読める部分を強調し，担当医師の過失を否定する趣旨には読み難い部分を担当医師の過失を否定する根拠として利用し，他方で，担当医師の過失を肯定するように読める部分を合理的な根拠を示すこともなく排斥した点において，裁判所の鑑定や私的意見書の証拠の評価を誤ったものであることを指摘している。

医療訴訟において決め手となる裁判所の鑑定や私的意見書について，つまみ食い的に評価をすることを戒め，十分に吟味してその真意を探求すべきであること，真意がはっきりしない点とか不十分な点があるというのであれば，それ

らの点を確認すべきであることが重要であることを示している。

最判平9・2・25は，次のような事案である。

患者が風邪で昭和51年3月17日から4月14日まで約4週間毎日のように開業医にかかり、ネオマイゾンなど顆粒球減少症の副作用を有する多種類の風邪薬を投与された結果、副作用で顆粒球減少症にかかって4月23日に死亡した。開業医は、4月12日に発疹を見落とし、14日になって患者の訴えにより発疹を発見した。16日に受診した国立病院外来で即座に入院となったが、既に手遅れであった。開業医の下での顆粒球減少症の兆候は、顆粒球減少症を念頭に置いた問診・検査をしていないため、14日の発疹の発見しかないが，後に判明した血液検査の結果、遅くとも4月14日には発症していたと推定される。なお，当時の開業医レベルの医学的知見としては、これら薬剤を長期間投与する場合は、問診、血液検査等により顆粒球減少症の兆候（発疹・好中球の減少）を見逃さないように注意する必要があるとされ、また、好中球数検査は一般の開業医でも実施可能であった。

以上の事実関係の下で，4月12日時点における経過観察義務違反が争われたが，控訴審は，①4月10日〜13日に投与されたネオマイゾンが顆粒球減少症の起因剤として最も疑われる，②発症日は4月13日から14日朝であると認定し、そうすると、開業医の同月12日の時点における経過観察義務違反と患者の顆粒球減少症発症との間には因果関係が認められない，と判断した。

①の根拠となっているのは鑑定であるが，鑑定意見は，患者に投与した薬剤については、ネオマイゾンを含めていずれも起因剤と断定することには難点はあるが、患者の発症時期に最も近接した時期に投与されたことを根拠として、ネオマイゾンが起因剤として最も疑われるが確証がないというものであった。控訴審は、この鑑定を根拠として、発症の起因剤はネオマイゾンであると認定したが、最高裁は、「顆粒球減少症の病因論は未完成な部分が多く、薬剤による好中球減少の機序は多様であり、詳細な機序については決定的なことはいえず，個々の症例において原因薬剤を決定することは困難なことが多い」旨記載されている医学文献もあることからすると、鑑定から発症の起因剤をネオマイゾンのみと認定することは著しく無理があるとした。つまり，鑑定の趣旨は、ある特定の薬剤が単独の起因剤であるとも複数の薬剤の相互作用が原因であるとも断定できないというもので、本件のように患者のデータが少ない場合には

医学研究の見地からは当然の結論なのであろうが、鑑定の真意から外れて、最も疑わしいという片言隻句的な部分を採用した点が、経験則違反とされた。

②については、発症日の認定について、最高裁は、次のような判断構造をとっている。

4月14日時点で顆粒球減少症を発症していた（血液検査から明らか）
顆粒球減少症の発症に伴い発疹が生じることがある。
　↓
4月12日に発疹が生じていた。
　↓
4月12日以前に顆粒球減少症の原因となり得る多種類の薬剤を約4週間にわたり投与し、投与された薬剤の相互作用によっても顆粒球減少が発症し得るし、発疹が顆粒球減少症と無関係なものと認めるに足りる証拠はない（当該発疹が顆粒球減少症の原因として考えられるし、他の原因が見当たらない）。
　↓
したがって、4月12日には顆粒球減少症が発症していた。

控訴審が根拠としていた鑑定は、4月14日より前の患者の病歴に発症を確認し得る検査所見及び症候がないこと、及び同日以降の患者の症状の急激な進行から推測すると、同日よりも相当前に発症していたとはいえないことを挙げる。最高裁は、4月14日より前に患者の病歴に発症を確認し得る検査所見等がないことは、顆粒球減少症特有の症状の有無に意識的に注意を払った問診や診察がされなかったからにすぎないこと、鑑定は、4月13日よりも前に顆粒球減少症が発症していた可能性を否定するものではないが、このことを医学的に証明できるだけの事実が見いだせなかったという趣旨を述べたものにすぎないことから、前記認定と矛盾するものではないという考え方を採用している。つまり、鑑定は、確実なところは4月14日には顆粒球減少症を発症していたということを述べたものであって、間接事実から4月12日の発症の認定が可能としたものである。

鑑定は、例えば、「原因となった薬剤は何か」という鑑定事項に対し、明確に薬剤を特定できないという場合、可能性のある薬剤をその根拠とともに複数

並べている鑑定意見もあれば，いくつか考えられるが可能性としては薬剤Aが最も高いとしている鑑定意見もある。原因となった薬剤がどれであるかによって結論が異なってくる場合，前者の鑑定であれば，挙げられているものの中には，可能性が高いものから，可能性としては全く否定することはできないがまず考えられないというものまで含まれていることがあるので，裁判上の証明の観点（高度の蓋然性）から鑑定意見を検討することが必要であり，補充鑑定等によって鑑定意見の真意を把握することが必要になろう。

まとめると，鑑定や医師の意見書については，部分的な表現・内容に拘泥することなく，全体として正確にその意図を把握する必要があり，その合理性の判断にあたっては，症状の推移，検査結果，医学文献に示された一般的知見との整合性等を吟味して検討する必要があるといえる。また，鑑定に沿う証拠がない場合に，鑑定に基づく認定・判断をするときは，鑑定の証拠評価を十分に行う必要があるといえる。

（参考文献）

坂庭正将「因果関係の法的判断－最高裁平成9年2月25日判決を題材として」ジュリ1330号（2007）93頁，西岡繁靖「医事関係訴訟における鑑定等の証拠評価について」判タ1254号（2008）29頁，大澤知子「医学的知見を記載した医師の意見書」髙橋231頁，大澤知子「医学的知見を記載した医師の意見書」福田ほか177頁。

Q109 医療訴訟における和解の留意点は何か。

A 医療訴訟においては，主要な証拠調べをして，裁判所が一応の心証を得たうえで，和解を勧めることが多いように思われる。

和解の内容としては，大別すると，①医療機関側が過失を認めて患者側に対し認容額に近い金額の和解金を支払うものと，②医療機関側の過失が認められないことを前提として解決金等の名目で医療機関が患者側に対し数十万円から100万円程度を支払うものに分けられるが，なかには過失や因果関係の有無が微妙な事案もあり，中間的な和解をすることもあり，様々である。代理人が和解に応じるか否かは，請求が認容される見込みや控訴があった場合に取り消

される可能性等を踏まえて，当事者と協議をすることになると考えられる。

和解する場合の和解条項は，通常の民事事件の損害賠償と異ならないが，患者側の希望に応じて，医師の過失が認められる場合には医師の謝罪文言を入れたり，あるいは，過失の有無を問わず，「被告病院において今回のことを真摯に受け止め，より良い医療の実現に努力する」，「本件事故の発生について衷心より哀悼の意を表する」などの精神条項を入れることもある。逆に，医療機関側の希望により，「原告は，今後，被告病院及びその医療従事者に対し，民事・刑事・行政を問わず，責任を追及しないことを約束する」という条項を入れることもある。また，患者が重度後遺症を負った場合には，当該医療機関で終生の療養看護を求めるということもあり得る。

(参考文献)
浦川ほか「和解・上訴」513頁〔渡辺直大・安東宏三〕，鶴岡稔彦「和解」高橋592頁，森冨義明「和解」福田ほか233頁。

3 まとめ

> **Q110** 今後の医療訴訟は，どのような方向に進んでいくのか。

A 医療訴訟に関する最高裁判決を分析すると，医療訴訟に関しては，主要な論点はほぼ出尽している感がある（このため，最近は，医療訴訟に関する最高裁判決は出されていない）。医療水準を判断基準とする医療行為上の過失論，医療水準を基本としながらもそれを広げた説明義務，生命，身体のほか生命維持又は重大な後遺症が残らなかった相当程度の可能性を保護法益とし，単なる期待権を保護法益としなかった因果関係論，というような判断構造の大枠は動かないであろう。

医療訴訟は，今後，こうした大枠の中で，より細かな論点とともにより発展的な問題へと議論が進んでいくものと思われる（たとえば，医師の羊水検査結果の誤報告によるダウン症児の出生・死亡につき，夫婦の家族設計選択の機会が奪われたことを理由とする慰謝料請求を認めた函館地判平成26・6・5判時

2227号104頁のような新しい問題等へ議論が進んでいくと思われる)。

事項索引

あ行

青本 ………………………… 140
赤本 ………………………… 140
アセスメントシート …………… 66
安全性 ……………………… 21
医学的知見 …………… 22, 185
医学的立証 ………………… 35
医学文献 ………………186, 200
医学用語 …………………… 187
慰謝料 ……………… 14, 142
医師賠償責任保険 ………… 190
医薬品 …………… 25, 53, 54
　―に関する情報収集義務 …… 53
　―の選択 ………………… 54
医療ADR …………………… 189
医療慣行 …………………… 25
　医療水準と― …………… 25
医療行為上の過失
　………………7, 18, 98, 141
　―と説明義務の関係 ……… 98
　―による損害 …………… 141
医療水準
　……… 12, 17, 18, 21, 24,
　　25, 32, 46, 111, 162
　―と医薬品の添付文書 ……… 25
　―と医療慣行 …………… 25
　―と診療ガイドライン …… 32
　―と説明義務の関係 ……… 111
　―と予見可能性・結果回避義務
　　……………………………… 24

　学問としての― ……………… 21
　救急医療における― ……… 162
　集団検診における― ………… 46
　臨床医学の― ……………… 21
医療訴訟 ………… 1, 2, 7, 14
　―の基本的枠組み ………… 14
　―の事件数 ………………… 1
　―の終局区分 ……………… 2
　―の勝訴率 ………………… 2
　―の審理期間 ……………… 1
　―の特徴 …………………… 7
医療品副作用被害救済制度 … 189
因果関係
　……………… 16, 113, 114,
　　　　　　115, 120, 139
　―の基準時 ……………… 114
　―の証明度 ……………… 114
　―の立証方法 …………… 115
　―の枠組み ……………… 139
　事実的― ………………… 113
　相当― …………………… 113
　不作為の― ……………… 120
インターネット …………… 186
院内感染 …………………… 63
受入拒否 …………………… 166
訴えの相手方 ……………… 191
エホバの証人事件 ………… 105
応召義務 …………………… 166
大阪基準 …………………… 140

か行

開業医 ……………………………… 72
開示請求 …………………………… 184
ガイドライン ……… 28, 80, 186
　宗教的輸血拒否に関する— … 80
　診療— …………………………… 186
外部検査機関の責任 …………… 48
過失
　………… 7, 16, 17, 18, 21,
　　　　22, 32, 33, 34, 35,
　　　　40, 41, 44, 49, 52,
　　　　　　　　57, 58, 61
　医療行為上の— …………… 7, 18
　—者の特定 ……………………… 40
　—の医学的立証 ………………… 35
　—の間接事実による立証 …… 35
　—の基準時 ……………………… 22
　—の具体的主張 ………………… 34
　—の主張立証責任 ……………… 32
　検査に関する— ………………… 44
　手技に関する— ………………… 58
　手術に関する— ………………… 57
　診断に関する— ………………… 49
　選択的— ………………………… 33
　治療に関する— ………………… 49
　投薬に関する— ………………… 52
　不作為による— ………… 32, 49
　問診に関する— ………………… 41
　療養方法の指導に関する— … 61
過失相殺 …………………………… 151

家族に対する説明 ……………… 104
合併症 ……………………………… 84
　—の説明義務 …………………… 84
カルテ …………………8, 184, 199
　—の入手方法 …………………… 184
　電子— …………………………… 199
がん患者への説明義務 ………… 99
間接事実 …………………… 35, 115
　—による立証 ………………… 115
鑑定 ……… 200, 206, 207, 208
　カンファレンス— …………… 206
　書面— …………………………… 206
　補充— …………………………… 207
鑑定書 ……………………………… 208
管理責任 …………………………… 65
基準時 ……………………… 22, 114
　因果関係の— ………………… 114
　過失の— ………………………… 22
期待権侵害 ……………………… 136
救急医療 ………………………… 162
　—における医療水準 ………… 162
救急搬送時の輸血拒否 ……… 108
協力医 …………………………… 187
近親者の固有の慰謝料 ………… 14
経過観察 …………………… 59, 93
経過観察義務 …………………… 59
　手術後の— ……………………… 59
結果回避義務 …………………… 23
検査 ……………………… 44, 46, 48
　—の外注 ………………………… 48
　集団検診における— ………… 46

権利 …………………………… 15
後遺症 ………………127，133
　　相当程度の可能性と重大でない―
　　　…………………………… 133
　　相当程度の可能性と重大な―
　　　…………………………… 127
交通事故と医療過誤の競合 … 154
高度の蓋然性 ………………… 113
個人情報 ……………………… 105
個別性 ……………………………8

さ行

最高裁判例一覧表 ………………3
財産的損害 …………………… 141
裁判外の和解 ………………… 189
裁判上の和解 ………………… 211
債務不履行 ……………………… 12
作為義務 ………………………… 32
産科医療補償制度 …………… 189
死因解明義務 ………………… 111
事件数 ……………………………1
試行的医療 …………………… 168
時効消滅 ………………………… 13
自己決定権
　　……… 75，76，78，79，147
　　―侵害による損害 ………… 147
　　―と医師の裁量 …………… 79
　　説明義務と― ………… 76，78
事実的因果関係 ……………… 113
示談 …………………………… 189
私的意見書 …………… 200，208

事務管理 ………………………… 81
宗教的人格権 ………… 105，148
　　―侵害による損害 ………… 148
宗教的輸血拒否に関するガイドライン
　　……………………………… 80
終局的区分 ………………………2
重大でない後遺症 …………… 133
　　相当程度の可能性と― …… 133
集団検診 ………………………… 46
　　―における医療水準 ……… 46
　　―における検査 …………… 46
集中証拠調べ ………………… 205
手技 ……………………………… 58
　　―の過失 …………………… 58
手術 …………… 57，59，60，108
　　―後の管理 ………………… 60
　　―後の経過観察義務 ……… 59
　　―時の輸血拒否 ………… 108
　　―に関する過失 …………… 57
手段債務 ………………………… 13
術後管理 ………………………… 60
主張立証責任 ……… 13，32，78
　　過失の― …………………… 32
　　説明義務の― ……………… 78
準委任契約 ……………………… 12
使用者責任 ……………………… 40
証拠の提出方法 ……………… 199
証拠の偏在 ………………………8
証拠保全 ……………… 184，190
情報収集義務 ………………… 53
　　医薬品に関する― ………… 53

217

証明度 ……………………………	114
因果関係の— …………………	114
消滅時効 …………………………	13
条理 ………………………………	159
書面鑑定 …………………………	206
心因的要因 ………………………	153
人格権 ………………………… 76,	105
宗教的— ………………105,	148
真実の告知義務 …………………	100
新受件数 …………………………	1
人証調べ …………………………	205
身体的要因 ………………………	152
身体の拘束 ………………………	66
診断 ………………………………	49
—に関する過失 ………………	49
審理期間 …………………………	1
診療ガイドライン ……… 28,	186
診療拒否 …………………………	166
診療経過一覧表 …………………	201
診療契約 …………………………	11
診療情報の提供等に関する指針	
………………………………	81
診療録　→「カルテ」の項参照	
請求権競合 ………………………	12
精神科医療 ………………………	177
精神的損害 ………………………	142
成年後見 …………………………	81

説明義務	
……………… 75, 76, 77,	78,
80, 82, 84,	86,
87, 89, 97,	98,
99, 104,	111,
134, 144,	171
家族に対する— ………………	104
合併症の— ……………………	84
がん患者への— ………………	99
—違反による損害 ……………	144
—と医療行為上の過失の関係	
………………………………	98
—と医療水準との関係 ……	111
—と自己決定権 ………… 76,	78
—の相手方 ……………………	80
—の根拠 ………………………	75
—の主張立証責任 ……………	78
—の種類 ………………………	77
—の放棄 ………………………	86
—の免除 ………………………	86
—の内容 ………………………	82
先駆的治療の— ………………	171
相当程度の可能性と—違反	
………………………………	134
副作用の— ……………………	84
未確立の療法の— ……………	89
ライフスタイルに関する—	
………………………………	99
療法選択の— …………………	87
臨床試験の— …………………	97
先駆的医療 ………………168,	171

―の説明義務 …………… 171
選択的過失 ……………… 33
専門委員 ………………… 204
専門性 …………………… 7
善管注意義務 ………… 11，18
素因減額 ………………… 152
相殺禁止 ………………… 14
相談 ……………………… 183
争点整理案 ……………… 203
争点整理手続 …………… 201
相当因果関係 …………… 113
相当程度の可能性
　　……… 124，127，128，129，
　　　　　133，134，149
　―侵害による損害 …… 149
　―と重大でない後遺症 … 133
　―と重大な後遺症 …… 127
　―と説明義務違反 …… 134
　―の根拠 ……………… 128
　―の程度 ……………… 129
　―の立証 ……………… 133
訴訟上の和解 …………… 211
訴状 ……………………… 191
損害
　………… 16，141，142，144，
　　　　　147，148，149
　医療行為上の過失による―
　　………………………… 141
　財産的― ……………… 141
　自己決定権侵害による― … 147

宗教的人格権侵害による―
　………………………… 148
　精神的― ……………… 142
　説明義務違反による― …… 144
　相当程度の可能性侵害による―
　………………………… 149
　転移義務違反による― … 141
　顛末報告義務違反による―
　………………………… 148
損失補償 ………………… 173

た行

チーム医療 ……………… 157
遅延損害金 ……………… 14
注意義務違反　→「過失」の項参照
調査 ……………………… 183
治療 …………… 21，49，50，87
　―開始義務 …………… 50
　―効果 ………………… 21
　―に関する過失 ……… 49
　―法の選択 ………… 50，87
帝王切開術 ……………… 88
転医義務 ……… 69，70，72，141
　開業医の― …………… 72
　―違反による損害 …… 141
　―の根拠 ……………… 69
　―の発生 ……………… 70
電子カルテ ……………… 199
転送義務　→「転医義務」の項参照
転倒 ……………………… 65
　ベッドからの― ……… 65

添付文書 …………………… 25，186	法規範 ………………………………… 17
顛末報告義務 …………110，148	保護法益 ………………………………… 15
―違反による損害 ……………… 148	補充鑑定 ……………………………… 207
投薬 …………… 43，52，56，179	保存的経過観察 …………………… 93
精神障害者に対する― …… 179	
―直後の注意義務 …………… 56	## ま行
―にあたっての問診 ………… 43	未確立の療法 ……… 87，89，96
―に関する過失 ………………… 52	―の説明義務 …………………… 89
取下げ …………………………………… 2	未破裂脳動脈瘤 …………………… 93
	民事調停 …………………………… 189
## な行	問診 ……………………… 41，42，43
乳房温存療法 ……………………… 89	献血にあたっての― ………… 41
能書 …………………………… 25，186	投薬にあたっての― ………… 43
	予防接種にあたっての― …… 42
## は行	
判決 ……………………………………… 2	## や行
判決書 ……………………………… 191	有効性 …………………………………… 21
人を対象とする医学系研究に関する	輸血の拒否 ………………105，108
倫理指針 ……………………………… 81	手術時の― ……………………… 108
美容整形 …………………………… 174	予見可能性 …………………………… 23
病理解剖 …………………………… 111	予防接種 ………………… 42，172
不確実性 ………………………………… 7	予防的療法 …………………………… 93
副作用 ………………………… 21，84	
―の説明義務 …………………… 84	## ら行
不作為 …………………32，49，120	ライフスタイル ………… 99，112
―による過失 ………… 32，49	―に関する説明義務 ………… 99
―の因果関係 ………………… 120	リスボン宣言 ……………………… 78
不法行為 ……………………………… 12	療法の選択 …………………………… 87
ベッドからの転倒 ………………… 65	療養方法の指導 …………………… 61
ベッドへの拘束 …………………… 66	―に関する過失 ………………… 61
弁護士費用 …………………………… 14	臨床試験 ……………………………… 97

―の説明義務 ……………… 97

わ行

和解 ………………… 2, 189, 211
　　裁判外の― ……………… 189
　　裁判上の― ……………… 211

A

A号証 …………………… 199

B

B号証 …………………… 199

C

C号証 …………………… 199

E

EBM(Evidence based Medicine 科学的根拠に基づいた医療) …… 29

M

Minds ……………………… 30

S

SOAP形式 ………………… 185

判例索引

最高裁判例

最判昭30・4・19民集9巻5号534頁 …………………………………………172
最判昭32・5・10民集11巻5号715頁 ……………………………………… 33
最判昭36・2・16民集15巻2号244頁（東大輸血梅毒事件）……… 6, 19, 41
最判昭37・9・4民集16巻9号1834頁 ……………………………………… 14
最判昭38・11・5民集17巻11号1510頁 …………………………………… 12
最判昭39・7・28民集18巻6号1241頁 ………………………… 33, 39, 117
最判昭39・11・24民集18巻9号1927頁 …………………………………172
最判昭41・6・23民集20巻5号1118頁 ……………………………………126
最判昭43・6・18判時521号50頁 …………………………………………… 51
最判昭43・7・16判時527号51頁 …………………………………………… 59
最判昭44・2・6民集23巻2号195頁 …………………………………… 51, 118
最判昭50・10・24民集29巻9号1417頁（ルンバール事件）
　………………………………………………………………… 6, 115, 123
最判昭51・9・30民集30巻8号816頁 ……………………………………… 42
最判昭55・12・18民集34巻7号888頁 …………………………………… 14
最判昭56・6・19判タ447号78頁 …………………………………………… 83
最判昭57・3・30判タ468号78頁（高山日赤事件）………………… 19, 112
最判昭57・4・1民集36巻4号519頁 …………………………………… 40, 46
最判昭57・7・20判タ478号65頁 …………………………………………… 13
最判昭60・4・9裁判集民事144号433頁 ………………………………… 43
最判昭61・10・16判タ624号117頁 ………………………………………… 23
最判昭63・4・21民集42巻4号243頁 ……………………………………153
最判平3・4・19民集45巻4号367頁 ………………………………… 118, 172
最判平4・6・25民集46巻4号400頁 ………………………………………153
最判平4・10・29民集46巻7号1174頁 …………………………………… 35
最判平6・2・22民集48巻2号441頁 ………………………………………148
最判平7・4・25民集49巻4号1163頁 ……………………………………100
最判平7・6・9民集49巻6号1499頁 …………………………… 13, 19, 69
最判平7・5・30判タ897号64頁 …………………………………………… 62

最判平8・1・23民集50巻1号1頁	25, 117
最判平8・5・31民集50巻6号1323頁	155
最判平8・9・3判タ931号170頁	178
最判平9・2・25民集51巻2号502頁	33, 73, 208, 209
最判平9・9・9民集51巻8号3804頁	126
最判平11・2・25民集53巻2号235頁	45, 120, 123
最判平11・3・23判タ1003号158頁	34, 36, 117, 208
最判平11・10・22民集53巻7号1211頁	3, 140
最判平12・2・29民集54巻2号582頁（エホバの証人事件）	82, 105, 148
最判平12・9・22民集54巻7号2574頁	13, 49, 125, 129, 132, 133
最判平13・3・13民集55巻2号328頁	154
最判平13・6・8判タ1073号145頁	23, 51
最判平13・11・27民集55巻6号1154頁（乳房温存療法事件）	82, 89
最判平14・9・24判タ1106号87頁	100, 104
最判平14・11・8判タ1111号135頁	23, 53, 179
最判平15・11・11民集57巻10号1466頁	74, 127, 130, 132
最判平15・11・14判タ1141号143頁	23, 59
最判平16・1・15判タ1147号152頁	13, 122, 130, 132
最判平16・9・7判タ1169号158頁	23, 56, 162
最判平17・9・8判タ1192号249頁	88
最判平17・11・15刑集59巻9号1558頁	159
最判平17・12・8判タ1202号249頁	15, 122, 131, 132, 137
最判平18・1・27判タ1205号146頁	55, 208
最判平18・4・18判タ1210号67頁	23, 60
最判平18・6・16民集60巻5号1997頁	119
最判平18・10・27判タ1225号220頁	76, 94
最判平18・11・14判タ1230号88頁	23, 60, 208
最判平19・3・26刑集61巻2号131頁	161
最判平19・1・25民集61巻1号1頁	172

最判平19・4・3判タ1240号176頁 …………………………………… 71
最判平20・4・24民集62巻4号24頁 ……………………………… 76
最判平20・4・24民集62巻5号1178頁 …………………………… 48，157
最判平21・3・27判タ1294号70頁 ……………………… 23，34，37，117
最判平22・1・26民集64巻1号219頁 ……………………………… 66
最判平23・2・25判タ1344号110頁 ……………………………… 137
最判平23・4・26判タ1348号92頁 ………………………………… 179
最判平24・2・24判タ1368号63頁 ………………………………… 14

高裁判例

東京高判昭63・3・11判タ666号91頁 …………………………… 171
札幌高判平6・12・6判タ893号119頁 ……………………………… 152
高松高判平8・2・27判タ908号232頁 ……………………………… 85
東京高判平10・2・25判タ992号205頁 ………………………… 110，111
東京高判平10・9・30判タ1042号210頁 …………………………… 64
東京高判平11・5・31判時1733号37頁 ……………………………… 147
東京高判平11・9・16判タ1038号238頁 …………………………… 65
東京高判平13・7・19判タ1107号226頁 …………………………… 178
大阪高判平13・7・26判タ1095号206頁 ………………………… 37，150
大阪高判平14・9・26判タ1114号240頁 …………………………… 31
大阪高判平15・10・24判タ1150号231頁 ………………………… 163
東京高判平16・9・30判時1880号72頁 …………………………… 110
東京高判平16・12・28判時1964号59頁 …………………………… 31
仙台高秋田支判平18・5・31判タ1260号309頁 …………………… 153
福岡高判平18・9・12判タ1256号161頁 ………………………… 142，143
福岡高判平18・9・14判タ1285号234頁 …………………………… 65
福岡高判平18・10・26判タ1243号209頁 ………………………… 142
東京高判平19・3・28判時1968号3頁 ………………………… 135，150
札幌高判平19・1・31判タ1272号210頁 …………………………… 31
東京高判平19・9・20判タ1271号175頁 …………………………… 143
東京高判平19・10・18判タ1264号317頁 ………………………… 147

福岡高判平 20・2・15 判タ 1284 号 267 頁 ………………………………… 33
福岡高那覇支判平 22・2・23 判時 2076 号 56 頁 ………………………… 178
福岡高判平 22・11・26 判タ 1371 号 231 頁 ……………………………… 164

地裁判例

名古屋地判昭 58・8・19 判タ 519 号 230 頁 ……………………………… 166
千葉地判昭 61・7・25 判タ 634 号 196 頁 ………………………………… 166
横浜地判平 2・4・25 判タ 739 号 156 頁 …………………………………… 142
神戸地判平 4・6・30 判タ 802 号 196 頁 …………………………………… 167
広島地判平 4・12・21 判タ 814 号 202 頁 ………………………………… 111
新潟地判平 6・2・10 判タ 835 号 275 頁 …………………………………… 171
広島地判平 6・3・30 判タ 877 号 261 頁 …………………………………… 175
宇都宮地判平 6・9・28 判時 1536 号 93 頁 ………………………………… 65
高知地判平 7・3・28 判タ 881 号 183 頁 …………………………………… 65
大阪地判平 8・4・22 判時 1585 号 66 頁 …………………………………… 15
東京地判平 8・5・17 判タ 942 号 218 頁 …………………………………… 178
東京地判平 8・6・21 判タ 929 号 240 頁 …………………………………… 171
広島地判平 8・11・29 判タ 938 号 209 頁 ………………………………… 142
横浜地小田原支判平 10・10・23 判タ 1044 号 171 頁 …………………… 64
福岡地小倉支判平 11・11・2 判タ 1069 号 232 頁 ………………………… 178
横浜地判平 12・1・27 判タ 1087 号 228 頁 ………………………………… 178
名古屋地判平 12・7・19 判時 1741 号 124 頁 ……………………………… 64
横浜地判平 13・10・31 判タ 1127 号 212 頁 ……………………………… 142
大阪地堺支判平 13・12・19 判タ 1189 号 298 頁 ………………………… 64
山口地判平 14・9・18 判タ 1129 号 235 頁 ………………………………… 110
金沢地判平 15・2・17 判タ 1209 号 253 頁 ………………………………… 97
東京地判平 15・7・30 判タ 1153 号 224 頁 ……………………… 175，176
大津地判平 15・9・8 判タ 1187 号 292 頁 ………………………………… 31
大阪地判平 15・12・18 判タ 1183 号 265 頁 ……………………………… 161
東京地判平 16・1・30 判タ 1194 号 243 頁 ………………………………… 111
東京地判平 16・2・2 判タ 1176 号 243 頁 ………………………………… 31

東京地判平16・2・23判タ1149号95頁	31
高松地観音寺支判平16・2・26判時1869号71頁	153
新潟地判平18・3・27判時1961号106頁	65
さいたま地判平16・3・24判時1879号96頁	160
名古屋地判平17・6・30判タ1216号253頁	96
大阪地判平17・7・29判タ1210号227頁	145
横浜地判平17・9・14判タ1249号198頁	152
長崎地佐世保支判平18・2・20判タ1243号235頁	31, 85
東京地判平18・3・6判タ1243号224頁	142
新潟地判平18・3・27判時1961号106頁	65
横浜地判平18・4・25判タ1258号148頁	135
東京地判平18・7・26判時1947号66頁	142
名古屋地判平19・2・14判タ1282号249頁	64
神戸地判平19・6・1判時1998号77頁	64
大阪地判平19・9・19判タ1262号299頁	31
大阪地判平20・2・13判タ1270号344頁	146, 171
大阪地判平20・2・21判タ1318号173頁	149
名古屋地判平20・7・18判タ1292号262頁	142
水戸地土浦支判平20・10・20判時2026号87頁	40
名古屋地判平21・1・30判タ1304号262頁	47
大阪地判平21・3・25判タ1297号224頁	150, 151
大阪地判平21・9・29判タ1319号211頁	31
福岡地判平21・10・6判タ1323号154頁	178
大阪地判平21・11・25判タ1320号198頁	30, 31
大阪地判平23・1・31判タ1344号180頁	31
東京地判平23・4・27判タ1372号161頁	71
大阪地判平23・7・25判タ1354号192頁	138
東京地判平24・1・26判タ1376号177頁	31
福岡地判平24・3・27判時2157号68頁	163
東京地判平24・8・9判タ1389号241頁	98
東京地判平24・12・27判タ1390号289頁	31

東京地判平25・2・7判タ1392号210頁 …………………………………… 175
さいたま地判平26・1・30判時2231号74頁 …………………………… 31
函館地判平26・6・5判時2227号104頁 …………………………………… 212

著者紹介
大島眞一（おおしましんいち）

〔略歴〕神戸大学法学部卒。1984年司法修習生（38期）。1986年大阪地裁判事補。函館地家裁判事補、最高裁事務総局家庭局付、旧郵政省電気通信局業務課課長補佐を経て、1996年京都地裁判事。神戸地家裁尼崎支部判事、大阪高裁判事、大阪地裁判事・神戸大学法科大学院教授（法曹実務）、大阪地裁判事（部総括）、京都地裁判事（部総括）を経て、2014年大阪家裁判事（部総括）、現在に至る。

[主要著書・論文]

塩崎勤ほか編『専門訴訟講座1・交通事故訴訟』（共著、民事法研究会、2008）、『ロースクール修了生20人の物語』（編著、民事法研究会、2011）、能見善久＝加藤新太郎編『論点体系判例民法7不法行為Ⅰ〔第2版〕』（共著、第一法規、2013）、『完全講義　民事裁判実務の基礎〔第2版〕』（民事法研究会、2013）

「逸失利益の算定における中間利息の控除割合と年少女子の基礎収入」判タ1088号60頁（2002）、「ライプニッツ方式とホフマン方式」判タ1228号53頁（2007）、「法科大学院と新司法試験」判タ1252号76頁（2007）、「大阪地裁における医事事件の現況と課題」判タ1300号53頁（2009）、「交通事故における損害賠償の算定基準をめぐる問題」ジュリ1403号10頁（2010）、「規範的要件の要件事実」判タ1387号24頁（2013）、「医療訴訟の現状と将来－最高裁判例の到達点」判タ1401号5頁（2014）等

Q&A 医療訴訟（いりょうそしょう）

2015年12月17日　初版第1刷発行

著　者　大島眞一
発行者　谷口美和
発行所　株式会社判例タイムズ社
　　　　〒102-0083　東京都千代田区麹町3丁目2番1号
　　　　電話03-5210-3040
　　　　http://www.hanta.co.jp/
印刷・製本　日経印刷株式会社
©OSHIMA Shinichi 2015 Printed in Japan.
ISBN　978-4-89186-196-4